W0461760

Robert Kurz

Der Kollaps der Modernisierung

Vom Zusammenbruch des Kasernensozialismus zur Krise der Weltökonomie

Eichborn Verlag
Frankfurt am Main 1991

© Vito von Eichborn GmbH & Co. Verlag KG,
Frankfurt am Main, 1991.
Reprint der limitierten Bleisatzausgabe.
Umschlag: Uwe Gruhle.
Satz: Greno, Nördlingen.
Druck und Bindung: Wiener Verlag, Himberg bei Wien.
ISBN 3-8218-4421-3

LOGIK UND ETHOS DER ARBEITSGESELLSCHAFT

Die ratlosen Sieger

Soviel Ende war nie. Mit dem Zusammenbruch des Realsozialismus verschwindet eine ganze Epoche und wird Geschichte. Die vertraute weltgesellschaftliche Konstellation der Nachkriegszeit löst sich mit unglaublicher Geschwindigkeit vor unseren Augen auf. Eine ganze Ära hat sich ausgelebt; aber die Frage drängt nach: welche denn eigentlich? Aus der Perspektive des nunmehr entprivilegierten Ost-West-Konflikts mag es auf den ersten Blick so scheinen, als hätte der Westen gesiegt, als hätte sein System sich als das bessere erwiesen.

Nimmt man den Begriff *Systemkonflikt* wörtlich, dann ist in der Tat eine soziale und ökonomische, theoretische und praktische Kapitulation gewaltigen Ausmaßes zu beobachten, wie sie wohl niemand (und noch dazu in derart kurzer Zeit) für möglich gehalten hätte. »Ein Gespenst geht am Stock« *(Süddeutsche Zeitung)*. Nicht nur in der Sowjetunion selbst wird inzwischen »die Idee einer Diktatur des Proletariats verworfen«, das individuelle Eigentum propagiert und der Übergang zur konkurrenzökonomischen Marktwirtschaft angekündigt. Zusammen mit dem Zentralkoloß gehen auch dessen Peripheriegesellschaften, Abhängigkeitszonen und ideelle Bannerträger allesamt in die Knie. Die DDR endete durch Suizid, und auch in Ungarn »wird der Kapitalist zur positiven Figur«. Die ohnehin schon lange sozialdemokratisierte italienische KP bekräftigt:

»Hammer und Sichel kommen zum alten Eisen«, während Italiens intellektuelle Klasse in ihrer Abwendung vom Marxismus »Vatermord durch Nichtbeachtung« begeht. Gaddafis Libyen »versucht die vorsichtige Abkehr vom strikten Sozialismus der Revolution«; Äthiopiens Mengistu »entsagt dem Marxismus«, Mosambik wendet sich ebenso wie Angola »verarmt vom Marxismus ab«, und die Regierung in Hanoi »setzt auf John Maynard Keynes«.

Diese Presse-Blütenlese seit 1989 ließe sich nahezu beliebig fortsetzen. Kein Wunder, daß einige Ideologen des augenscheinlichen historischen Siegers übermütig werden. Im Sommer 1989 proklamierte der Amerikaner Francis Fukuyama, stellvertretender Direktor des Planungsstabs im US-Außenministerium, in einem Aufsatz für das Vierteljahresmagazin *National Interest* etwas voreilig und vorlaut »Das Ende der Geschichte«; eine wie ein Lauffeuer sich verbreitende und seither massenhaft zitierte Sentenz. Der Autor begründet seine These zu allem Überfluß auch noch mit Hegels Vorstellung einer »endgültigen, rationalen Form der Gesellschaft und des Staates«, die ausgerechnet in der etwas eigenartigen Gestalt des *American way of life* erreicht worden sein soll. Und ein Kolumnist der *International Herald Tribune* mit dem schönen Namen Charles Krauthammer glaubte ebenfalls, »Platons Frage nach der optimalen Regierungsform« in diesem vielleicht doch etwas peinlichen Sinne beantworten zu können.

Nun kann zwar die Evidenz eines *relativen* Sieges der westlichen Welt kaum bestritten werden, wenn die Maßstäbe des bisherigen Systemkonflikts weitergelten sollen und wenn eine Metakritik gar nicht denkbar erscheint. Genau das ist aber die Frage. Denn hat der Westen überhaupt bewußt und selbst-bewußt agiert auf jenem Terrain, das er jetzt als Triumphator zu betreten wähnt? Wenn eine weinerlich gewordene westliche

Linke den verdächtig gedämpften offiziellen Siegesjubel der Marktwirtschaftler bloß negativ wendet, indem sie die realabsurden Altmännerregimes einer potjomkinschen Staatswirtschaft als Opfer »der Übermacht und permanenten Aggression des Imperialismus«* beklagt, so könnte sie die Realität damit genauso verfehlen wie jene selber schon altersschwachen und siechen kalten Krieger, die plötzlich ihren zweiten Frühling im Gebein zu spüren glauben, aber nicht mehr so recht wissen, was denn mit der geschenkten Braut wohl anzufangen wäre. Das Gespenstische der ideologischen Reaktionsformen linker wie rechter Provenienz auf den östlichen Zusammenbruch verweist nicht bloß darauf, daß diese selber noch dem untergehenden Zeitalter angehören, sondern durch seinen Schleier hindurch wird auch die eigentümliche Subjektlosigkeit der gesellschaftlichen Basisprozesse sichtbar.

Die Protagonisten der bisherigen weltgesellschaftlichen Konstellation entpuppen sich nicht nur beiderseits der Elbe gerade in deren Vergehen als bloß Getriebene einer offenbar blinden und objektivierten historischen Entwicklung, die sich hinter ihrem Rücken vollzogen hat. Denn der Westen wurde vom Zusammenbruch des intimfeindlichen realsozialistischen Systems in Wirklichkeit genauso überrascht wie dessen gerontokratische Repräsentanten. Ein merkwürdiger Sieger, der von seiner Überlegenheit und den Resultaten seines Sieges derart überrumpelt wird. Wenn es aber nicht die Aktivitäten der westlichen politischen Klassen im Systemkonflikt waren, die den Zusammenbruch des Realsozialismus herbeigeführt haben, sondern vielmehr das dramatische Versagen seiner inneren Funktionsmechanismen, so läßt das völlige Verkennen

* So ein O-Ton aus der Gruft des alten Arbeiterbewegungs-Marxismus, ausgeseufzt von der Zeitschrift *Arbeiterstimme*, um nur ein besonders krasses Beispiel zu nennen.

dieser Krisen- und Katastrophenpotenz durch die informationsgesättigten Eliten in beiden politisch-ökonomischen Sphären die Wahrheit aufblitzen, daß die scheinbar Herrschenden hier wie dort mit einer identischen Blindheit geschlagen sein müssen.

Wenn aber beide kämpfenden Parteien von quasinaturhaften Gesellschaftsprozessen überwältigt werden, dann läßt dies allerdings eine fundamentale Gemeinsamkeit der konfligierenden Systeme vermuten. Der Boden selber, auf dem sie ihren Wettstreit ausgetragen haben, könnte ins Wanken geraten sein. Und schon mischen sich auch in der bürgerlichen Publizistik warnende und zweifelnde Stimmen in das etwas einfältige Siegesgeschrei der Unmittelbarkeitsideologen: »Sollte dies wirklich die perfekte Gesellschaft sein, die für alle Zeiten über den Sozialismus triumphiert?« (Gräfin Dönhoff in der *Zeit*, 22.9.1989). Danach sieht diese Gesellschaft des westlichen Systems wahrhaftig nicht aus. Aber einige böse Ahnungen derer, die es dennoch als das ihre betrachten und verteidigen, könnten immer noch als der bloß gemäßigte, sich selbstkritisch gebende und deshalb um so sattere Triumph verstanden werden.

Die Frage ist also, inwieweit mit der partikularen Krise des Verlierersystems unabhängig von der weisheitstriefenden Selbstbeschränkung eines westlichen Siegesbewußtseins, das es lediglich vermeiden will, durch Übermut die Götter zu versuchen, in Wirklichkeit eine Gesamtkrise ins Rollen gekommen ist, die auch den vermeintlichen Sieger bedroht und auf gemeinsame Grundlagen der Systeme verweist, die einer Metakritik überhaupt Boden unter den Füßen geben könnten. Nun hat die bürgerliche Ideologie der Moderne zwar selbst schon seit langem Elemente einer solchen Metakritik hervorgebracht, ohne damit jedoch die weiterhin im Dunkeln bleibenden gesellschaftlichen

Grundlagen erreichen zu können. Schon seit den fünfziger Jahren hatten westliche Konvergenztheorien eine Angleichung der sich nur oberflächlich ausschließenden Gesellschaftsformationen im Guten wie im Bösen prognostiziert.

Zum einen wurde diese innere Verwandtschaft auf die gemeinsamen naturwissenschaftlichen und technischen Voraussetzungen der Moderne zurückgeführt; vor allem von den kulturpessimistischen Strömungen, die alle Krisenerscheinungen des 20. Jahrhunderts in der industriegesellschaftlichen Basis schlechthin angelegt sehen (vgl. etwa Freyer 1955) und eine Bewältigungskraft, wenn überhaupt, nur im unaufhebbaren Bezug auf ein ontologisches Entfremdungspotential erkennen wollen.*

Zum andern aber speiste sich der Konvergenzgedanke aus jenen keynesianistisch gefütterten ökonomischen Theorien, die der unausweichlichen Notwendigkeit einer wechselseitigen Durchdringung von Marktmechanismen und staatlicher Regulation das Wort redeten. Wie der Osten den Markt in seine Rechte setzen müsse, so der Westen den Staat. Dieser Gedanke bewegt freilich nur jenen eklektischen Dualismus, wie er das moderne bürgerliche theoretische Bewußtsein in vieler Hinsicht prägt: Markt und Staat erscheinen als ebenso unauflösliche Konfliktehe der Realität und des Begriffs wie Individuum und Gesellschaft oder Produktion und Zirkulation, Ökonomie und Politik usw.

* Wiederholt wird diese Argumentation mit zeitgenössischen Modifikationen heute von den ökologischen Fundamentalisten, die sich ihrer lebensphilosophisch-kulturpessimistischen Abkunft entweder gar nicht bewußt sind oder sie abzustreiten suchen. Aber wie schon immer in ihrer nun bald zweihundertjährigen Geschichte wirkt auch heute die unvermittelte Kritik von Naturwissenschaft und Industrialisierung gerade dadurch affirmativ, daß sie die Historizität der realen Gesellschaftsformationen ausblendet und gesellschaftliche Krisen ins Ontologische wendet. Die Irrationalität des (ökologischen wie religiösen) Fundamentalismus gründet in seiner praktischen Unerfüllbarkeit, die ihn als negative Legitimationsideologie tauglich macht.

Auch hier wird ein spezifisch historisches Moment der modernen Gesellschaften mit gedämpftem Pessimismus versöhnlerisch ins Ontologische gewendet.

Jedoch hat ja weder eine angleichende Versöhnung von Markt und Staat stattgefunden noch ein ontologischer Transformationsprozeß der naturwissenschaftlich geprägten Industriegesellschaften, sondern eben ein historischer Zusammenbruch. Wenn dieser nicht einfach den Systemsieg der westlichen Marktwirtschaft als einer dem unehrenhaft verblichenen Realsozialismus bloß äußerlichen Formation bedeutet, sondern auf eine gefährdete und obsolet werdende gemeinsame Grundlage verweist, so muß diese jenseits sowohl des industriegesellschaftlichen Paradigmas als auch des Verhältnisses von Markt und Staat gesucht werden. Markt und Staat ebenso wie die in Bewegung gesetzten naturwissenschaftlichen und technischen Agenzien folgen einer tiefer liegenden gesellschaftlichen Basislogik; deren Identifizierung als *Arbeitsgesellschaft* benennt keineswegs eine ontologische menschliche Grundbefindlichkeit.

Wenn die Ratlosigkeit der Reflektierteren unter den »Siegern« mehr sein sollte als die einigermaßen heuchlerische Selbstkritik einer trotzdem selbstgewissen *number one* der Geschichte, wenn eine weitergehende globale Krise objektiv heranreift und den bösen Ahnungen der Mahner und Zweifler einen ernsteren Grund gibt, als es vielleicht beabsichtigt war, dann müßte diese Krise wohl auf jener Ebene gesucht werden, auf der alle bisher bekannten Gesellschaftssysteme der Moderne angesiedelt sind. Das seit längerer Zeit grassierende Stichwort von der *Krise der Arbeitsgesellschaft*, auch wenn sie bisher nur als partikulare Problematik erscheint und keineswegs auf die gesellschaftlichen Basisformen bezogen ist, könnte einer Ahnung von dieser heranreifenden Metakrise entsprungen sein.

Abstrakte Arbeit als Selbstzweckmaschine

Die Rede von der Krise der Arbeitsgesellschaft muß um so seltsamer erscheinen, als nicht nur die bürgerliche Ideologie, sondern weit mehr noch der Arbeiterbewegungs-Marxismus jene »Arbeit« stets zum überhistorischen Wesen des Menschen schlechthin erklärt, ja diese vermeintliche Grundtatsache zum Generalhebel seiner Kritik an der bürgerlichen Gesellschaft gemacht hat. Die bisherige gesellschaftliche und historische Auseinandersetzung der Moderne, vom Marxismus als Klassenkampf verstanden, wurde auf einer gemeinsamen *arbeitsgesellschaftlichen* Grundlage geführt, die erst jetzt in ihrer Begrenztheit sichtbar wird und krisenhaft ihrer Auflösung entgegentreibt.

Denn Arbeit als solche, in dieser dürren Abstraktheit benannt, ist durchaus nichts Überhistorisches. In ihrer spezifisch historischen Gestalt ist sie nichts weiter als die abstrakte betriebswirtschaftliche Vernutzung von menschlicher Arbeitskraft und Naturstoffen. In diesem Sinne gehört sie allein der Moderne an, und als solche wurde sie von den beiden Konfliktsystemen der Nachkriegszeit gleichermaßen fraglos vorausgesetzt. Arbeit in dieser merkwürdigen Abstraktheit aber kann zunächst als ebenso merkwürdiger Selbstzweck bestimmt werden. Gerade dieser Selbstzweckcharakter ist es, der das bürgerliche System des Westens und die moderne Arbeiterbewegung gleichermaßen kennzeichnet: sichtbar im »Arbeiterstandpunkt« und im abstrakten Arbeitsethos, jener Fetischehre einer möglichst großen und intensiven Verausgabung von Arbeitskraft jenseits konkreter, subjektiv-sinnlicher Bedürfnisse.

Nirgendwo ist dieses protestantische Ethos des abstrakten Arbeitsmenschen in einer zur Arbeitsmaschine geformten Gesellschaft, wie es Max Weber als ideologisches und historisches Konstitutionsmerkmal des

Kapitalismus herausgearbeitet hat, inbrünstiger und rigoroser verwirklicht worden als in der Arbeiterbewegung und in den realsozialistischen Gesellschaftsformationen.

Daran ändert nichts, daß die Motivation für die Unterordnung der Menschen unter die Arbeitsmaschine von den Individuen auf den Staat und dessen nationalökonomische Metaziele übertragen wurde; die Unterwerfung unter die Abstraktion der Arbeit erscheint darin nur um so roher und rigider, weil noch nicht einmal mit dem bloßen Schein individueller Zwecksetzung versehen. Erst recht gilt hier, *mutatis mutandis*, Max Webers Diktum:

> Sondern vor allem ist das »summum bonum« dieser »Ethik«: der Erwerb von Geld und immer mehr Geld, unter strengster Vermeidung alles unbefangenen Genießens, so gänzlich aller eudämonistischen oder gar hedonistischen Gesichtspunkte entkleidet, so rein als Selbstzweck gedacht, daß es als etwas gegenüber dem »Glück« oder dem »Nutzen« des einzelnen Individuums jedenfalls gänzlich Transzendentes und schlechthin Irrationales erscheint. Der Mensch ist auf das Erwerben als Zweck seines Lebens, nicht mehr das Erwerben auf den Menschen als Mittel zum Zweck der Befriedigung seiner materiellen Lebensbedürfnisse bezogen. *(Weber 1984/1920, S. 44)*

Diese Verkehrung im Kontext des subjektiven »Sinnzusammenhangs«, mit der Max Weber eine ihm selber offenbar nicht deutliche Verkehrung im Reproduktionsprozeß der Gesellschaft beschreibt,* konnte aller-

* Im Gegensatz zu Marx freilich bar jeder Formkritik dieser modernen Arbeitsgesellschaft, deren Basisformen Weber ebenso selbstverständlich und ontologisch erscheinen wie den Marxisten der Arbeiterbewegung und den bürgerlichen Nationalökonomen.

dings historisch zuerst im religiös-ideologischen Klima des Protestantismus gedeihen; die dort kreierten neuen (bürgerlichen) Tugenden müssen sich jedoch keineswegs auf diesen spezifischen historischen Ort und die dort vorgefundenen ideellen Gewänder beschränken:

> Die Fähigkeit der Konzentration der Gedanken sowohl als die absolut zentrale Haltung: sich »der Arbeit gegenüber verpflichtet« zu fühlen, finden sich hier besonders oft vereint mit strenger Wirtschaftlichkeit, die mit dem Verdienst und seiner Höhe überhaupt *rechnet,* und mit einer nüchternen Selbstbeherrschung und Mäßigkeit, welche die Leistungsfähigkeit ungemein steigert. Der Boden für jene Auffassung der Arbeit als Selbstzweck, als »Beruf«, wie sie der Kapitalismus fordert, ist hier am günstigsten, die Chance, den traditionalistischen Schlendrian zu überwinden, »infolge« der religiösen Erziehung am größten. [...] Der Abscheu und die Verfolgung, welchen z. B. die methodistischen Arbeiter im 18. Jahrhundert von seiten ihrer Arbeitsgenossen begegneten, bezogen sich [...] keineswegs nur oder vorwiegend auf ihre religiösen Exzentrizitäten [...], sondern auf ihre spezifische »Arbeitswilligkeit«, wie man heute sagen würde. *(Weber, a.a.O., S. 53)*

Der Sozialismus der Arbeiterbewegung ist von dieser fetischistischen Motivationszucht des alten Protestantismus nie weit entfernt gewesen. Machte dieser die Religion zum Amt der abstrakten Arbeit, so verwandelte jener die abstrakte Arbeit in eine säkularisierte Religion des vergotteten Nationalreichtums jenseits menschlicher Bedürfniszwecke; gerade für Rußland an der Schwelle zur bürgerlichen Moderne war der Sozialismus ein mehr oder weniger adäquater Ersatz für die religiösen Konstitutionsmomente der kapitalistischen Produktionsweise in Westeuropa seit der Reformation.

Wenn Alexej Stachanow, jener Mensch, der in der Nacht zum 31. August 1935 im Donezbecken während einer Schicht von fünf Stunden und 45 Minuten 102 Tonnen Kohle gefördert haben soll, zum sowjetischen Vorbild und Arbeitsmythos geworden ist, so verkörpert er damit gerade das *kapitalistische* Prinzip abstrakter Arbeitskraftverausgabung, in dessen Bann Arbeit als tautologischer Selbstzweck gesetzt ist. Der naturalistische Charakter der »Tonnenideologie« drückt dieses Prinzip bloß in abstrakten Quantitäten entsinnlichter Stoffe und Produkte aus. Hellsichtig daher die Bemerkung von Thomas Mann, der im Juni 1919 gelegentlich von Reflexionen über die Komposition seines Romans *Der Zauberberg* notiert:

> Ich bedachte in diesem Zusammenhang, daß der sittliche Unterschied zwischen Kapitalismus und Sozialismus darum geringfügig ist, weil beiden die Arbeit als höchstet Prinzip, als das Absolute gilt. Es geht nicht an, zu thun, als sei der Kapitalismus eine schmarotzerische und unproduktive Lebensform. Im Gegenteil, die bürgerliche Welt kannte keinen höheren Begriff und Wert, als den der Arbeit, u. dies sittliche Prinzip wird im Sozialismus erst offiziell, es wird wirtschaftliches Prinzip, politisches und menschliches Criterium, vor dem man besteht oder nicht, und dies so sehr, daß niemand fragt, warum und wieso eigentlich Arbeit diese unbedingte Würde und Weihe besitzt. Oder bringt der Sozialismus einen neuen Sinn und Zweck der Arbeit? Nicht, daß ich wüßte. Ist Arbeit ein Glaube, ein Absolutum? Nein. Der Sozialismus steht geistig, moralisch, menschlich, religiös nicht höher, als die kapitalistische Bürger-

lichkeit, sondern ist nur ihre Verlängerung. Er ist ebenso gottlos, wie sie, denn Arbeit ist nicht göttlich. *(Mann 1979, S. 268)*

Dieses Diktum über die abstrakte Arbeit wird nicht dadurch entwertet, daß es in der Sprache des Künstlers statt des Kritikers der Politischen Ökonomie vorgetragen wird. Es ist ein befreiend ahnungsvoller Schlag ins Gesicht jener Arbeitsvergottung, die den Sozialismus der Arbeiterbewegung in der Tat zur bloßen »Verlängerung« des kapitalistischen Prinzips statt zu dessen Aufhebung gemacht hat: realgesellschaftlich in der Sowjetunion sogar zum historischen Vollstrecker dieses Kapitalprinzips an sich selbst und am eigenen Leib.

Die gesellschaftliche Form des warenproduzierenden Systems

Freilich ist das protestantische Prinzip des abstrakten und entsinnlichten Fleißes nicht bloß ein sittliches, sondern seine spezifische Sittlichkeit leitet sich umgekehrt ab aus dem gesellschaftlichen Formzusammenhang, in dem Arbeit überhaupt erst zum Selbstzweck und die Gesellschaft zur Verausgabungsmaschine von Arbeitskraft wird. Gerade diese gesellschaftliche Form aber ist es, die nicht nur Max Weber als solche entgeht, weil er sie als Axiom voraussetzt. Und erst von dieser Form her, deren Bestimmung solche Schwierigkeiten zu machen scheint, kann die Arbeit in der Moderne als ein historisches Spezifikum jenseits ontologischer Grundbefindlichkeiten durchschaut werden.

Dieses spezifische Formdasein von Arbeit und der ihm entsprechende Arbeitsbegriff sind tatsächlich unvereinbar mit allen vorhergehenden Gesellschaftsformationen der menschlichen Geschichte, weil in diesen die Arbeit, deren Produkt und dessen Aneignung noch wesentlich in ihrer konkreten, unmittelbaren, sinnlichen Gestalt erschienen: als »Gebrauchswerte« in der Sprache der Politischen Ökonomie. Auch wenn Arbeit als *labor* im alten Sinne, als Mühsal und Plage, den Lebenshorizont der Mehrheit ganz und gar ausfüllte, so blieb dies dem relativ geringen Stand der Produktivkraftentwicklung im »Stoffwechselprozeß mit der Natur« (Marx) geschuldet; Arbeit war also naturgegebene Notwendigkeit, aber ebendeswegen keine abstrakte Verausgabung von Arbeitskraft und kein gesellschaftlicher Selbstzweck.

Im warenproduzierenden System der Moderne hat sich dagegen die Logik der Notwendigkeit verkehrt: In dem Maße, wie die Produktivkräfte durch Industrialisierung und Verwissenschaftlichung Zwang und Bann der »ersten Natur« sprengen, werden sie wiederum eingebannt in einen bewußtlos hervorgebrachten gesellschaftlichen Sekundärzwang. Die gesellschaftliche Reproduktionsform der Ware wird zur »zweiten Natur«, deren Notwendigkeit den Individuen ebenso blind und fordernd gegenübersteht wie diejenige der »ersten Natur«, obwohl sie rein gesellschaftlich entstanden ist.

Arbeitsgesellschaft als ontologischer Begriff wäre eine Tautologie, weil in der bisherigen Geschichte Gesellschaftlichkeit, in welchen abgeleiteten Formen auch immer, nur eine solche der Arbeit sein konnte. Eine Gesellschaft ohne Arbeit wurde nur in den naiven Vorstellungen vom Paradies und im Märchen vom Schlaraffenland phantasiert. Aber der naturale Zusammenhang von Mühsal und Produktenreichtum ist seit der Renaissance durch das Geld aufgesprengt worden.

Daß lebendige Arbeit sich als Produktion von Waren in tote Arbeit verwandelt, »dargestellt« (wie Marx sich ausdrückte) in der Inkarnationsgestalt des *Geldes*, erscheint dem modernen Bewußtsein als selbstverständlich. Tatsächlich ist das Geld eine sich durch viele historische Formationen ziehende Realkategorie, obwohl die dahinterstehende ökonomische Grundkategorie des *Wertes* bezeichnenderweise erst in den modernen ökonomischen Theorien systematisch reflektiert wurde. Als Waren sind die Produkte entsinnlichte abstrakte Wert-Dinge und nur in dieser seltsamen Gestalt gesellschaftlich vermittelt. Im Kontext der Marxschen Kritik an der Politischen Ökonomie ist dieser ökonomische Wert rein negativ bestimmt, als *verdinglichte, fetischistische,* von jedem konkreten sinnlichen Inhalt losgelöste, abstrakte und tote Darstellungsform vergangener gesellschaftlicher Arbeit an den Produkten, die sich in einer immanenten Formbewegung der Austauschbeziehungen bis zum Geld als dem »abstrakten Ding« fortentwickelt. Dieser Wert ist das Kennzeichen einer Gesellschaft, die ihrer selbst nicht Herr ist.*

Ganz im Gegensatz dazu aber hat die bürgerliche Theorie, von ihren Klassikern angefangen, diese Form als ein Apriori genommen und es zuletzt aufgegeben, sie überhaupt noch erklären zu wollen. Gerade ihre Selbstverständlichkeit schien der Beweis ihres ontologischen Charakters zu sein, der gar nicht mehr theoretisch aufgeklärt zu werden brauchte. Damit aber wird genau die Verkehrung unterschlagen, in der »erste« und »zweite« Natur vertauscht wurden: jene Verkehrung, die alle Gesellschaften der Moderne überhaupt erst konstituiert hat. Eben darin aber ist auch jener Selbstzweckcharakter der modernen Arbeit angelegt.

Die vormoderne Ware ist eine ganz andere als die moderne gewesen. Die Ware konnte hier keine gesellschaftliche Reproduktionsform konstituieren, sondern

* Bezeichnend, daß in der Ideologie der Arbeiterbewegung der kritische Marxsche Begriff des als fetischistische Form denunzierten Werts durch die Affirmation des »werteschaffenden Arbeiters« ins Gegenteil verkehrt wurde. In dieser ideologischen Figur verschwimmt der unversöhnliche Gegensatz von fetischistischem Tauschwert und sinnlichem Gebrauchswert vollständig zu einem begriffslosen Brei.

blieb immer bloße »Nischenform« (Marx) in naturalwirtschaftlichen Produktions- und Aneignungsverhältnissen; die Gesellschaft als ganze war somit auch kein warenproduzierendes System. Die Arbeit, die Waren produzierte (z. B. im Handwerk der Städte), blieb im gesellschaftlichen Horizont des Gebrauchswerts: Sie produzierte bloß für den Austausch von sinnlichen Produkten. Insofern kann von ihr gesagt werden, daß sie »im Gebrauchswert erlischt« (Marx), wenn auch auf dem Umweg über die Abstraktionen des Tauschvorgangs auf dem Markt.

Gerade dies aber ist mitnichten der Produktionsprozeß der modernen Ware. Der Wert erscheint hier in der vorher noch nie zum Produktionsverhältnis erhobenen Gestalt des *Mehrwerts* keineswegs bloß als gesellschaftlich vermittelnde Form der sinnlichen Gebrauchswerte, sondern bezieht sich im Gegenteil tautologisch *auf sich selbst:* Der Fetischismus ist selbstreflexiv geworden und konstituiert dadurch die abstrakte Arbeit als Selbstzweckmaschine. Er »erlischt« jetzt nicht mehr im Gebrauchswert, sondern stellt sich dar als *Selbstbewegung des Geldes,* als Verwandlung eines Quantums toter und abstrakter Arbeit in ein anderes, größeres Quantum toter und abstrakter Arbeit (Mehrwert) und somit als tautologische Reproduktionsbewegung und Selbstreflexion des Geldes, das erst in dieser Form *Kapital* und also modern wird. In diesem Dasein des Geldes als Kapital aber wird die Verausgabung von Arbeit aus dem Kontext der sinnlichen Gebrauchswertschöpfung herausgelöst und in jenen abstrakten Selbstzweck verwandelt. Lebendige Arbeit erscheint nur noch als Ausdruck der verselbständigten toten Arbeit, das konkrete, sinnliche Produkt somit nur noch als Ausdruck der Geldabstraktion.

Die menschlichen und stofflichen Ressourcen (Arbeitskraft, Werkzeuge, Maschinen, Rohstoffe und Materialien) können nicht mehr schlechthin in den »Stoffwechselprozeß mit der Natur« zum Zweck der Bedürfnisbefriedigung eingebracht werden. Sie dienen nur noch der tautologischen Selbstreflexion des Geldes als »mehr Geld«. Sinnliche Bedürfnisse können also nur noch befriedigt werden durch die unsinnliche Produktion von Mehrwert, die sich als abstrakte betriebswirtschaftliche *Gewinnproduktion* bewußtlos durchsetzt. Der Austausch auf dem Markt dient nicht mehr der gesellschaftlichen Vermittlung von Gebrauchsgütern, sondern der Realisierung des Gewinns, d.h. der Verwandlung toter Arbeit in Geld, und die Vermittlung von Gebrauchsgütern findet nur noch als Sekundärerscheinung dieses eigentlichen Prozesses auf der Geldebene statt.

Der gesamte gesellschaftliche und individuelle Lebensprozeß wird damit der fürchterlichen Banalität des Geldes und seiner tautologischen Selbstbewegung unterworfen, deren Oberfläche in verschiedenen historischen Variationsstufen als die berühmte moderne Marktwirtschaft firmiert. Hinter der leichtfüßigen Tauschsubjektivität des Marktes verbirgt sich der schwere Arbeitsmensch, der nur in besonders roher Form als ein Stachanow erscheint; noch hinter der glänzendsten Fassade der bunten Gebrauchswertverpackung birgt sich die fetischistische Kapitaleigenschaft der Produkte, die sie zu gespenstischen »Arbeitsgallerten« (Marx) stempelt. Ihr sinnliches Dasein wird zur Nebensache und zum notwendigen Übel für den Prozeß der abstrakten Arbeit und des Geldes.

Die Unterwerfung des sinnlichen Inhalts der Arbeit und der Bedürfnisse unter die blinde Selbstreflexion des Geldes hat etwas Ungeheuerliches an sich. Diese Monstrosität kam in der Entwicklung der Moderne auf historisch wachsender Stufenleiter in den Krisen zum Ausdruck, in denen die menschlichen und stofflichen

Ressourcen massenhaft stillgelegt wurden, weil sie auf unbegreifliche Weise jenem Selbstzweck der Verwandlung lebendiger Arbeit in Geld nicht mehr genügen konnten.

Andererseits aber war es ja dieselbe Entwicklung, die in einem in sich widersprüchlichen Prozeß die modernen Produktivkräfte überhaupt erst hervorgebracht und eine ungeheure Erweiterung der Bedürfnisse und Möglichkeiten für die Individuen geschaffen hat. Die unbeabsichtigten Nebeneffekte des modernen warenproduzierenden Systems überdeckten in seiner historischen Aufstiegsphase lange Zeit mit positiven Momenten den negativen Inhalt. Solange es diese »zivilisatorische Mission« (Marx) erfüllte, hat dieses System auch funktioniert, indem es sich gegen alle ständischen, statischen, vormodernen Reproduktionsverhältnisse durchsetzte. Die Krisen blieben bloße Unterbrechungen in seinem Aufstiegsprozeß und schienen prinzipiell überwindbar zu sein.

Unter diese Konstellation des warenproduzierenden Systems in seinem gewaltigen Aufstieg fällt nun offenbar auch die moderne Arbeiterbewegung, ebenso deren Marxismus als der entsprechende theoretische Reflex, und schließlich die Genesis der realsozialistischen Version der modernen Arbeitsgesellschaft, deren Zusammenbruch sich vor unseren Augen vollzieht. Befangen im historischen Aufstiegshorizont der abstrakten Arbeit, konnte deren tautologischer Selbstzweckcharakter weder ideell noch materiell überwunden werden.

Der »geplante Markt« des Ostens hat schon seiner eigenen Bezeichnung nach die Marktkategorien nicht beseitigt. Demzufolge erscheinen im Realsozialismus auch alle Grundkategorien des Kapitals: Lohn, Preis und Profit (betriebswirtschaftlicher Gewinn). Auch das Basisprinzip der abstrakten Arbeit hat er nicht bloß übernommen, sondern auf die Spitze getrieben.

Worin hat dann eigentlich jene Systemdifferenz bestanden, die sich jetzt aufzulösen beginnt? Der Realsozialismus konnte von Anfang an die kapitalistische Gesellschaft der Moderne nicht aufheben. Er gehört selbst dem bürgerlichen warenproduzierenden System an und löst nicht diese historische Vergesellschaftungsform durch eine andere ab, sondern stellt lediglich eine andere Entwicklungsstufe innerhalb ein und derselben epochalen Formation dar. Was eine postbürgerliche Zukunftsgesellschaft versprach, entpuppt sich als vorbürgerliches, steckengebliebenes Übergangsregime zur Moderne, als ein saurierhaftes Fossil aus der heroischen Vergangenheit des Kapitals.

ETATISMUS UND MONETARISMUS IM HISTORISCHEN PROZESS DER MODERNE

Die Erfindung des warenproduzierenden Systems durch den Staat

Oberflächlich betrachtet scheint die Systemdifferenz, die den nichtkapitalistischen Charakter des sterbenden Realsozialismus ausmachen soll, in seiner etatistischen Kommandostruktur zu bestehen: Die Funktionen der Warenproduktion werden politischen Vorentscheidungen unterworfen. In der Morgendämmerung der Moderne hat es jedoch auch im Westen etatistische Übergangsregimes gegeben, ironischerweise sowohl in Gestalt des merkantilistischen Absolutismus als auch des Regimes der französischen Revolution, das diesen gestürzt hat.

Der Staat des aufgeklärten Absolutismus, der Wohlfahrtsausschuß Robespierres und das bonapartistische Regime eines synthetischen Kaisertums unterschieden sich nur graduell in ihrer frühkapitalistischen Modernisierungsfunktion. Diese *allen* damals kämpfenden Parteien, Ideen und Mächten gemeinsame Grundlage, nämlich die besondere Rolle und das gesellschaftliche Gewicht des Etatismus vom 17. bis ins frühe 19. Jahrhundert, unterscheidet sich durchaus von der Rolle des keynesianischen und postkeynesianischen Regulations- und Sozialstaats des 20. Jahrhunderts, auch wenn es

Berührungspunkte, Überschneidungen und ideologische Ähnlichkeiten gibt.

Der heutige massendemokratische, keynesianische Sozial- und Wachstumsstaat beruht nämlich auf einer bereits ausgeformten, tief gestaffelten kapitalistischen Vergesellschaftungsstruktur. Dagegen hatte der frühkapitalistische, merkantilistische Etatismus diesen Zustand noch vor sich. Er hatte es zunächst mit den ständischen Zersetzungsprodukten des Feudalismus, d.h. mit weitgehend agrarisch strukturierten Produktionsverhältnissen zu tun.

Der viel geringeren kapitalistischen Vergesellschaftungstiefe entsprechend, konnte dieser merkantilistische Etatismus in die gesellschaftliche Reproduktion gar nicht so wirksam eingreifen wie ein durchorganisierter, bis in die Poren der Gesellschaft institutionell hineinreichender Massenstaat des Spätkapitalismus. Gerade deshalb aber mußte er mit größerer Militanz, roherer Repressionsgewalt und rigideren ideologischen Ansprüchen an die vorgefundene Gesellschaft herantreten. Erst wenn sich die kapitalistische Gesellschaft durchgesetzt hat und wirklich nur noch auf ihren eigenen Grundlagen agiert, gilt, was Marx als Eigenart dieser Formation festgestellt hat:

> Außerökonomische, unmittelbare Gewalt wird zwar immer noch angewandt, aber nur ausnahmsweise. Für den gewöhnlichen Gang der Dinge kann der Arbeiter den »Naturgesetzen der Produktion« überlassen bleiben, d.h. seiner aus den Produktionsbedingungen selbst entspringenden, durch sie garantierten und verewigten Abhängigkeit vom Kapital. *(Marx 1965/1890, S. 765)*

Wie in der gewaltsamen Frühzeit des Merkantilismus kehrte der äußerliche Anspruch des Staates aus innerer

Vergesellschaftungsschwäche in den Formationen des Realsozialismus wieder, der sich dadurch als protokapitalistisches Modernisierungsregime rückständiger bürgerlicher Gesellschaften erweist. Sichtbar geworden ist das in zahlreichen durch *glasnost* aufgedeckten Erscheinungen, die sich vom Westen aus gesehen eher als vorsintflutliche Schwächen in der gesellschaftlichen Zugriffspotenz des Staates darstellen.*

Während aber der keynesianische Regulations- und Sozialstaat der vorgefundenen und ausdifferenzierten totalen Marktökonomie, deren Produkt er ja selber ist, von vornherein und selbstverständlich das Ihre läßt und seine Eingriffe, seine regulierende und verwaltende Tätigkeit ausdrücklich auf deren Funktionsfähigkeit bezieht, mußte sich der frühkapitalistische, merkantilistische Etatismus noch illusionär als das absolute Subjekt der Gesellschaft und ihrer Ökonomie setzen. Auf höherer Stufenleiter wiederholte sich das in den Ansprüchen des realsozialistischen Etatismus unseres zu Ende gehenden Jahrhunderts.

Der frühmoderne absolutistische Staat hat die Wirtschaftspolitik und überhaupt die Nationalökonomie des abstrakten, »sinnlosen« Reichtums ja nicht erfunden, um ein erst embryonales warenproduzierendes System in seiner Eigengesetzlichkeit funktionsfähig zu halten. Er wollte sich die »Ökonomie« vielmehr als vermeintliche Dienstmagd unterordnen, und die moderne Volks-

* Daß etwa in der VR China staatliche Steuereinnehmer von Bauern verprügelt und in Schweineställe gesperrt werden, korrespondiert durchaus mit dem Staatsmassaker auf dem Platz des Himmlischen Friedens und den rohen, unmittelbaren Kommandoansprüchen des Regimes an die andererseits freigesetzte Marktökonomie. Solche teils haarsträubend erscheinenden Widersprüche des kapitalistischen Modernisierungsprozesses finden sich auch in den Ereignissen der westeuropäischen Konstitutionsgeschichte des Kapitals, an die nur die konkrete Erinnerung fehlt. Wer angesichts der Erscheinungen in Rußland und China befremdet ist, statt darin die eigene Vergangenheit von Arbeitsgesellschaft, Demokratie und Sozialstaat wiederzuerkennen, ist entweder naiv oder der Legitimationsideologie des westlichen Spätkapitalismus verfallen.

wirtschaft ist durch diese Bemühungen überhaupt erst entstanden. Hofhaltung und stehendes Heer des absoluten Monarchen, der seinerseits ein Produkt der vorhergehenden Entwicklung seit der Renaissance war, konnten aus dem landwirtschaftlichen Domänenbesitz der Könige und Fürsten nicht mehr finanziert werden, der traditionell ihre Haupteinnahmequelle gebildet hatte.*

Um die Fürsteneinkünfte zu erhöhen, mußte ein allgemeines Steuersystem geschaffen werden. Diese Maßnahme brachte aber nicht nur die Grundzüge einer modernen Finanzwirtschaft hervor, sondern erforderte auch die bewußte Förderung und Steuerung der Warenproduktion als Hauptquelle monetärer Besteuerbarkeit, die Stimulation des Exports und die planmäßige Steigerung des Produktionsprozesses von Waren über die ständischen Schranken der Produktivkräfte hinaus. Manufaktur, forcierte Arbeitsteilung und gewaltsame Rekrutierung billiger Lohnarbeitskraft aus den sozialen Zersetzungsprodukten der sich auflösenden Feudalgesellschaft führten zu einer neuen Produktionsweise, die alsbald die beschränkten Zielsetzungen des Absolutismus sprengte.

Marx hat in seinem berühmten Kapitel über »die sogenannte ursprüngliche Akkumulation« die blind und naturwüchsig zusammenschießenden Elemente dieses Prozesses beschrieben. Auf der einen Seite das Geldkapital, das sich aus dem Kolonialsystem sowie dem absolutistischen Staatskredit speiste:

* Dieser Zusammenhang ist oft hervorgehoben worden: »Daß die immer kostspieligere Kriegführung das Ihre zur Entwicklung des Merkantilismus beigetragen hat, steht außer Zweifel. Mit dem Ausbau der Artillerie, der Arsenale, der Kriegsflotten, der stehenden Heere und der Befestigungsanlagen steigen die Ausgaben der modernen Staaten sprunghaft an. Kriegführung setzt Geld und abermals Geld voraus, und so wird der Geldbesitz, die Anhäufung von Edelmetall, zur reinsten Manie und beherrscht als der Weisheit letzter Schluß Denken und Urteil.« (Braudel 1986, S. 604)

> Heutzutage führt industrielle Suprematie die Handelssuprematie mit sich. In der eigentlichen Manufakturperiode dagegen ist es die Handelssuprematie, die die industrielle Vorherrschaft gibt. Daher die vorwiegende Rolle, die das Kolonialsystem damals spielte. Es war »der fremde Gott«, der sich neben die alten Götzen Europas auf den Altar stellte und sie eines schönen Tages mit einem Schub und Bautz sämtlich über den Haufen warf. Es proklamierte die Plusmacherei als letzten und einzigen Zweck der Menschheit. Das System des öffentlichen Kredits, d.h. der Staatsschulden, dessen Ursprünge wir in Genua und Venedig schon im Mittelalter entdecken, nahm Besitz von ganz Europa während der Manufakturperiode. Das Kolonialsystem mit seinem Seehandel und seinen Handelskriegen diente ihm als Treibhaus. [...] Die öffentliche Schuld wird einer der energischsten Hebel der ursprünglichen Akkumulation. *(Marx, a.a.O., S. 782)*

Die Staatsschuld und damit das etatistische Moment als Bestandteil der Kapitalakkumulation, die im 20. Jahrhundert erneut und in viel gewaltigeren Dimensionen wiedererscheint, findet sich also schon in der frühmodernen Vorgeschichte des späteren eigentlichen Akkumulationsprozesses.

Auf der anderen Seite mußten auch die Elemente der modernen Lohnarbeit mit unmittelbarer etatistischer Gewalt aus dem Boden gestampft werden. Die seit dem 15. Jahrhundert andauernde Verwandlung von Sklaven und Leibeigenen in »freie« Lohnarbeiter und die soziale »Freisetzung« durch das brutale Verjagen der unabhängigen Bauern und kleinen Landpächter von ihren in Viehweide der Großgrundbesitzer verwandelten Parzellen konnten nur durch etatistische Zwangsverwaltung der Arbeit, Militarisierung und Staatsterror bewerkstelligt werden:

> So wurde das von Grund und Boden gewaltsam expropriierte, verjagte und zum Vagabunden gemachte Landvolk durch grotesk-terroristische Gesetze in eine dem System der Lohnarbeit notwendige Disziplin hineingepeitscht, -gebrandmarkt, -gefoltert. *(Marx, a.a.O., S. 765)*

In der Tat waren der Anfang jener »Arbeitsplätze«, um die sich die modernen Lohnarbeiter so begierig reißen, buchstäblich das Zuchthaus und die Arbeitskaserne:

> In Frankreich wohnen die Arbeiter, insbesondere in den königlichen Manufakturen, häufig in Manufakturinternaten. »Die Arbeiter zahlreicher königlicher Manufakturen leben ganz in der Manufaktur wie Soldaten in der Kaserne und verlassen sie nur an Feiertagen.« Andere sprechen von der »klösterlichen Strenge« ihrer Lebensgestaltung. Geregelt war die Zeit der Arbeit, der Mahlzeiten, der Gebete, des Schlafens. Und doch erscheint diese Strenge ihrer Lebensdisziplin milde im Vergleich zu der vieler zentraler Manufakturarbeiter in Deutschland, wo ein gängiger Ausdruck lautet: das Zucht- und Spinnhaus. Das heißt, kein geringer Teil der zentralen Manufakturen waren identisch mit Strafanstalten. Ja, in Deutschland war es so, daß man nicht nur die Insassen von Zuchthäusern als Spinner beschäftigte, sondern umgekehrt: Zuchthäuser baute und Strafgefangene machte, um Manufakturarbeiter zu erhalten. *(Kuczynski 1967, S. 18ff.)*

Es gehört zur Verblendungsgeschichte der Arbeiterbewegung, daß sie sie ihre eigenen Intentionen nicht als

Momente der arbeitszuchthäuslerischen Modernisierung zu entziffern vermochte; das zeigte sich besonders kraß am Beispiel der Sowjetunion. In jedem Modernisierungsschub des warenproduzierenden Systems ist das etatistische Moment in den Vordergrund getreten, wenn auch in den verschiedensten Formen und Verkleidungen. Der Absolutismus war nur eine seiner frühesten Erscheinungsformen, es verschwand aber nicht mit diesem zusammen.

Revolutionsregimes und Bonapartismus änderten zwar die gesellschaftlichen Zwecke und Legitimationsideologien, doch nur, um die vom Absolutismus forcierte Ausdehnung der Warenproduktion zum gesellschaftlichen Reproduktionssystem nunmehr auf ihren eigenen Grundlagen weiterzutreiben. Im Selbstverständnis der Protagonisten wechselte bloß das etatistische Subjekt. Tatsächlich aber wurde die blinde Selbstreflexion des Geldes entfesselt, ein historischer Prozeß, der erst heute in sein Endstadium einzutreten beginnt.

Es ist Alexis de Tocqueville, der diese Zusammenhänge als erster durchschaut und in einer bis heute noch unausgeschöpften Weise dargestellt hat. In seinem Werk *Der alte Staat und die Revolution* weist er nach, daß der Bruch mit dem *ancien régime* keineswegs so absolut war, wie es den Anschein hatte; die innere Identität von Absolutismus und Französischer Revolution, deren radikaler Gegensatz bloß eine Bruchstelle in einem einheitlichen Basisprozeß markiert, ist sein theoretischer Ausgangspunkt gegen die ideologischen Illusionen der Revolutionäre:

> Ich war überzeugt, daß sie, ohne es zu wissen, großenteils die Gesinnungen, Gewohnheiten, ja sogar die Ideen des alten Staates beibehalten hätten, mit deren Hilfe sie die Revolution, die ihn vernichtete, bewerkstelligten, und daß sie, ohne es zu wollen, sich

seiner Trümmer bedient hätten, um das Gebäude der neuen Gesellschaft aufzuführen *(Tocqueville 1978/1856, S. 9)*.

Dieser Ansatz war bereits dem Marxschen kongenial. Tocquevilles Ideologiekritik läßt ihn die despotische Kontinuität erkennen und festhalten:

> [...] man gewahrt dann eine ungeheure Zentralgewalt, die in ihrer Einheit alle Bestandteile von Autorität und Einfluß an sich gezogen und verschlungen hat, die vorher unter einer Menge von untergeordneten Gewalten, Orden, Klassen, Professionen, Familien und Individuen zersplittert und gleichsam im ganzen Gesellschaftskörper verstreut waren. [...] Diese einfache, regelmäßige und großartige Form erblickte Mirabeau bereits durch den Staub der halbzerstörten alten Einrichtungen. Trotz seiner Größe war der Gegenstand damals für die Augen der Menge noch unsichtbar; allmählich aber hat ihn die Zeit den Blicken aller enthüllt. Gegenwärtig fesselt er besonders den Blick der Fürsten. Sie betrachten ihn mit Bewunderung und Neid, nicht bloß diejenigen, die der Revolution ihre Stellung verdanken, sondern auch jene, die ihr gänzlich fremd und entschieden feindlich sind; alle sind bemüht, in ihrem Gebiet Gerechtsame zu vernichten und Privilegien abzuschaffen. Sie vermischen die Stände, gleichen deren Unterschied aus, setzen Beamte an die Stelle der Aristokratie, die Gleichförmigkeit der Gesetze an die Stelle lokaler Freiheiten, die einheitliche Regierung an die Stelle mannigfaltiger Gewalten. *(Tocqueville, a.a.O., S. 25f.)*

Die sowohl vom Absolutismus als auch von der Revolution installierte »Einheitlichkeit« und »Gleichförmigkeit« des Gesellschaftskörpers ist nichts anderes als dessen Zurichtung für das heraufdämmernde warenproduzierende System. Das Großartige an Tocqueville ist, daß er diesen Zusammenhang bereits erkennt, wenn er ihn auch (als Analytiker des »politischen Überbaus«) nicht in den Kategorien einer Ökonomiekritik wie Marx ableitet; gerade deshalb kann er aber als ein Marx der politischen Institutionenkritik moderner Demokratien auf der Basis der Warenform gelesen werden. Tocqueville nimmt die im Absolutismus wie in der Demokratie gleichermaßen erscheinende bürgerliche Subjektillusion, den Kommandowillen des warenförmig konstituierten Subjekts gegenüber seinem subjektlosen, übermächtigen Formzusammenhang, bereits als prekär wahr, ohne sich durch die ideologischen Verkleidungen täuschen zu lassen. Nicht aus der eigenen Bewußtheit sei es zu erklären,

> daß alle Menschen unserer Tage durch eine unbekannte Kraft [!] fortgerissen werden, die man zu regeln und zu mäßigen, aber nicht zu besiegen hoffen kann und die sie bald langsam, bald mit heftigem Ungestüm zur Vernichtung der Aristokratie antreibt [...] Die einen glauben, diese unbekannte Macht, der nichts Nahrung zu geben, nichts Kraft zu entziehen scheint, die niemand zu hemmen vermöchte, die sich selbst nicht hemmen kann [!], werde die menschliche Gesellschaft bis zu ihrer völligen und gänzlichen Auflösung drängen. *(Tocqueville, a.a.O., S. 14ff.)*

Diese Logik der »Auflösung« geht weit über die damalige Situation hinaus, in der ihre Benennung oft von der aristokratischen Reaktion für durchsichtige, gegenrevolutionäre Zwecke instrumentalisiert wurde.

Tocqueville verweist vielmehr auf das Ende dieses Auflösungsprozesses in unserer Zeit, in der sich die Monade des abstrakten Individuums als Marionettenfigur des subjektlosen Selbstbewegungsprozesses der Warenform praktisch hergestellt hat:

> Die Menschen sind hier nicht mehr durch Kasten, Klassen, Korporationen und Geschlechter miteinander verbunden und sind daher nur zu sehr geneigt, sich bloß mit ihren besonderen Interessen zu beschäftigen, immer nur an sich selbst zu denken und sich in einen Individualismus zurückzuziehen, in dem jede öffentliche Tugend erstickt wird. Der Despotismus, weit entfernt, gegen diese Neigung zu kämpfen, macht sie vielmehr unwiderstehlich, denn er entzieht den Bürgern jede gemeinsame Begeisterung, jedes gemeinschaftliche Bedürfnis, jede Notwendigkeit, sich miteinander zu verständigen, jede Gelegenheit zu gemeinschaftlichem Handeln; er mauert sie sozusagen im Privatleben ein [!]. Sie waren bereits zur Absonderung geneigt: er isoliert sie; sie erkalteten füreinander: er läßt sie vollends erstarren. Da in einer derartigen Gesellschaft nichts feststeht, fühlt sich jeder, teils durch die Furcht herunterzukommen, teils durch den Drang, sich emporzubringen, in beständiger Aufregung; und weil das Geld, während es zugleich das Hauptmerkmal geworden ist, das die Menschen klassifiziert und ihren Rangunterschied bedingt, hier eine außerordentliche Beweglichkeit erlangt hat, indem es unaufhörlich aus einer Hand in die andere geht, die Lage der Individuen verändert, die Familien erhebt oder erniedrigt, so gibt es hier fast niemand, der nicht genötigt wäre, verzweifelte und fortwährende Anstrengungen zu machen, um es sich zu sichern oder zu erwerben. (*Tocqueville, a.a.O., S. 15*)

Diese Aussage ist um so bemerkenswerter, weil Tocqueville eben nicht als konservativer oder reaktionärer Ideologe der alten Aristokratie spricht, sondern als kritischer Befürworter der neuen Gesellschaft, deren Unterwerfung unter die »unbekannte Macht« der abstrakten Arbeit und ihrer tautologischen Bewegung er dennoch nicht zu verdrängen bereit ist. Und ebendeswegen paßt seine Aussage nicht bloß auf die Vorgeschichte des warenproduzierenden Systems im 18. und frühen 19. Jahrhundert, sondern mit überraschender Brutalität auch auf dessen Endzeit im ausgehenden 20. Jahrhundert.

Der wahre Despotismus der Moderne ist der subjektlose Absolutismus des Geldes, d.h. der abstrakten Arbeit und ihrer betriebswirtschaftlichen Vernutzung. Der historische Despotismus der absoluten Fürsten wie der Französischen Revolution, weit davon entfernt, als selbstgenügsamer, seine eigenen Zwecke setzender etatistischer Wille fortleben zu können, war nichts als der rohe Geburtshelfer dieses fetischistischen Absolutums. Er hatte bloß die Funktion, die ihre feudalen Ketten sprengenden Menschen in jener abstrakten Privatheit »einzumauern«, in der sie heute ganz von allein hausen, deren Mauerwerk aber inzwischen gefährlich kracht und bröckelt. Wenn die westlichen Menschen oft erschraken und sich gruselten angesichts z.B. der »blauen Ameisen« Chinas, der »Arbeitssoldaten« unter despotischem Kommando, so sahen sie dabei nichts anderes als ihre eigene gesellschaftliche Vergangenheit im Zeitraffer: das Protostadium der Subjekte, die sie selbst heute sind.

Die vom Absolutismus geschaffene, von der französischen Revolution und vom Bonapartismus weitergeführte Subjektillusion der bürgerlichen Modernisierung, die sich im Westen wenigstens ideologisch im späteren 19. Jahrhundert bereits abzuschwächen begann,* wurde zu Beginn des 20. Jahrhunderts noch einmal von der russischen Oktoberrevolution und dem nachfolgenden Realsozialismus beerbt, dessen ideologische Kostümierung den wirklichen Sachverhalt bloß notdürftig verschleierte. Tocquevilles Identitätstheorie von »altem Staat« und »Revolution« im Prozeß der bürgerlichen Modernisierung trifft hier sogar in erhöhtem Maße zu. Denn unter den Bedingungen einer schon relativ hohen Entwicklungsstufe des warenproduzierenden Systems im Westen und eines schon fortgeschrittenen Konkurrenzkampfes auf dem Weltmarkt mußte jedem neuen Modernisierungsschub in noch unentwickelten Weltregionen der Charakter einer besonders gewaltsamen *nachholenden* Entwicklung aufgeprägt werden, in der sich der frühmoderne Etatismus nicht bloß wiederholte, sondern noch viel reiner, konsequenter und rigoroser auftrat als bei den längst versunkenen westlichen Originalen.**

* Erkennbar in den immer heftiger werdenden Krisenphilosophien bürgerlicher, warenförmiger Subjektivität spätestens seit Kierkegaard und Nietzsche, fortgeführt über die Lebensphilosophie bis zum Existentialismus. Dem Fortgang dieser Krisenphilosophien entsprach die reale Entsubjektivierung des gesellschaftlichen Systems, bis hin zur heutigen postkeynesianischen Ratlosigkeit.

** Trotzki, der selber im Modernisierungsetatismus befangen bleibt, weiß insofern gar nicht, was er sagt, wenn er die stalinistische Bürokratie als »Bonapartismus« bezeichnet, allerdings in bloß denunziatorischer Absicht (»verratene Revolution«), während die Analogie in Wirklichkeit auf einen analogen Charakter in der Herausbildungsgeschichte des warenproduzierenden Systems verweist (Trotzki 1979/1936). Ähnliches gilt für August Thalheimers »Bonapartismus«-Begriff hinsichtlich des deutschen Faschismus (Thalheimer 1967/1930), der nicht nur (ungewollt) eine strukturelle Affinität des sowjetischen und des faschistischen Kasernensozialismus enthüllt, sondern gleichzeitig das begriffliche Defizit dieser Arbeiterbewegung-Marxisten in der Kritik der Politischen Ökonomie.

Der bürgerliche Vernunftstaat Fichtes und sein realsozialistischer Widerschein

Die ideologischen Ideen sind immer in sich konsequenter und logischer als die gesellschaftliche Wirklichkeit, die sie verzerrt und in verwandelter Gestalt widerspiegeln. Innerhalb der historischen Abfolge gesellschaftlicher Formationen können sie daher auch immer erst in der Realität einer späteren Entwicklungsstufe, deren Vorschein sie in Wirklichkeit waren, als realisiert oder wenigstens als realisierbar erscheinen — sofern dieser Tatbestand überhaupt erkannt und dechiffriert wird. Die klassische deutsche Philosophie bietet z.B. in vieler Hinsicht und in vielen Verkleidungen, auch erkenntnistheoretischer Art, direkte und indirekte Reflexionen der modernen Warenlogik im ideellen Vorgriff auf alle späteren Entwicklungsstufen. Gelegentlich erscheint dieser Zusammenhang sogar gänzlich unverhüllt in staats- und ökonomietheoretischen Schriften.

Dies wird besonders deutlich, wenn man die etatistische Wirklichkeit des Realsozialismus in der ersten Hälfte des 20. Jahrhunderts mit den fortgeschrittensten gesellschaftstheoretischen Ideen und programmatischen Ansprüchen der (spät-) merkantilistischen Epoche vergleicht, in Deutschland unübertroffen dargestellt durch Fichtes Kampfschrift über den »geschloßnen Handelsstaat«, geschrieben im Herbst des Jahres 1800, deren Kernformulierungen durchaus frappieren könnten. Fichtes bürgerlicher »Vernunftstaat« setzt bereits ein warenproduzierendes System voraus, d.h., die »Fabrikate« werden produziert als »Ware«, vermittelt durch »Tausch«, jedoch:

> Die Regierung hat diesen in der Nation stattfindenden Tausch zu berechnen [!], sowie die Menge von

> Händen, die er sowohl überhaupt, als in den verschiedenen Zweigen desselben, falls eine solche Teilung nötig befunden wird, beschäftigen werde [...] in einem nach den aufgestellten Grundsätzen organisierten Staate kann keinem Handelshause Ware zum Verkauf gebracht werden, auf deren baldigen Absatz es nicht sicher rechnen könnte, indem ja die verstattete Produktion und Fabrikation nach dem möglichen Bedürfnisse schon in der Grundlage des Staates berechnet ist. Das Handelshaus kann diesen Absatz sogar erzwingen. Wie man ihm bestimmte Verkäufer zugesichert hat, ebenso hat man ihm bestimmte Abkäufer zugesichert. [...] In diesem Staate sind Alle Diener des Ganzen, und erhalten dafür ihren gerechten Anteil an den Gütern des Ganzen. Keiner kann sich sonderlich bereichern, aber es kann auch keiner verarmen. [...] Die Regierung soll darauf rechnen können, daß eine gewisse Menge von Ware in den Handel komme, um dem Untertanen den fortdauernden Genuß der gewohnten Bedürfnisse immerfort zuzusichern. [...] Sie soll den Preis der Ware festsetzen und garantieren [!] *(Fichte 1977/1800, S. 81ff.)*.

Der Versuch einer Verwirklichung dieses Fichteschen »Vernunftstaates« einer geplanten Warenproduktion sollte erst 120 Jahre später unternommen werden. Auf diese Weise wird deutlich, daß der heutige Zusammenbruch der sowjetischen Ökonomie viel eher das nachträgliche Scheitern des deutschen bürgerlichen Idealismus markiert als das Veralten der Marxschen Kritik der Politischen Ökonomie,* auf die sich der Real-

* Zumindest wenn man den Fichteschen Text wörtlich nimmt. Unbeschadet dessen enthält die klassische deutsche Philosophie (und damit auch diejenige Fichtes) einen historisch noch ungeklärten Gedankenreichtum, der in einzelnen Momenten weit über die zeitgebundene Unmittelbarkeit hinausschießt, sogar bis über die Grenzen des damals begrifflich noch gar nicht zu fassenden warenproduzierenden

sozialismus immer nur krude und oberflächlich berufen konnte. Dieser überraschende Zusammenhang wird bekräftigt, wenn Fichte neben der geplanten Warenproduktion als Kennzeichen seines »Vernunftstaates« das »Eigentum« definiert als — das *Recht auf Arbeit,* das den Arbeiter erst wahrhaft zum Staatsbürger mache:

> Was kann ihm nun der Staat noch geben? Offenbar nur die Gewähr, daß er stets Arbeit, oder Absatz für seine Ware finden, und für dieselbe den auf ihn kommenden Anteil von den Gütern des Landes erhalten solle. Erst durch diese Versicherung bindet ihn der Staat an sich. Aber diese Gewähr kann der Staat nicht leisten, wenn er nicht die Zahl derer, die denselben Arbeitszweig treiben, schließt, und für die Erbauung des notwendigen Unterhaltes für alle sorgt. [. . .] Sicherheit, sage ich, soll ihnen der Staat geben, die Gewähr soll er ihnen leisten. Zu sagen: das wird sich alles schon von selbst geben, jeder wird immer Arbeit und Brot finden, und es nun auf dieses gute Glück ankommen zu lassen, ist einer durchaus rechtlichen Verfassung nicht anständig. *(Fichte, a.a.O., S. 111)*

Geplanter Markt und *Recht auf Arbeit* (was andersherum auch heißt: Arbeitspflicht unter Staatsregie), dieses sozialökonomische Kernprogramm des Realsozialismus ist tatsächlich ideologischer Merkantilismus, programmatisch geprägt schon im frühesten Aufstieg der Moderne. Und Fichte benennt auch noch das dritte entscheidende Merkmal der Staatsökonomie:

Systems. Nicht nur die spätere Marxsche Kritik der Politischen Ökonomie ist hier noch unentbunden mitenthalten, sondern sogar Gedanken, die bis heute uneingelöst blieben. Dies unterscheidet freilich einen Fichte von den elenden Plattheiten sowohl der marxistischen Epigonen als auch der Volkswirtschaftler unserer Tage, die »realistisch« im erbärmlichsten Sinne des Wortes geworden sind.

> Aller Verkehr mit dem Ausländer muß den Untertanen verboten sein und unmöglich gemacht werden. Es bedarf keines Beweises, daß in das aufgestellte Handelssystem der Verkehr der Untertanen mit Ausländern schlechthin nicht passe. Die Regierung [...] soll den Preis der Ware festsetzen und garantieren. Wie kann sie das gegen den Ausländer, da sie ja diejenigen Preise nicht bestimmen kann, um die er in seinem Lande lebt, und die ersten Materien einkauft? [...] so ist der Vernunftstaat ein ebenso durchaus *geschloßner Handelsstaat,* als er ein geschloßnes Reich der Gesetze und der Individuen ist. [...] Bedarf ja der Staat eines Tauschhandels mit dem Auslande, so hat lediglich die Regierung ihn zu führen *(Fichte, a.a.O., S. 88f.).*

Also auch das *staatliche Außenhandelsmonopol* des Realsozialismus gehörte schon zum konsequenten Programm des Merkantilismus. *Alle* entscheidenden Kennzeichen und vermeintlich nichtkapitalistischen Basisformen des sowjetischen Staatssozialismus (und sämtlicher verwandter Regimes) im 20. Jahrhundert sind schon vom Kapitalismus selbst und seinen fortschrittlichen Ideologen an der Schwelle der Industrialisierung vorformuliert worden; sie sind dem Kapital oder warenproduzierenden System nicht wesensfremd, sondern Strukturmerkmale seiner eigenen historischen Geburt. Deshalb müssen sie dort wiederholt werden, wo diese Geburt von neuem sich vollzieht. Dazu freilich war die Marxsche Kritik der Politischen Ökonomie gar nicht nötig, wenn sich alles Wesentliche am »Sozialismus« schon mehr als ein Menschenalter zuvor bei Fichte finden läßt.*

* Ganz unbefangen stellte dies der französische Sozialdemokrat Jean Jaurès schon Ende des vergangenen Jahrhunderts fest: »Fichte hat als erster die Theorie des Wertes skizziert, die Marx dann voll entfaltet hat« (Jaurès 1974/1891, S. 69). Wie

Der Kapitalismus, d.h. die zum Reproduktionssystem entfesselte Warenproduktion als Selbstbewegung des Geldes, hatte es von Anfang an nicht auf die pure »Freiheit des Marktes« abgesehen, wie die Ideologen rechter und linker Provenienz immer wieder unterstellen. Viel eher könnte von einer Wellenbewegung widerstreitender Konstitutionselemente in der bürgerlichen Modernisierungsgeschichte gesprochen werden, in der sich etatistische und monetaristische Momente beständig ablösen und durchdringen.* Die einschlägigen Konvergenztheorien reflektieren ja durchaus diesen Zusammenhang, freilich abge-

Marx bei Schumpeter als bloßer Epigone von Ricardo erscheint, so bei Jaurès als Epigone von Fichte. Die Entdeckung, daß diese Denker bereits eine Arbeitswerttheorie formuliert hatten, wird kurzgeschlossen mit dem affirmativen Selbstverständnis der Arbeiterbewegung. Unterschlagen wird dabei, daß die Marxsche Theorie eigentlich eine radikale *Kritik* des Wertfetischismus enthält. So kann es auch nicht verwundern, daß Fichte bei den Nationalsozialisten eine ebensolche Wertschätzung genoß wie bei den Ideologen der Arbeiterbewegung.

* Ganz traditionell-begriffslos verbleibt hier leider auch Fernand Braudel: »Ohne eindeutige Antwort ist u.a. die oft wiederholte Frage geblieben, ob der Staat den Kapitalismus nun eigentlich gefördert und seine Entwicklung beschleunigt hat. Bei allen Vorbehalten, die man hinsichtlich der Reife des neuzeitlichen Staates hegen [...] kann, muß man ihm doch attestieren, daß er zwischen dem 15. und dem 18. Jahrhundert seinen Einfluß auf alles und alle ausdehnt, daß er zu den neuen Kräften Europas zählt. Doch erklärt er deshalb schon alles, unterwirft er alles seiner Ordnung? Nein und nochmals nein! Zweifellos fördert und unterstützt er den Kapitalismus, doch kann man in Anwendung des Satzes von der Umkehrbarkeit der Perspektiven ebensogut auch das Gegenteil behaupten, nämlich daß der Staat den Aufstieg des Kapitalismus hemmt und u. U. auch seinerseits durch ihn behindert wird. Beide Aussagen stimmen [...], da die Wirklichkeit stets vorhersehbare und unvorhersehbare Komplikationen in sich birgt« (Braudel 1986, S. 613). Der Staat erscheint hier als abstraktes Prinzip, als eigenständiges Wesen, das »dem Kapitalismus« bloß äußerlich gegenübersteht, statt daß er in seiner modernen Gestalt als konstituierendes und gleichzeitig immanentes Moment des Kapitals selbst begriffen wäre. Hier zeigt sich, wie die »neuen Historiker« (und nicht nur diese) unter dem Vorwand der wissenschaftlichen Differenziertheit die heilloseste Begriffslosigkeit predigen, die vor lauter Bäumezählen den Wald nicht mehr sieht. Es ist eben keine äußerliche Widerspruchsbeziehung von Staat und Kapital, von der Braudel hier handelt, sondern der innere Widerspruch des Kapitals selbst, dessen Moment der Staat bloß ist, schon in der frühmodernen Herausbildungsgeschichte dieser Gesellschaftsformation.

schwächt; nicht als Bewegungsform eines unlösbaren, krisenhaft sich zuspitzenden Basiskonflikts der Moderne, sondern als eklektische und begriffslose Versöhnung dieses Kernwiderspruchs.

Staat und Markt bedingen sich gegenseitig, aber nicht als ideal auszupendelnde Ergänzung zivilisatorischer Vergesellschaftungsmomente, sondern als Institutionalisierung eines wütenden, bis zur Vernichtung und Katastrophe feindlichen Gegensatzes. Gefangen in der Blindheit ihrer eigenen Formbestimmung, arbeiten die Subjekte an ihrer Selbstvernichtung.

Der eigentliche Basiskonflikt der Moderne ist nicht etwa der zwischen »Arbeit« und »Nichtarbeit«, wie es der naive Arbeiterbewegungs- und Klassenkampf-Marxismus immer vermutet hat, sondern der zwischen gesellschaftlichem Inhalt und ungesellschaftlicher, bewußtloser Form der Arbeit selbst. Die Unterordnung aller menschlichen, qualitativen Wert- und Zwecksetzungen, aller sinnlichen Bedürfnisse überhaupt, unter den qualitätslosen Bewegungszweck toter Arbeit, aus einer Mark zwei zu machen, diese ungeheuerliche Zumutung des warenproduzierenden Systems, erzwingt als äußere Darstellung seines inneren Gegensatzes den permanenten institutionellen Widerspruch von Staat und Markt. Die innere Zerrissenheit des bürgerlichen Subjekts erscheint als seine in Geld- bzw. Markthandlung und Staatsbürgerlichkeit gespaltene Doppelexistenz.

Der Staat, neben dem Geld das andere Schwungrad der Entfremdungsmaschine, erhält so seinerseits eine Doppelnatur. Historisch wird er in seiner frühmodernen, absolutistischen bzw. bürgerlich-revolutionären und diktatorischen Form einerseits zum Geburtshelfer des warenproduzierenden Systems, andererseits zu dessen immanentem Bestandteil; institutionell dient er einerseits der Sicherung kapitalistischer Rahmenbedingungen, andererseits avanciert er zur aktiv eingreifenden Regulierungsinstanz im Reproduktionsprozeß toter Arbeit, sobald die »unproduktiven« Sektoren der Infrastruktur (Wissenschaft, Entsorgung, Sozial- und Gesundheitswesen, Ausbildung, Reparatur der sozialökologischen Zerstörungsprozesse usw.) die Selbstbewegungsstruktur des Geldes zu überwuchern beginnen; ideologisch schließlich erscheint der Staat einerseits als Moloch, »Menschenfresser« (Glucksman 1978) und leviathanisches Ungeheuer, das die »eigentliche« bürgerliche Subjektivität beständig zu vergewaltigen droht, andererseits aber als *deus ex machina,* als Anrufungsinstanz für alle Friktionen und Leiden der negativen Vergesellschaftung.

Dieser Widerspruch von Staat und Markt, der sich als innerer Widerspruch des Staates selbst reproduziert und in dem sich der unversöhnliche Gegensatz der Moderne darstellt, erzeugt jene historische Wellenbewegung, in der abwechselnd Etatismus und Monetarismus dominieren, ohne je ins Gleichgewicht störungsfreier Reproduktion zu gelangen: vom absolutistischen und revolutionären Etatismus der Frühmoderne zum Manchester-Liberalismus und »Nachtwächterstaat« des aufsteigenden Industriekapitals; später vom kriegswirtschaftlichen Etatismus der imperialistischen Epoche zum Antikrisenstaat des Keynesianismus und schließlich zur monetaristischen Gegenreaktion und zur globalen »Deregulierung«, die heute schon wieder obsolet zu werden scheint.* Am Ende seiner Geschichte wird das warenproduzierende System verdächtig kurzatmig. Etatismus und Monetarismus

* Kennzeichnend für das bürgerliche Bewußtsein, auch das linke, ist die Wahrnehmung der vorausgehenden Epoche durch den Filter des jeweils dominierenden Widerspruchsmoments, statt die feindliche Komplementarität dieser Momente selber im historischen Gesamtprozeß der Moderne zu erkennen. In diesem Kontext kann auch im folgenden die realsozialistische Ideologie dechiffriert werden.

wechseln sich in immer rascherer Folge ab, wie noch gezeigt werden soll.

Der Sozialismus der Arbeiterbewegung konnte das Programm der Marxschen Kritik der Politischen Ökonomie gar nicht einlösen, dessen eigentliche Zeit noch nicht gekommen war (Marx selber machte sich hier ganz systematisch Illusionen). Statt dessen hat der Realsozialismus noch einmal die spätmerkantilistischen Ideen Fichtes wiederholt und zur »Verwirklichung« gebracht. Ganz zwangsläufig mußte er so sein Augenmerk und seine Interessen an den modernen Staat heften, jene Ausgeburt und Maschine des warenproduzierenden Systems, die er durch einen »klassenmäßigen« bloßen Vorzeichenwechsel glaubte für die »Befreiung der Arbeiterklasse« instrumentalisieren zu können.*

* Der Anarchismus und verwandte Strömungen (Syndikalismus usw.) bieten zum Mainstream der alten Arbeiterbewegung nur eine Scheinalternative, weil sie ihre Staatsfeindschaft ausgerechnet mit Ideologien einer »selbstbestimmten« und »gerechten« Warenproduktion begründen (Proudhon z. B.), also sowohl die Gesetzmäßigkeiten des warenproduzierenden Systems als auch den inneren Zusammenhang von Warenform und modernem Staat völlig verkennen. Diese Art der bürgerlichen Immanenz ist im Verhältnis zum staatssozialistischen Marxismus nur komplementär und vertritt sozusagen die liberale oder monetaristische Seite des bürgerlichen Widerspruchs in der Arbeiterbewegung, die so den Gegensatz von Staat und Markt, von Etatismus und Monetarismus, von Staatsbürgerlichkeit und Tauschsubjekt noch einmal auf ihrem eigenen Boden reproduziert.

DIE DEUTSCHE KRIEGSWIRTSCHAFT UND DER STAATSSOZIALISMUS

Klassenkampf-Soziologismus und bürgerliche Formhülle

Exemplarisch findet sich die staatssozialistische Illusion bei Lenin, der den kriegswirtschaftlichen Planstaat des deutschen Kaiserreiches geradezu zum Vorbild der heraufdämmernden Sowjetökonomie erklärte, wenn nur eine andersgeartete soziale Macht sich seiner bediene. Berühmt ist seine Feier der deutschen Post als organisatorisches Modell für eine sozialistische Umgestaltung der Gesellschaft in der Schrift *Staat und Revolution,* geschrieben im Spätsommer 1917:

> Ein geistreicher deutscher Sozialdemokrat der siebziger Jahre des vorigen Jahrhunderts bezeichnete die *Post* als Muster sozialistischer Wirtschaft. Das ist durchaus richtig. Gegenwärtig ist die Post ein Betrieb, der nach dem Typ des staats*kapitalistischen* Monopols organisiert ist. Der Imperialismus verwandelt nach und nach alle Trusts in Organisationen ähnlicher Art. Über den »einfachen« Werktätigen, die schuften und darben, steht hier die gleiche bürgerliche Bürokratie. Doch der Mechanismus der gesellschaftlichen Wirtschaftsführung ist hier bereits fertig vorhanden. Man stürze die Kapitalisten, man breche mit der eisernen Faust der bewaffneten Arbeiter den Widerstand dieser Ausbeuter, man zerschlage die bürokratische Maschinerie

> des modernen Staates — und wir haben einen von dem »Schmarotzer« befreiten technisch hochentwickelten Mechanismus vor uns, den die vereinigten Arbeiter sehr wohl selbst in Gang bringen können *(Lenin 1972/1917, S. 439f.)*.

Noch einen Schritt weiter geht Lenin in dem Artikel *Über »linke« Kinderei und über Kleinbürgerlichkeit* vom Mai 1918, wo er den ominösen und seiner Form nach völlig unbestimmten »Mechanismus der gesellschaftlichen Wirtschaftsführung« unter dem Druck der Verhältnisse nicht einmal mehr vom »Staatskapitalismus« befreien, sondern nunmehr diesen Staatskapitalismus selber direkt instrumentalisieren will:

> Der Staatskapitalismus steht *ökonomisch* unvergleichlich höher als unsere jetzige Wirtschaftsweise, das zum ersten. Zweitens aber hat er nichts Schreckliches für die Sowjetmacht an sich, denn der Sowjetstaat ist ein Staat, in dem die Macht der Arbeiter und der armen Bauern gesichert ist. [...] Um die Frage noch klarer zu machen, wollen wir zunächst ein ganz konkretes Beispiel des Staatskapitalismus anführen. Alle wissen, was für ein Beispiel das ist: Deutschland. Hier haben wir das »letzte Wort« moderner großkapitalistischer Technik und planmäßiger Organisation, die dem *junkerlich-bürgerlichen Imperialismus unterstellt* sind. Man lasse die hervorgehobenen Wörter aus, setze an Stelle des militärischen, junkerlichen, bürgerlichen, imperialistischen Staates ebenfalls einen Staat, aber einen Staat von anderem sozialem Typus, mit anderem Klasseninhalt, den Sowjetstaat, d.h. einen proletarischen Staat, und man wird die *ganze* Summe der Bedingungen erhalten, die den Sozialismus ergibt. Sozialismus ist undenkbar ohne großkapitalistische Technik, die nach

> dem letzten Wort modernster Wissenschaft aufgebaut ist, ohne planmäßige staatliche Organisation, die Dutzende Millionen Menschen zur strengsten Einhaltung einer einheitlichen Norm in der Erzeugung und Verteilung der Produkte anhält. *(Lenin 1978/1918, S. 331f.)*

Solche Aussagen sind außerordentlich charakteristisch nicht allein für Lenin oder die Bolschewiki, sondern für die damalige (auch westliche) Arbeiterbewegung insgesamt, die unmittelbaren »linksradikalen« Gegner Lenins in der angeführten Auseinandersetzung eingeschlossen. Der theoretische und ideologische Grund dieser Denkweise liegt in einem eigentümlich soziologistischen Verständnis von Gesellschaftlichkeit und historischen Gesellschaftsformationen. Die zum »Marxismus« einseitig vulgarisierte Marxsche Theorie wurde ihrer entscheidenden Formkritik des modernen bürgerlichen Reproduktionssystems beraubt, die im Marxschen Fetischismusbegriff zugespitzte Kritik der Warenform eliminiert und in ein theoretisches und historisches Jenseits verbannt, als dunkel verschrien oder zum bloß subjektiven Bewußtseinsphänomen degradiert.

An die Stelle eines Begriffs der Form des warenproduzierenden Systems und seiner historischen Bedingungsgeschichte trat so ein verkürzter Begriff der »kämpfenden Klassen« als vermeintlich letzter Grund von Gesellschaftlichkeit; das *constitutum* wurde zum *constituens,* das abgeleitete Phänomen der sozialen Klassen zum nicht weiter hinterfragbaren Wesen gemacht. Nicht eigentlich das Kapital wurde so kritisiert, sondern vielmehr »die Kapitalisten«, die als persönliche Subjekte des in Wirklichkeit subjektlosen Gesellschaftsverhältnisses der Ware erscheinen mußten. Die mystifizierten Meta-Sozialsubjekte der »Klassen« bekamen so einen merkwürdig familiären Charakter, ganz wie die Götter der Antike, die auch als höchst irdisch sich betragende persönliche Charaktere auftraten.

So wurde aus einer analytischen Sozialkategorie, der »Arbeiterklasse«, eine unmittelbare Kollektivperson mit konsistenter Identität, die unabhängig von wirklichen empirischen Personen quasi-lebensgeschichtlich »handelt«. Die Identität der Klasse fand ihre Begründung in einer falschen Ontologie der Arbeit, die nicht als Moment und Bestandteil des Fetischsystems der Ware begriffen wurde, sondern in geradezu biblischer (eben »protestantischer«) Weise als ewiges Menschheitswesen, das nur äußerlich von den »Ausbeuter«-Subjekten der »Kapitalisten« vergewaltigt worden sei. Umgekehrt konnte dann auf der anderen Seite die vermeintliche Befreiung vom Kapitalverhältnis als Entmachtung der »Kapitalisten« erscheinen, oder schlimmstenfalls als deren jakobinische Liquidierung;* die Position von Lenins »linksradikalen« Kritikern ist hier noch viel bürgerlich-jakobinischer: Als vermeintliche Alternative zum »Staatskapitalismus« schlugen sie in aller Unschuld die »gänzliche Vernichtung der Bourgeoisie« vor.

Lenins Argumentation mußte im Verständnis der alten Arbeiterbewegung durchaus plausibel wirken. Wenn Arbeit ungeachtet ihrer gesellschaftlich-historischen Formbestimmung als positiver Grund jedes denkbaren »Sozialismus« firmierte, mußte dies letzt-

* Der bürgerlich-jakobinische Zug der Bolschewiki (was natürlich einen girondistischen Charakter ihrer menschewistischen Gegenspieler implizierte) ist nicht nur oft bemerkt, sondern sogar von ihnen und speziell Lenin selbst mit Stolz behauptet worden. Daß ihnen dies bloß als ruhmvoller historischer Vergleich vorkam, dem in ihrer eigenen Revolution »ein ganz anderer Klasseninhalt« entspreche, ist nur die ironische Reproduktion ihres Irrtums auf der Meta-Ebene. Der personalistisch und soziologistisch verkürzte Begriff des »Gegners«, der es als logisch erscheinen ließ, diesen als Problemlösung um einen Kopf kürzer zu machen, kennzeichnet den bolschewistischen Jakobinismus als Wiederholung einer wesensmäßig *bürgerlichen* Revolution unter den Bedingungen des beginnenden 20. Jahrhunderts.

lich ebenso für die Basiskategorien des warenproduzierenden Systems gelten. Die Benennung der abstrakten Arbeit als Form des Kapitals fehlt (nicht nur) bei Lenin vollständig. Dafür taucht sie als *positive* Reflexion in merkwürdig grobschlächtiger, verschwommener und begriffsloser Fassung wieder auf als »wirtschaftliche Rechnungsführung« oder als »Mechanismus der gesellschaftlichen Wirtschaftsführung«, kurzschlüssig verknüpft mit dem »letzten Wort großkapitalistischer Technik« (!) und »modernster Wissenschaft«, schließlich schlicht als »planmäßige staatliche Organisation«.

In diesen Begriffsbildungen verbirgt sich ein der Logik des Kapitals gegenüber geradezu naives und ahnungsloses Verständnis, das in heutiger Sprache ein sozialtechnologisches genannt werden müßte.* Die Gesellschaft der Oktoberrevolution als »gigantisches Laboratorium« war eine nicht nur bei den Bolschewiki geläufige Metapher. Der vermeintliche Sozialismus schien nur eine äußerliche, wenn auch gewaltige Organisationsaufgabe zu sein, die bloß vom »richtigen« Subjekt anstelle des falschen »junkerlich-imperialistischen« in denselben Formen und mit denselben Mitteln durchzuführen war.

Freilich konnte auch beim besten Willen das mystifizierte Subjekt »Arbeiterklasse« nicht zum unmittelbaren Leben erweckt werden; die Auf- und Angeregtheit der »arbeitenden Massen« in den Sowjets und deren Handlungsbezug mußte vertrocknen in demselben Maße, wie diese Massen als Hände zur Arbeitskraftverausgabung herangezogen wurden: ein ange-

* Ein Blick ins Register des Bandwurms der Werke Lenins genügt, um festzustellen, daß dort nicht einmal die Spur einer Thematisierung des ökonomischen Wertbegriffs und der Marxschen Fetischismuskritik zu finden ist; die historische Bedingtheit dieser theoretischen Naivität erhellt schon daraus, daß auch der westliche Marxismus sie bis in unsere Tage weitergeschleppt hat, von einzelnen, unklaren, »einsam« gebliebenen und nie weitergehend fruchtbaren Versuchen abgesehen.

sichts der schwachen Produktivitätsentwicklung nicht nur auf lange Sicht gänzlich unvermeidlicher Zwang, sondern sogar ein Zustand, der gegen die schwere Trägheitsmasse der bäuerlichen Subsistenzproduktion erst durchgesetzt werden mußte. So wurde *die* Partei zur Inkarnation des metaphysischen Klassensubjekts, das als bürgerliche Modernisierungsmaschine zu enttarnen ideologisch unerträglich gewesen wäre: auch hieraus erklärt sich der stalinistische Mordterror gegen die alte Garde der Bolschewiki (aus der fast jeder, Trotzki zuallererst, ein anderer Stalin hätte werden können).

Indem die Partei sich mit der teils vorgefundenen, teils selbstgeschaffenen bürokratisch-etatistischen Kriegswirtschaft amalgamierte, konnte sie als Stellvertreterin der Arbeiterklasse auf Erden praktisch jede ihrer Handlungen rechtfertigen, auch die unsinnigen und blutig repressiven. Die Partei, die »immer recht« hat, erschuf so ihrem eigenen Selbstverständnis nach eine neue sozialistische Gesellschaft, die tatsächlich nichts als die nachholende Zwangsrekrutierung einer modernen Arbeiterklasse unter Staatsregie war.

Die sozialistischen bzw. marxistischen Zweifler und Kritiker, die in der Sowjetunion vom stalinistischen Apparat auf jakobinische, die Französische Revolution wiederholende Art physisch liquidiert worden sind, hatten freilich weder eine historische Alternative zu bieten, noch waren sie in der Lage, den vor ihren Augen sich vollziehenden gesellschaftlichen Prozeß begrifflich zu erfassen. Die trotzkistische Orientierung auf die »proletarische Revolution im Westen«, weil der Sozialismus in einem Lande und speziell im »unterentwickelten« Rußland unmöglich sei, während im Westen die objektiven wie subjektiven Bedingungen als erfüllt hingestellt wurden, war eine bloße Illusion.

In Wirklichkeit war die kapitalistische Produktivkraftentwicklung auch im Westen noch weit vom Erreichen ihrer Krisenschwelle entfernt. Die westlichen Revolutionen und Massenbewegungen am Ende des Ersten Weltkriegs gehörten ebenso wie dieser selbst und ebenso wie die Oktoberrevolution noch der Durchsetzungsgeschichte des warenproduzierenden Systems und nicht seiner Aufhebungs- und inneren Krisenreife an. Die Träger dieser Entwicklungen waren zwar schon moderne, kapitalistisch konstituierte Menschen, und ihre Auseinandersetzungen waren schon von den Widersprüchen des warenproduzierenden Systems geprägt, aber diese Widersprüche blieben noch unüberbrückbar. Auch im Westen mußten in diesen gesellschaftlichen Erschütterungen erst noch ständische, vor- und frühkapitalistische, starre und unbewegliche Reste und Schlacken, Sozialstrukturen und Abhängigkeitsverhältnisse, Rechtsformen, Bindungen usw. verdampft und aufgelöst werden; wie überhaupt die ganze Weltkriegsepoche noch zur globalen Entfaltungsgeschichte des Kapitals gehört, das sich erst nach 1945 zum unmittelbaren, mit sich selbst identischen und ausgereiften Weltsystem entwickeln sollte.

Der Sturz des deutschen Kaiserreichs und der Habsburgermonarchie, die Beseitigung des preußischen Dreiklassenwahlrechts, das sukzessive Vordringen des Frauenwahlrechts auch in den westlichen Ländern usw. standen auf dem Programm, nicht die Aufhebung des warenproduzierenden Systems, die daher auch von den Trotzkisten, »Linksradikalen« usw. nicht einmal theoretisch formuliert werden konnte (von wenigen, abstrakten und begrifflich dunklen Thematisierungen abgesehen); ebendeshalb mußte diese vermeintliche Radikalität in der Mystifizierung der Arbeiterklasse befangen bleiben.

Dieser Sachverhalt verweist natürlich auf die insgesamt noch mangelnde Reife kapitalistischer Weltvergesellschaftung. Auf den Marxismus selber ist anzuwenden, was Marx schon in seiner *Kritik der Politischen Ökonomie* von 1859 gesagt hat:

> Eine Gesellschaftsformation geht nie unter, bevor alle Produktivkräfte entwickelt sind, für die sie weit genug ist, und neue höhere Produktionsverhältnisse treten nie an die Stelle, bevor die materiellen Existenzbedingungen derselben im Schoß der alten Gesellschaft selbst ausgebrütet worden sind. Daher stellt sich die Menschheit immer nur Aufgaben, die sie lösen kann, denn genauer betrachtet, wird sich stets finden, daß die Aufgabe selbst nur entspringt, wo die materiellen Bedingungen ihrer Lösung schon vorhanden oder wenigstens im Prozeß des Werdens begriffen sind. *(Marx 1968/1859, S. 15f.)*

Am Ende des Ersten Weltkriegs konnte es eben noch nicht um die Aufhebung des warenproduzierenden Systems oder Kapitals gehen, sondern im Gegenteil erst um seine weitere Durchsetzung. Nirgendwo im Westen existierten Produktivkräfte, die bereits eine Aufhebung der Arbeiterklasse ermöglicht hätten, d. h. eine Abkoppelung der gesellschaftlichen Reproduktion vom System der abstrakten, massenhaften Verausgabung von Arbeitskraft. Die Alternative wäre immer nur eine Rückkehr zu Formen agrarischer Bedürfnisarmut und vormoderner Roheit gewesen.*

* Inzwischen ist diese Option bei grün-fundamentalistischen »Produktivkraftkritikern« allen Ernstes salon- und diskursfähig geworden, wenn natürlich auch nur als ideologische Billigstproduktion, erklärbar nur dadurch, daß der historische Abstand zu solchen Verhältnissen so groß geworden ist, daß sie schon wieder verklärt werden können. Die Arbeiterbewegung und die Bolschewiki von 1917, denen sie noch real vor Augen standen, konnten völlig zu Recht keinen Gedanken an eine solche aberwitzige, reaktionäre und zutiefst antiemanzipatorische Option verschwenden.

Deshalb waren auch die linksradikalen Kritiker unfähig, sich eine revolutionierte Gesellschaft anders denn als radikale, hyperjakobinische »Selbstherrschaft der Arbeiterklasse« vorzustellen: ein Widerspruch in sich, eine logische Unmöglichkeit, weil autonome Entscheidungen der Gesellschaft über Gebrauchswert- bzw. Bedürfnisinhalte und ein Dasein als Arbeitskraftmaschinerie sich gegenseitig ausschließen.

Lenins berühmte Formel vom Kommunismus als »Sowjetmacht plus Elektrifizierung« drückt nicht nur ein äußerliches, technologisches Verständnis von sozialer Emanzipation aus, sondern reflektiert auch einen damals unlösbaren Widerspruch: Die »Arbeiter« können als solche nicht »herrschen«, weil dafür kein gesellschaftlicher Zeitfonds zur Verfügung steht und weil man erst einmal aufhören muß zu »arbeiten«, um »herrschen« zu können; wäre dies aber möglich, dann bedürfte es umgekehrt gar keiner »Herrschaft« mehr, und sie wäre in einem sozialen Sinn ganz überflüssig geworden. Die »Herrschaft der Arbeiterklasse« konnte sich also, gleichgültig unter welchem ideologischen Signum, immer nur in eine bürgerliche, jakobinische Modernisierungsdiktatur transformieren. Ironischerweise und im Gegensatz zu allen linksradikalen Legenden fand die proletarische Revolution im Westen ebendeswegen nicht statt, weil der Westen schon weiter entwickelt war und ihrer für den nächsten Schritt bürgerlicher Modernisierung gar nicht bedurfte.

Kommunisten (»Leninisten«) und westliche Sozialdemokraten, die feindlichen Brüder der alten Arbeiterbewegung, waren nicht nur in ihrem ideologischen, arbeitsgesellschaftlich befangenen Basisverständnis von Gesellschaftlichkeit einig, sondern auch in ihrer historischen Funktion als bürgerliche, arbeitsgesellschaftliche Kräfte der Modernisierung identisch. Für diese Aufgabe genügte im Westen die Sozialdemokratie und ihre Politik, während der relative Entwicklungsrückstand in Rußland radikalere Mittel erforderte. Nur daraus erklärt sich das Schisma, ebenso wie sich die heutige klägliche »Wiedervereinigung« des zur Kenntlichkeit seiner Identität gelangenden Gesamt-Sozialdemokratismus* daraus erklärt, daß dieses Modell historisch gegenstandslos geworden ist, weil die bürgerliche Modernisierungsgeschichte in ihre Endkrise eintritt.

In gewisser Weise haben also die sozialdemokratischen Menschewiki hinsichtlich des »objektiv bürgerlichen« Charakters der in Rußland anstehenden Umwälzung recht behalten, und zwar mehr, als sie ahnen konnten; freilich nur im logischen, nicht im historischen und empirischen Sinne. Denn in Rußland konnte die anstehende Aufgabe der bürgerlichen Modernisierung eben nicht von einem in der soziologistischen Terminologie sozusagen dafür zuständigen sozialen Träger durchgesetzt werden, nämlich der »liberalen Bourgeoisie«, die in der russischen Revolutionsgeschichte lediglich eine marginale Rolle spielte. Nur eine radikale Arbeiterpartei mit schroffer Abgrenzung zum westlichen Kapitalismus war unter diesen Verhältnissen dazu befähigt, eine *nachholende* kapitalistische Entwicklung aus dem Boden zu stampfen.

* Zunächst findet diese sozialdemokratistische Wiedervereinigung in der Form einer reuigen Heimkehr des verlorenen leninistisch-kommunistischen Sohnes statt: In ganz Osteuropa werden die roten Sterne, Hammer- und Sichel-Symbole usw. abgerissen, und die Parteien des Kasernensozialismus benennen sich eilfertig in »sozialistische« oder »sozialdemokratische« um; am groteskesten die schon historisch als Zwangsheirat von SPD und KPD entstandene SED, die nun als Partei des Demokratischen Sozialismus im ideologischen Salto mortale zur nachträglichen Liebesheirat gelangen möchte. Dieser Spuk wird sich verflüchtigen in dem Maße, wie sich das krisenhafte Ende der sozialdemokratischen Modernisierungsfunktion und Sozialverträglichkeitspropaganda auch im Westen herausstellt. Während etwa das »schwedische Modell« von naiv geläuterten Ex-Leninisten als Perspektive gehandelt wird, liegt es in seinem Mutterland bereits todkrank danieder.

So behielten die Bolschewiki »praktisch« recht, mußten sich jedoch ideologisch über den eigentlichen Inhalt ihrer Revolution hinwegtäuschen, und zwar durch die Leninsche Illusion vom Primat der Politik. Der politische Wille der Partei sollte die praktisch nicht mögliche Aufhebung der abstrakten Arbeit ersetzen. Auf diese Weise konnte die innere Identität von »Kapital« und »Arbeit«, also die Austauschbarkeit der sozialen und institutionellen Träger dieser nur an der Marktoberfläche gegensätzlichen »Charaktermasken« (Marx) des warenproduzierenden Systems, systematisch ausgeblendet bleiben. Somit wurde der Kommunismus zu einer »proletarischen« Legitimationsideologie nachholender bürgerlicher Zwangsmodernisierung.

Tatsächlich verkennen die Leichenredner Lenins, gleichgültig welcher Couleur, das historische Wesen der Oktoberrevolution gerade deswegen, weil sie die leninistische Illusion teilen und also Alternativen in die Vergangenheit projizieren, als hätten diese bloß in der »richtigen« oder »falschen« Willensentscheidung der handelnden Subjekte gelegen. Die Befreiung von den Zwangsgesetzen der Warenform, d.h. die Aufhebung einer außer den Subjekten liegenden blinden Bedingtheit, ist aber selber noch bedingt. Bis heute mußte so von den linken und radikaldemokratischen Geschichtsverbesserern auch die Aufgabe falsch gestellt werden. Wer abstrakte »Selbsttätigkeit«, »Selbstverwaltung«, »Basisdemokratie« usw. unhistorisch-aufklärerisch einfordert, ohne die fetischistische Basisstruktur des warenproduzierenden Systems auch nur begrifflich anzutasten, der will immer noch den bürgerlichen Ideenhimmel von Freiheit, Gleichheit, Brüderlichkeit gegen die bürgerliche Realität geltend machen. Dieser Evergreen der bürgerlichen Subjektillusion hat seit den Tagen der Französischen Revolution nichts von seinem Zauber eingebüßt, und deshalb wird er bis heute unverdrossen weitergedudelt.*

Das Problem des Orientalismus

Nicht viel besser als die linksradikalen oder linksbürgerlichen Spätaufklärer, die dem Modernisierungsregime des Bolschewismus sinnloserweise vorwerfen, daß es die bürgerlichen Ideale genausowenig verwirklicht habe wie die Bourgeoisie selbst, erscheinen diejenigen Ergänzungskritiker, die den bolschewistischen Etatismus auf die »asiatische Tradition«, auf die asiatischen, despotischen Momente des Zarismus und seines gesellschaftlichen Erbes zurückzuführen suchen (Dutschke 1974, Bahro 1977 u.a.). Damit werden gerade die etatistischen und despotischen Wurzeln und Momente des eigenen demokratischen, aufklärerischen Denkens und seiner gesellschaftlichen Grundlage verdrängt und vertuscht; und die historischen Spuren des westlichen warenproduzierenden Systems werden, wenn auch vielleicht ungewollt, verwischt.

Nur ein ganz oberflächliches Analogiedenken kann die asiatische Despotie vermengen mit einem kriegswirtschaftlichen Modernisierungsregime, das in Wirklichkeit dem Westen abgeschaut war und das sich eben nicht Iwan den Schrecklichen, sondern die noch weit schrecklichere deutsche Post zum Vorbild nahm. Natürlich ist es leicht, sämtliche despotischen Erschei-

* Das Verhandeln von Geschichte als Nörgeln gegen die Vergangenheit, die es auf unbegreifliche Weise schlecht gemacht hat, wo sie es doch viel besser hätte machen können, ist überhaupt ein typisches Merkmal des Aufklärungsdenkens, wie auch das Messen der Vergangenheit an abstrakten Vernunftprinzipien, deren Konstitutionsgeschichte gar nicht reflektiert wird. Dieses Denken unterstellt immer schon ein bürgerliches Subjekt und projiziert dieses in die geschichtlichen Ereignisse zumindest der Moderne, ohne zu bemerken, daß diese ganze Moderne ja erst die *Herausbildungsgeschichte* dieser Form von Subjektivität ist.

nungen in der Weltgeschichte zu einem formalen, leeren Oberbegriff zusammenzuziehen; dann kann der Bolschewismus auch ebensogut mit dem Pharaonenreich gleichgesetzt werden — und sogar das ist geschehen, beispielsweise durch einen produktivkraftkritischen Edelanarchismus, wie er die ideologische Folie abgibt für Lewis Mumfords *Mythos der Maschine* (Mumford 1974). Aber damit ist keine einzige wirkliche Gesellschaftsformation in ihrer konkreten Bedingungs- und Herausbildungsgeschichte begriffen.

Die gesellschaftlichen und sozialen Grundlagen der asiatischen Despotie sind ganz andere als diejenigen des warenproduzierenden Systems der Moderne und mit diesem völlig unvereinbar. Agrarische Subsistenzproduktion und deren »Abweiden« durch ein despotisch zentralisiertes Herrenvolk, naturalwirtschaftliche Bewässerungskulturen, »hydraulische Gesellschaften« (Wittfogel 1977/1957) mit einer despotisch gekrönten Verwaltungsbürokratie* setzen nicht Ware und Geld als gesellschaftlichen Basisnexus. Der Etatismus der Moderne dagegen, so sehr er in bestimmten Entwicklungsstadien des warenproduzierenden Systems formale Ähnlichkeiten zum orientalischen Despotismus aufweisen mag, ist ganz im Gegenteil ein Konstitutionsmoment des abstrakt freien, warenförmigen Individuums, dessen wirkliche innere Heteronomie nicht aus der »bürokratischen Willkür«, sondern aus den subjektlosen Zwangsgesetzen der Warenform und des Geldes erwächst.

Wenn in den Kriegswirtschaften des deutschen Kaiserreichs und der anderen imperialistischen Staaten

* Auch Wittfogel versucht seine Untersuchung der »hydraulischen Gesellschaften« orientalischer Despotie in eine Kritik des Bolschewismus und der sowjetischen Gesellschaft zu verwandeln; sein Ansatz bleibt in dieser Hinsicht so untauglich wie alle anderen und geht von denselben unhinterfragten westlichen, demokratischen Prämissen des warenproduzierenden Systems aus.

des warenproduzierenden Systems, ebenso wie in den Kriegswirtschaften des Zweiten Weltkriegs, der Etatismus der merkantilistischen Epoche und der frühmodernen Revolution in neuer Gestalt und auf einer höheren Entwicklungsstufe wieder erscheint, wenn von liberalen wie linken Kritikern die damit verbundene »kapitalistische Bürokratie«, die »verwaltete Welt« usw. als negatives Strukturmerkmal beklagt werden (vgl. Jacoby 1969), dann verbirgt sich hinter diesen Erscheinungen kein autochthoner Bürokratismus despotischer Provenienz, sondern die Konsequenz der demokratischen Freiheit selbst: die Sachzwang-Verwaltung der Selbstbewegung des Geldes und das (womöglich bedauernde) Vollstrecken der Urteile, die von dieser Gesetzmäßigkeit der »zweiten Natur« gefällt werden.

Der despotische Etatismus der entstehenden Sowjetgesellschaft war somit gerade *gegen* die ökonomischen und sozialen Grundlagen der orientalischen Despotie im Erbe des Zarenreiches gerichtet; die immer und immer wiederholten Äußerungen Lenins, daß es gelte, von der bürgerlichen Kultur, Wissenschaft, Verwaltung usw. des Westens zu lernen, deren Formen zu übernehmen, stehen nicht nur im Einklang mit der bürgerlichen Modernisierungsfunktion der Oktoberrevolution, sondern auch mit den etatistischen Formen. Die Reste des Orientalismus wurden mit denselben etatistischen Mitteln moderner, warenförmiger Vergesellschaftung zerschlagen und gemodelt wie die Zersetzungsprodukte der Feudalgesellschaft durch den frühmodernen Etatismus im Westen:

> Solange in Deutschland die Revolution noch mit ihrer »Geburt« säumt, ist es unsere Aufgabe, vom Staatskapitalismus der Deutschen zu lernen, ihn *mit aller Kraft* zu übernehmen, keine *diktatorischen*

> Methoden zu scheuen, um diese Übernahme noch stärker zu beschleunigen, als Peter die Übernahme der westlichen Kultur durch das barbarische Rußland beschleunigte, ohne dabei vor barbarischen Methoden des Kampfes gegen die Barbarei zurückzuschrecken. *(Lenin 1978/1918, S. 333)*

Diese Aussage in dem schon erwähnten Artikel *Über »linke« Kinderei und über Kleinbürgerlichkeit* reflektiert das wirkliche Wesen der Oktoberrevolution mehr, als sie wahrhaben möchte. Denn in der Tat: Wie schon vor der Französischen Revolution die absoluten Fürsten und Monarchen die Zerstörung der feudalen Produktionsweise und die Entmachtung des Adels vorangetrieben hatten, eine Entwicklung, deren Opfer sie schließlich selber werden mußten, so hatten auch die »Modernisierungs«-Zaren schon Entwicklungen gegen den Orientalismus in Gang gesetzt und die Bojaren geschoren und geköpft; wie die Französische Revolution den merkantilistischen Etatismus übernahm und weiterentwickelte, so die Oktoberrevolution die vorgefundenen Momente nicht des orientalischen Despotismus, sondern frühmoderner Staatlichkeit auf dem Boden einer Ausdehnung der Warenproduktion, wie sie in den zaristischen Industrialisierungsprojekten bereits begonnen war. Nur ein »klassenmäßig« im Soziologismus befangenes Denken kann diese Identität des Formprozesses der Moderne durch verschiedene Entwicklungsstufen, »Herrschaftssysteme«, Staatsformen und »Klassenkämpfe« hindurch übersehen.

Der Verweis auf den orientalischen Despotismus ist also ein Ablenkungsmanöver, in dem sich die eigenen blutigen Spuren der westlichen Demokratie verwischen. Die besondere Gewalt der sowjetischen bürgerlichen Modernisierung erklärt sich daraus, daß sich in ihr, zeitlich ungeheuer verkürzt, eine Epoche von zweihundert Jahren zusammenzog: Merkantilismus und Französische Revolution, Industrialisierungsprozeß und imperialistische Kriegswirtschaft in einem. Kein Wunder, daß diese Gesellschaft sich militarisierte bis in die Poren, daß sie nicht nur den »Staatskapitalismus« der deutschen Kriegswirtschaft, sondern die militärischen Tugenden des Preußentums, Disziplin und Gehorsam, zum instrumentalisierbaren Ideal erhob, eingekleidet in eine vermeintlich entgegengesetzte »proletarische« Legitimationsideologie.

Die Kapitaleigenschaft der »ursprünglichen sozialistischen Akkumulation«

Wenn unter dem stalinistischen Regime zeitweilig die Kleinigkeit einer Todesstrafe für Zuspätkommen eingeführt wurde, um die Dressur der an den Sachzwang der Fabrikdisziplin nicht gewöhnten agrarischen Massen Rußlands voranzupeitschen, so ist dies nicht nur eine geradlinige Fortführung der Trotzkischen »Militarisierung der Wirtschaft« in der Bürgerkriegsperiode, sondern ein Reflex des gewaltsamen Modernisierungsprozesses einer *ursprünglichen Akkumulation* von Kapital, wie ihn Marx mit durchaus ähnlichen Eigenschaften bereits für das England der Industrialisierung beschrieben hatte. Heute, mit anderen Augen gelesen, wirken die unglaublich verkrampften und verdrehten ideologischen Legitimationsversuche geradezu erschütternd und grotesk, mit denen auch vermeintlich kritische Marxisten (sowohl in der Sowjetunion als auch im Westen) die gewaltsam in Gang gesetzte Akkumulation toter Arbeit als »sozialistische« Alternative zu retten suchten.

Dies »gelang« ihnen natürlich nur dadurch, daß sie die postbürgerliche Transzendenz nicht an den Basisformen der gesellschaftlichen Reproduktion, sondern am Auftreten jenes mystifizierten »Proletariats« festmachten. Schon der später als »Trotzkist« verurteilte und hingerichtete Preobrashenski hatte den logischen Unbegriff einer »sozialistischen ursprünglichen Akkumulation«* geprägt (Preobrashensky 1971/1926). Doch auch von oppositionellen westlichen Marxisten wurden bis lange nach dem Zweiten Weltkrieg noch die grausigsten Repressionsformen der ursprünglichen Kapitalakkumulation im Namen des metaphysischen Proletariats gegen das empirische gerechtfertigt:

> Die proletarische Diktatur ist aber auch für die Arbeiterklasse selbst im Stadium des »Sozialismus« noch notwendig, solange in der Arbeiterklasse selbst die aus dem Kapitalismus überkommenen Anschauungsweisen und Lebensgewohnheiten noch vorherrschen. Solange nicht die neue, sozialistische, kollektivistische Denk- und Handlungsweise den werktätigen Massen in Fleisch und Blut übergegangen und ausschlaggebend geworden ist. Also auch gegenüber der Arbeiterklasse selbst und den anderen werktätigen Klassen ist bis zu diesem Zeitpunkt nicht ohne Gewalt, nicht ohne Zwangsmittel, nicht ohne proletarische Diktatur auszukommen. *(Brandler 1982/1950, S. 48f.)*

* Akkumulation wovon?, so hätte eigentlich sofort gefragt werden müssen. Natürlich von Kapital, aber dies scheint den Marxisten keine Bauchschmerzen bereitet zu haben. »Sozialistische ursprüngliche Akkumulation von Kapital«, eine solche *nonsense*-Begrifflichkeit verweist nur darauf, daß »Kapital« und also die fetischistische, verdinglichte Gestalt des Stoffwechselprozesses mit der Natur als formationsunspezifisches neutrales Ding erscheint, auf das sich sowohl »Kapitalisten« als auch »Proletariat« jeweils vermeintlich entgegengesetzt beziehen können.

Aussagen wie diese des deutschen Kommunisten Heinrich Brandler (Parteivorsitzender der KPD Anfang der zwanziger Jahre, wenig später als Oppositioneller ausgeschlossen) zeigen, wie sehr das im Kapitalfetisch befangene Denken der Arbeiterbewegung bis zuletzt, auch im Westen, ganz in der bürgerlichen etatistischen Tradition seit der Frühmoderne stand. Der »Sozialismus« war für solche Köpfe identisch mit dem kollektivistischen »guten Staat« im Sinne Fichtes. Damit war die Marxsche Kritik der Politischen Ökonomie auf den Kopf gestellt. Nur in diesem überkommenen, in Deutschland eher von Lassalle geprägten ideologischen Klima konnte das zwangsweise durchzusetzende protestantische Ethos auch noch als Zukunftsideal angepriesen und so fast jede Terrormaßnahme der ursprünglichen Akkumulation in der Sowjetunion als vermeintlich nachkapitalistische Notwendigkeit verteidigt werden.

Die Probleme einer nachholenden bürgerlichen Modernisierung wurden einfach umdefiniert als »Probleme des realen Sozialismus«, bis zum heutigen Zusammenbruch dieser historischen Illusion. Richtig herum gelesen und ihrer ideologischen Mystifizierung entkleidet, wird aber die in der Sowjetunion unausweichliche Aufgabenstellung völlig klar, von Stalin auch stets unzweideutig formuliert, so etwa in dem berüchtigten Lehrbuch *Geschichte der KPdSU(B)*:

> Selbstverständlich erforderten so große Neubauten Milliardeninvestitionen. [...] Unser Land war aber damals noch keineswegs reich. Darin bestand nun eine der Hauptschwierigkeiten. Die kapitalistischen Länder pflegten ihre Schwerindustrie durch den Zufluß von Mitteln aus auswärtigen Quellen aufzubauen: durch Ausplünderung von Kolonien, durch Kontributionen von besiegten Völkern, durch

> Auslandsanleihen. Das Sowjetland konnte prinzipiell nicht aus solch schmutzigen Quellen schöpfen wie die Ausplünderung von kolonialen oder besiegten Völkern, um die Mittel für die Industrialisierung aufzubringen. Was Auslandsanleihen betrifft, so war diese Quelle für die Sowjetunion versperrt, da die kapitalistischen Länder Anleihen verweigerten. Man mußte die Mittel *innerhalb* des Landes finden. *(Stalin o.J./1938, S.340f.)*

Wenn es gar nicht um den »Aufbau des Sozialismus«, sondern vielmehr um den nachholenden Aufbau des *Kapitalismus* geht, hat Stalin ja durchaus recht. Zumindest ein Teil der Mittel für die historische ursprüngliche Akkumulation Westeuropas war auf dem Wege der kolonialen Expansion seit dem 16. Jahrhundert gewonnen worden (nicht zuletzt die gewaltige Masse geraubten Goldes aus Südamerika). Solche Wege standen der Sowjetunion tatsächlich nicht mehr offen. Wenn aber das erforderliche Geldkapital ausschließlich »innerhalb des Landes« aufgebracht werden mußte, so bedeutete dies, daß das eigene »Menschenmaterial« um so gnadenloser ausgepreßt und um so rigoroser in Produzenten abstrakten Reichtums, in Geld- oder Mehrwertproduzenten also, verwandelt werden mußte.

Nicht nur das Fehlen äußerer Mittel forcierte den inneren Akkumulationsdruck, sondern auch der nachholende Charakter des ganzen Prozesses, der auch weitaus größere Ausgangsmittel erforderte als die historische ursprüngliche Akkumulation im Westen. Es ist leicht verständlich, daß in dieser spezifischen Konstellation der Etatismus eine viel größere Rolle als im Westen spielen mußte. Was bürgerlichen Beobachtern immer schon als ein Moment des »Sozialismus« erschienen war, was schon Fichte als »Vernunftstaat« proklamiert hatte, mußte Wirklichkeit werden. Stalin bleibt auch hier unzweideutig:

> Und in der Sowjetunion wurden diese Mittel gefunden. In der Sowjetunion wurden Quellen der Akkumulation gefunden, wie sie kein einziger kapitalistischer Staat kennt. Der Sowjetstaat verfügte über alle Betriebe und Ländereien, die durch die Sozialistische Oktoberrevolution den Kapitalisten und Gutsbesitzern weggenommen wurden, über die Verkehrsmittel, die Banken, den Außen- und Innenhandel. Die Gewinne der staatlichen Fabriken und Werke, des Verkehrswesens, des Handels, der Banken wurden jetzt nicht für den Verbrauch durch die parasitäre Klasse der Kapitalisten, sondern für den weiteren Ausbau der Industrie verwendet. [...] Alle diese Einnahmequellen standen dem Sowjetstaat zur Verfügung. Sie konnten hunderte Millionen und Milliarden Rubel für die Schaffung der Schwerindustrie ergeben. *(Stalin, a.a.O., S. 341)*

In aller theoretischen Unschuld und Naivität beschreibt Stalin hier die Akkumulationslogik des warenproduzierenden Systems, das jenseits sinnlicher Bedürfnisse und Qualitäten abstrakte »Gewinne« in der Inkarnationsform des Geldes produziert. »Zuwenig« Geld wird durch seine Selbstbewegung hindurch vermittels betriebswirtschaftlicher Vernutzungsprozesse in »mehr Geld« verwandelt, was unter Staatsregie (weil die »parasitäre Klasse« der alten »Kapitalisten« enteignet ist) nicht mehr als Kapitalismus erscheint. Der schon von Lenin begrifflich äußerst unscharf gefaßte und vom »Sozialismus« ungenau abgegrenzte »Staatskapitalismus« verschwimmt mit dem Sozialismusbegriff der alten Arbeiterbewegung zum realen Dasein eines etatistischen Akkumulationsregimes.

Das Einfrieren des Etatismus und die Militarisierung der Gesellschaft

Der bolschewistische Modernisierungs-Etatismus mußte sich unter den veränderten Ausgangsbedingungen zu Beginn des 20. Jahrhunderts wesentlich von den vergleichbaren Erscheinungen in der westeuropäischen Geschichte unterscheiden, und zwar vor allem in einem Punkt: Der etatistische Zyklus konnte nicht mehr durch einen monetaristischen abgelöst werden, die oben skizzierte Wellenbewegung im widersprüchlichen Prozeß der bürgerlichen Moderne mußte in der Sowjetunion sistiert bleiben. Der besondere, *nachholende* Charakter eines kapitalistischen Basisprozesses erzwang ein Regime, das absolutistischer als der Absolutismus und kriegswirtschaftlicher als die Kriegswirtschaft zu sein hatte. Die Ideologie des »protestantischen« Arbeitsethos, die Militarisierung der Gesellschaft und die etatistische Kommandowirtschaft eines »geplanten Marktes« versteinerten, der über die gesellschaftliche Reproduktion gezogene Firnis erstarrte und wurde zum Leichentuch jeder langfristigen Weiterentwicklung.

Nun war die Epoche der Geburt und des Aufstiegs der Sowjetunion bis zur Windschatten-Weltmacht auch im Westen eine Periode des Etatismus: die Kriegswirtschaften der beiden Weltkriege (die ja Vorbild der bolschewistischen »neuen Ökonomik« gewesen waren), die bis dahin unerhörten Staatseingriffe in die »normale« Kapitalreproduktion während der Weltwirtschaftskrise, die faschistische deutsche Planwirtschaft in den dreißiger Jahren, der Siegeszug des Keynesianismus in der Volkswirtschaftslehre und die ideologische Herausbildung eines sozialstaatlichen Paradigmas ließen es den Zeitgenossen so erscheinen, als sei der besonders rigorose und konsequente sowjetische

Etatismus nur die Speerspitze eines allgemeinen und endgültigen weltgesellschaftlichen Prozesses.

Ohnehin war ja in der bisherigen Geschichte der Moderne die etatistische Tendenz, unter welchem sozialen und ideologischen Vorzeichen auch immer, durchaus nicht als integraler Bestandteil des kapitalistischen Prozesses, sondern stets als dessen Gegenpol und womöglich aufhebende Potenz begriffen worden. Die Zeit dieser Aufhebung schien nun gekommen, selbst in den Augen derjenigen, die eine solche Entwicklung nicht zu begrüßen vermochten. Sahen die traditionellen Marxisten trotz ihres politischen Schismas allesamt, also von Hilferding bis Lenin, in der etatistischen Tendenz die »unmittelbare Vorbereitung des Sozialismus«, so verstanden die Bürokratie- und »Totalitarismus«-Kritiker, wie Horkheimer und Adorno, dieselbe Entwicklung umgekehrt als »schlechte Aufhebung der kapitalistischen Widersprüche« auf dem Boden des Kapitals selbst. Der totale »autoritäre Staat« (Horkheimer 1972/1942) schien die allgemeine Tendenz zu sein, in der die Moderne insgesamt erstarrte.

Diese Sichtweise blieb freilich geblendet von der Unmittelbarkeit der historischen Erscheinung, wie sie andererseits positiv oder negativ geprägt war von den Traditionen immanenter bürgerlicher Reflexion seit Fichtes »geschloßnem Handelsstaat«. In Wirklichkeit aber konnte der Etatismus keineswegs das letzte Wort der Moderne sein; auch im 20. Jahrhundert blieb er bloßes Durchgangsstadium des auf seinen eigenen Grundlagen gar nicht aufzuhebenden kapitalistischen Widerspruchsprozesses. Tatsächlich hatten die Kriegswirtschaften und die anderen Erscheinungen des modernen Etatismus im Westen keineswegs so tiefe Wurzeln schlagen können wie in der Sowjetunion. Die Selbsttätigkeit der Marktprozesse war nie vollständig dem staatlichen Kommando unterworfen worden, das Verhältnis von Staat und Markt nie vollständig erstarrt. Schon in der Zwischenkriegszeit hatte sich der etatistische Zugriff wieder gelockert; und das keynesianistische Paradigma verstand den Staat ausdrücklich als bloßes Hilfsregulativ des Marktes und nicht als dessen übergreifendes Kommandosubjekt.

Es war also abzusehen, daß die längst zur Gewohnheit gewordene Anerkennung des Geldes und seiner Selbstbewegungsstruktur im Westen eine erneute Wende erzwingen würde. Nach dem Zweiten Weltkrieg begann in mehreren Etappen der Wiederaufstieg des monetaristischen Paradigmas, wirtschaftstheoretisch ein langes *roll back* des Neoliberalismus. Angefangen von dem zur Symbolfigur gewordenen Ludwig Erhard des markt- und konkurrenzökonomischen »Wirtschaftswunders« und seiner »sozialen Marktwirtschaft« bis zur militanten und geradezu antisozialen Krisenphilosophie eines ausdrücklichen Monetarismus unserer Tage, ausgeformt zu den gesellschaftspolitischen Praxisdoktrinen des Thatcherismus und der Reaganomics, wurde die etatistische, ja sogar die bloß keynesianistische Tendenz immer schwächer und hilfloser.

Sowenig aber der »autoritäre Staat« in der Lage gewesen war, den zur Krise drängenden inneren Widerspruch des Kapitals in seiner Weltbewegung aufzuheben, ebensowenig war (und ist) die erneute monetaristische Wendung dazu imstande. Diese neue Schleife im Prozeß der bürgerlichen Moderne ist ja selbst schon eine Reaktion auf neue Krisenphänomene, die der zurückweichende Etatismus nicht mehr bewältigen konnte, und sie wird ebenso wieder ihr Ende finden und einen etatistischen Gegenschlag auslösen, je mehr sich die neue Weltkrise zuspitzt und die monetaristische Tendenz ihre spezifischen Bewältigungsdefizite offenbaren muß. Je näher die absolute Schranke der modernen abstrakten Arbeitsgesellschaft sowohl in ökonomischer wie in ökologischer Hinsicht rückt, desto schneller und verzweifelter muß der Wechsel erfolgen, desto kürzer werden die Wellen von Etatismus und Monetarismus.

Aber gerade diese sprunghafte Flexibilität in den gesellschaftlichen Reaktionsformen, diese Fähigkeit zum Positionswechsel im heillosen Prozeß des kapitalistischen Widerspruchs ist es andererseits, die das Ende hinausschiebt, das Leben des Kapitals verlängert und eine Verlaufsform der Krise mit temporären Bewältigungsmomenten erst erzeugt. Das bloß äußerlich etatistisch kontrollierte Kapital in den versteinerten Kriegswirtschaften des Realsozialismus besitzt diese Fähigkeit jedoch nicht. Die Verwirklichung des merkantilistischen bürgerlichen »Vernunftstaates« und die Verewigung der Kriegswirtschaft mußten sich aus einer nachholenden Entwicklungsmaschine in einen Schrotthaufen reaktionsunfähiger Stagnation verwandeln. Die Krise der Gesellschaften abstrakter Arbeitskraftverausgabung schlägt unbarmherzig zuerst und am stärksten zurück auf die unbeweglichsten, etatistisch erstarrten Teile des warenproduzierenden Weltsystems.

Am tragischsten zeigt sich dieser Zusammenbruch in der westlichen Peripherie der Sowjetunion, und hier besonders im östlichen Teil Deutschlands. Denn in diesen Regionen konnte sich die totale Verstaatlichung des Kapitals von Anfang an nicht einmal auf die relative historische Rationalität einer nachholenden Entwicklung moderner bürgerlicher Gesellschaften berufen; zumindest Deutschland und die Tschechoslowakei (teilweise auch Ungarn und Polen) hatten dieses Stadium bereits vorher schon mehr oder weniger erreicht, jedenfalls so weit, daß der Modernisierungsprozeß des Kapitals hier schon auf seinen eigenen

Grundlagen hätte weiterarbeiten können. Die zwangsweise Eingemeindung dieser Gesellschaften in die Sphäre des sowjetischen Etatismus war also von allem Anfang an historisch reaktionär und kontraproduktiv, wovon die lange Kette von Volksaufständen und Massenbewegungen seit den fünfziger Jahren beredtes Zeugnis ablegt.*

Besonders in der DDR konnte sich dieser importierte kriegswirtschaftliche und neomerkantilistische Etatismus freilich auf eine gewisse innere Tradition stützen. In der westlichen Binnenentwicklung war ja unter allen modernen bürgerlichen Gesellschaften die deutsche sozusagen selber die nachholende gewesen, und dementsprechend stark war hier das etatistische Moment des Kapitals ausgebildet. Nicht zufällig war die Kriegswirtschaft des Kaiserreiches die ausgeprägteste gewesen und daher auch den Bolschewiki am angenehmsten aufgefallen, und ebensowenig zufällig hatte die faschistische Planwirtschaft in Deutschland sich unter allen westlichen Ländern dem Fichteschen »Vernunftstaat« eines »geplanten Marktes« am meisten angenähert. Das gewaltsam installierte Regime bolschewistischer Provenienz, das als Ableger dem Prozeß einer nachholenden bürgerlichen Vergesellschaftung entstammte, traf also in Deutschland auf abgeschwächte innere Spuren einer verwandten Tradition frühmoderner Prägung.

Dieses »typisch deutsche«, aber äußerlich aufgesetzte und von einer Schutzmacht verbeamtete Regiment betulicher Arbeiterbürokraten, das so unbequem

* Auch in dieser Hinsicht hat der westliche und vermeintlich kritische Marxismus großenteils nichts als Apologetik hervorgebracht, so in einer hilflosen Betonung des »Antifaschismus« jener etatistischen Zwangsordnungen und Kommandoregimes, dessen Äußerlichkeit sich heute beschämend herausstellt. Überhaupt mußte ein bloß bekennender, nach dem Zweiten Weltkrieg billig gewordener »Antifaschismus« als begriffslose Klammer für viele unverstandene und verdrängte Erscheinungen und Entwicklungen herhalten.

auf den Bajonetten saß, konnte sich — eine geradezu phantastische Ironie der Geschichte — auf verwandte Momente, Traditionen und Denkstrukturen in der eigenen Gesellschaft nur beziehen, indem es der stets abgeleierten, jedoch hölzern und unglaubwürdig bleibenden Revolutions- und Fortschrittsrhetorik zum Trotz gerade die reaktionären, preußischen, wilhelminischen (und in manchen Punkten sogar die faschistischen) Gehalte der Vergangenheit für sich zu mobilisieren suchte: der Stechschritt der Nationalen Volksarmee symbolisierte mehr als ein bloß militärisches Erbe.

Hier verbanden sich bolschewistischer und preußischer Etatismus, die Ausgeburten nachholender Entwicklungsgeschichten des Kapitals aus verschiedenen Epochen, bis in die Poren der Gesellschaft zu einem besonders abstoßenden Konglomerat. Es entstand so eine Mischung aus deutscher Post, permanentem Pfadfinderlager von der Wiege bis zur Bahre und militarisierter Kommandowirtschaft. Mußte schon die Sowjetunion kriegswirtschaftlicher sein als die Kriegswirtschaft, so wurde die DDR nun sowjetischer als die Sowjets und ebendeshalb preußischer als Preußen. Stechschrittökonomie und Kasernensozialismus brachten in der DDR einen Irrläufer in der Evolution kapitalistischer Modernisierung hervor, der in der Biologie ein darwinscher Alptraum genannt werden müßte.

Um so erschreckender erscheint die Perspektive einer Wiedervereinigung der beiden Deutschländer; nicht nur, weil dadurch ein nationaler Superetatismus erweckt werden könnte, sondern weil die beiden Teile überhaupt nicht mehr zueinander passen und ihre Verschmelzung sich schon aus dem geschichtlichen Abstand ihrer nunmehrigen Zustände heraus nur als Krise darstellen kann. Die versteinerte Kriegswirtschaft des Kapitals von 1916 mit ihren fossilen wilhelminischen

Strukturen trifft auf eine spätkapitalistische und monadisierte Weltmarktgesellschaft. Zwei entgegengesetzte Krisenformen des warenproduzierenden Systems prallen aufeinander. Dieser Vorgang wird eher ein historischer Verkehrsunfall in der Endzeit der Moderne zu nennen sein denn eine Prunkhochzeit am Beginn eines neuen Aufschwungs.

KONKURRENZ UND EMANZIPATION

Illusion und Blamage einer arbeitsgesellschaftlichen »Abschaffung« der Konkurrenz

Das kriegswirtschaftliche, etatistische Interpretationsraster ist dem Marxismus nach so vielen Jahrzehnten eingebrannt bis tief unter die Haut. Die Marxsche Fundamentalkritik des warenproduzierenden Systems wurde verdrängt und vergessen. Deshalb erscheint im Diskurs über den Zusammenbruch des Realsozialismus die gemeinsame arbeitsgesellschaftliche Grundlage der beiden Systeme ebensowenig im Blickfeld wie deren Basisformbestimmung; das verkalkte kriegswirtschaftliche System wird in seinen Defiziten allein an seinem weiterentwickelten westlichen Pendant gemessen, nicht an einer Kritik warenförmiger Reproduktion als solcher.

Besonders die in ihr Waterloo stolpernde Linke, deren Begriffswelt bis hin zu den Linksradikalen dem Theorieverständnis der alten Sozialdemokratie entstammt, tut sich in dieser Hinsicht durch kolossale Fehlleistungen hervor. Die schon immer im Unbegriff eines »geplanten Marktes« lauernde logische Absurdität wird nun offenkundig, aber trotzdem noch einmal kontrafaktisch verzerrt durch eine bereits im Sturzflug befindliche Ideologie. Man traut seinen Augen und Ohren nicht, wenn etwa die jäh aus ihrem längst kindisch gewordenen Ableiern einer »Politischen Ökonomie des Sozialismus« gerissenen DDR-Ökonomen nunmehr schlankweg behaupten, was bei ihnen gescheitert ist, sei eine »Naturalwirtschaft« (!) oder ein falscher »Unmittelbarkeitskommunismus« gewesen (Land u.a. 1990). Systematisch wird die etatistische Kommando- und Kasernenökonomie auf der Basis von Warenproduktion mit einer Nicht-Warenförmigkeit der gesellschaftlichen Reproduktion verwechselt und durcheinandergeworfen, obwohl alle Basiskategorien des warenproduzierenden Systems immer existiert haben; statt deren Dasein kritisch ins Visier zu nehmen, werden sie in den Stand der Uneigentlichkeit versetzt und klammheimlich wegeskamotiert, um sie nunmehr in ihrer vermeintlich neuen (westlichen) Gestalt wieder freudig begrüßen zu können.*

Wo aber von »uneigentlichen« Marktkategorien die Rede ist, die jetzt nur »eigentlich« zu machen und in ihr Recht zu setzen wären, wird das Wechselspiel des bürgerlichen Bewußtseins und der bürgerlichen Realgeschichte zwischen Etatismus und Monetarismus noch einmal ideologisch mißverstanden. Da jetzt vermeintlich das monetaristische Moment an der Reihe ist, wird das in Wahrheit komplementäre etatistische wieder einmal als »unrichtig«, den »eigentlichen« Markt hemmend und schädlich denunziert, was sich besonders komisch ausnimmt bei Leuten, die soeben noch als stramme Marxisten palavert hatten. In Wirklichkeit ist natürlich das etatistische Moment auch im Westen reichlich vorhanden, und den akademischen Markt-

* Welche begriffliche Finsternis im Verständnis der Marxschen Kritik der Politischen Ökonomie herrscht, wird schon durch den Terminus »Naturalwirtschaft« dokumentiert. Bereits in den Sozialismusdebatten nach dem Ende des Ersten Weltkriegs wurde die Nicht-Warenförmigkeit mit einer bloß äußerlichen »Abschaffung des Geldes« verwechselt: die unbegriffene Basislogik des warenproduzierenden Systems sollte nicht etwa aufgehoben, sondern als »Naturalwirtschaft« in unmittelbar stofflicher Form ohne den »Geldschleier« etatistisch vollzogen werden. Die Wurzeln dieser Debatte entstammen nicht der Marxschen Ökonomiekritik, sondern der bürgerlichen Nationalökonomie, die sich bis heute darüber uneinig ist, ob ein »Warentauschsystem« ohne Geld denkbar sei oder nicht; eine abgeschmackte Fragestellung.

wirtschaftstouristen aus Polen und der DDR sollen auch schon die Augen übergegangen sein, als sie sich etwa das System der EG-Landwirtschaft aus der Nähe betrachtet haben.

Der Etatismus als integraler Bestandteil des warenproduzierenden Systems schließt den zerbrechenden Realsozialismus mit dem Westen zu dem einen Kontinuum der Moderne zusammen, statt eine fremde und äußerliche Fehlentwicklung darzustellen. Vom westlichen aufgeklärten Absolutismus bis zum heutigen Wachstumsstaat reicht diese Kontinuität, die den kriegswirtschaftlichen Realsozialismus einschließt und deren identisches Ziel darin besteht, die Unterwerfung der menschlichen Bedürfnisse, Zwecke und Zielsetzungen unter den abstrakten Nationalreichtum eines warenproduzierenden Systems und dessen Mehrung durchzusetzen, die Menschen für diesen an sich »sinnlosen« Zweck systematisch zuzurichten.

Nicht im Etatismus als solchem kann also die vielbeschworene Systemdifferenz liegen, auch nicht in dessen temporärer Dominanz, die ja auch der Westen mehrfach durchlaufen hat, sondern einzig und allein im Erstarren des Wechselspiels mit dem seiner Basis und Form nach ebenso vorhandenen monetaristischen Moment. Dieses aber besteht ja keineswegs einfach im Vorhandensein von Geld allein, sondern im Dasein des Geldes innerhalb eines warenproduzierenden Systems, also im spezifischen Kontext der Moderne. Hier aber ist das Geld verbunden mit dem Funktionsmechanismus der *Konkurrenz*, und in dieser vor allem drückt sich das aus, was ich als monetaristisches Moment bezeichnet habe.

Eigentümlicherweise waren der Realsozialismus, seine Ideologen und Apologeten immer stolz darauf, diesen Funktionsmechanismus ausgeschaltet zu haben. In der marxistischen Ideologie der alten Arbeiterbewegung figurierte die Konkurrenz als pures Negativum: einmal moralisch, als sozialdarwinistisches und destruktives Prinzip des »Kampfes aller gegen alle«; zum andern ökonomisch, als jene berühmte »Anarchie des Marktes«, die durch rationale »Planmäßigkeit« aufzuheben wäre. Diese moralisch gestützte ökonomische Kritik des Konkurrenzprinzips blieb freilich der Basis des warenproduzierenden Systems gegenüber äußerlich; vor allem blieb sie systematisch unvermittelt mit der Frage der sozialen Emanzipation jener »Arbeiterklasse«, die sich der Marxschen Diktion gemäß im Sinne ihrer Selbstaufhebung hätte verhalten sollen, während die reale marxistische Arbeiterbewegung ganz im Gegenteil zur konsequenten Selbstaffirmation des »Arbeiters« gelangte.

Hier tut sich allerdings ein bis heute ungelöstes Dilemma im Zentrum der Marxschen Theorie auf. Die Marxsche Affirmation der Arbeiterbewegung als »Arbeiter«-Bewegung und »Arbeiterstandpunkt«, »Klassenstandpunkt« usw., die sich durch sein ganzes Werk zieht, ist in Wahrheit unvereinbar mit seiner eigenen Kritik der Politischen Ökonomie, die gerade jene Arbeiterklasse als nicht ontologische, sondern vielmehr selber vom Kapital konstituierte soziale Kategorie enttarnt. Wie sich Arbeitsontologie und Kritik der abstrakten Arbeit gegenseitig ausschließen, so »Arbeiterstandpunkt« und Kritik des Arbeiterdaseins.

Marx hatte es in Wirklichkeit mit zwei ganz verschiedenen, bei ihm noch nicht klar unterscheidbaren, amalgamierten historischen Logiken zu tun: einerseits der Selbstbewußtwerdung der Ware Arbeitskraft im Rahmen des warenproduzierenden Systems, die durch die Arbeiterbewegung zur *kapitalistischen* Emanzipation der Lohnarbeiter von allen feudalen und patriarchalischen Schlacken, d.h. zu ihrem heutigen Dasein als demokratische Geld- und Staatsbürgermonaden führte; andererseits aber der tautologischen und subjektlosen Selbstbewegung des Geldes und deren eigener, immanenter Schranke.

Vom Standpunkt der bloß binnengeschichtlichen Entwicklungslogik des warenproduzierenden Systems aus konnte die »Arbeiterklasse« gar nicht im Sinne ihrer tatsächlichen Aufhebung gedacht werden. Der Begriff sozialer Emanzipation mußte im Bann des Systems abstrakter Arbeit verharren und konnte nur in dessen eigenen Kategorien gefaßt werden, unübersehbar in den moralischen Phrasen von sozialer Gerechtigkeit usw., wie sie noch heute eine seelenlos gewordene Gewerkschaftssprache kennzeichnen. Das rationelle, heute aber historisch erschöpfte Moment dieser Konstellation war tatsächlich nichts als die Emanzipation der Massen *zur* modernen Lohnarbeit, nicht aber *von* dieser.

Gerade deshalb aber konnte dieser Standpunkt nicht als konkrete Kritik des warenproduzierenden Systems erscheinen, sondern mußte im Ungefähren mit der Neigung zur ethischen Quacksalberei verbleiben. Die bloß empirische, nicht logische Kritik des Arbeiterdaseins implizierte eine ebenso immanente, bloß an den negativen empirischen Erscheinungen klebende Kritik der Konkurrenz: beide Elemente der Kritik daher logisch auseinanderfallend, nicht konkret theoretisch und praktisch zu vermitteln, und also stets der moralischen Krücke bedürftig.

Damit aber mußte die Kritik der Konkurrenz in ein fatales Zwielicht getaucht werden. Denn grundsätzlich führte die Ausschaltung der Konkurrenz keineswegs zur sozialen Emanzipation.* Die Arbeiter blieben

* Sichtbar nicht zuletzt darin, daß die ausschließlich subalternen, minderwertigen, schmutzigen und/oder mechanischen Arbeiten in diesem Sozialismusverständnis nicht etwa abgeschafft, sondern ihre Träger »anerkannt« werden als »gleichwertige« Bürger und Vollmenschen mit der Prämisse, daß ja alle Arbeiten gleicher-

Arbeiter, unter dem Diktat der östlichen Kasernen-Marktwirtschaft noch mehr als in der Konkurrenzökonomie des Westens. Dies ist auch denjenigen kritischen Beobachtern nicht verborgen geblieben, die sich weder als Ideologen des Kalten Krieges noch als linke Apologeten vereinnahmen ließen, so vor allem Adorno/Horkheimer und ihrer Schule. Ihnen jedoch schien es eben so, als hätte sich die negative, arbeitsgesellschaftliche Basislogik mit dem realsozialistischen Etatismus und verwandten etatistischen Erscheinungen während der Weltkriegsepoche auch im Westen als »falsches« Rationalitätsprinzip hermetisch zum »Totalitarismus« geschlossen, als wäre mit dem etatistischen Kommando die »falsche« Aufhebung des kapitalistischen Widerspruchs gelungen und der Funktionsmechanismus abstrakter Arbeit auf ewig als in sich reibungsloses, rückgekoppeltes System installiert:

> Unter den Jakobinern kam der Staatskapitalismus über die blutigen Anfänge nicht hinaus. Aber der Thermidor hat nicht seine Notwendigkeit beseitigt. Sie meldet sich in den Revolutionen des 19. Jahrhunderts stets wieder an. [...] Und seitdem in der Junischlacht einmal die Nationalwerkstätten und das Recht auf Arbeit nur durch die Entfesselung der Generäle zu unterdrücken waren, hat sich die Marktwirtschaft als immer reaktionärer erwiesen. [...] Unter den Bedingungen der großen Industrie ging dann der Kampf darum, wer das Erbe der Konkurrenzgesellschaft antritt. Die hellsichtigen Lenker des Staates erfuhren nicht weniger als die Massen [...], daß sie erledigt war. [...] Die konsequenteste Art

maßen zum Nationalreichtum beitrügen und also Ehre verdienten. Hinter dem Flitter der moralischen Phrase steht natürlich auch hier die tatsächliche Gleichwertigkeit der abstrakten Arbeit und ihrer Verausgabungsmonaden als Träger der Ware Arbeitskraft.

des autoritären Staates, die aus jeder Abhängigkeit vom privaten Kapital sich befreit hat, ist der integrale Etatismus oder Staatssozialismus. Er steigert die Produktion wie nur der Übergang von der merkantilistischen Periode in die liberalistische. [. . .] Die Zirkulation wird abgeschafft. *(Horkheimer 1972/1942, S. 20ff.)*

Der Verweis auf die merkantilistische und jakobinische Vergangenheit des etatistischen Kommandos über den Markt hätte Horkheimer durchaus zu der Erkenntnis führen können, daß die Konkurrenz (das gegensätzliche monetaristische Moment und Motiv) sich dadurch nicht aus der kapitalistischen Reproduktion hinausdrängen läßt, daß sie niemals wirklich erledigt war. In dieser Hinsicht bleibt Horkheimer ganz im traditionellen (nur negativ gewendeten) Verständnis des Arbeiterbewegungs-Marxismus und in der Empirie seiner Epoche befangen. Er sieht die ganze Geschichte der Moderne nicht als den auf seinen eigenen Grundlagen unlösbaren, sich historisch zuspitzenden Widerspruchsprozeß des Kapitals, sondern als logischen, einseitigen, unaufhaltsamen Aufstieg des etatistischen Moments zur Totalität, in dem »die Zirkulation abgeschafft« wird.

Diese Illusion gleicht allerdings wie ein Ei dem andern nicht nur der positiven Vorstellung von der Möglichkeit des »geplanten Marktes«, sondern auch deren heutiger negativen Wende, in der die scheinbare Konkurrenzlosigkeit des »geplanten Marktes« plötzlich als pure etatistische Zuteilungswirtschaft (Naturalwirtschaft, Unmittelbarkeitskommunismus) ohne Zirkulation gesehen wird. Es zeigt sich hier wieder jene merkwürdige theoretische Blindheit, die ein uneigentliches Dasein der Marktkategorien für deren Nichtexistenz hält. Tatsächlich bedeutet der Versuch einer

Planung der Zirkulation eben keineswegs dasselbe wie ihre Abschaffung.

Die tatsächliche Abschaffung der Zirkulation müßte logischerweise identisch sein mit der Abschaffung des Geldes und der Institution des Marktes überhaupt. Damit freilich entfiele ebenso logischerweise auch die Notwendigkeit, ja überhaupt die Möglichkeit des Staates, weil dieser im Prozeß der Moderne nichts anderes ist als das immanente Widerspruchsmoment des warenproduzierenden Systems. Wer sich die Abschaffung der Zirkulation immer nur etatistisch vorstellen und aus diesem fehlerhaften logischen Kreislauf nicht ausbrechen kann, wird praktisch dadurch Lügen gestraft, daß sich mit dem modernen Staat immer auch Geld und Zirkulation einstellen (und somit auch Markt), ja sogar überhaupt erst entfesselt und durchgesetzt werden.

Der moderne Staat ist die institutionelle Klammer des abstrakten Nationalreichtums, für dessen sinnlose Aufhäufung er die menschlichen Bedürfnisse und Regungen zu einem ihnen äußerlichen Gesamtwillen zusammenzufassen hat. Das inkarnierte Dasein des abstrakten Reichtums, der sich vermehrenden toten Arbeit, ist aber gerade das Geld, das seinerseits überhaupt nur im Kontext von Markt und Zirkulation existieren kann. Wollte der Staat also Geld und Zirkulation tatsächlich abschaffen, so müßte er seinen eigenen Zweck zerstören.

Arbeitsteilung und Warenproduktion in der Geschichte

Markt wie Geld und dessen Zirkulation sind historisch entstanden als äußerliche gesellschaftliche Verknüpfung über den Austausch von Produkten getrennter, in ihrer unmittelbaren Produktion nicht miteinander verbundener Einzelproduzenten; historisch sind Markt und Geld also nichts anderes als der Ausdruck relativ gering entwickelter, noch nicht allseitig ineinandergreifender Arbeitsteilung. Gewöhnlich wird dies genau andersherum gesehen, aber dann kann der Vergleichsmaßstab nur an nahezu gänzlich ohne Arbeitsteilung sich reproduzierenden Naturgesellschaften gewonnen werden.*

Es wäre jedoch im Gegenteil die moderne industriegesellschaftliche Arbeitsteilung heranzuziehen, um im Vergleich zur ursprünglichen historischen Herausbildung von Markt- und Geldkategorien die logischen Widersprüche des modernen warenproduzierenden Systems zu erkennen. Keineswegs verhält es sich so, daß hochentwickelte, arbeitsteilige Systeme auch eine entsprechende Ausdehnung und Verallgemeinerung der Waren- und Geldformen »natürlicherweise« zur Folge haben müssen. Eine solche Sichtweise unterstellt eine unmittelbare Identität von gesellschaftlicher Arbeitsteilung und Warenform, die in Wirklichkeit gar nicht gegeben ist. Existieren bei den Naturvölkern keine Warenkategorien, weil ihre Arbeitsteilung noch zu gering entwickelt ist, so existieren innerhalb der Zivilisation umgekehrt Warenkategorien zunächst nur deshalb, weil das Arbeitsteilungssystem erst relativ rohe Grundformen ausgebildet hat.

Zwar kann man in diesem Stadium schon von Vergesellschaftung sprechen; es handelt sich aber noch um

* Es gab historisch die von Marx erwähnten Ausnahmen der altindischen und der Inkagesellschaft, wo über die naturgesellschaftlichen Grundlagen hinausgetriebene Arbeitsteilung die Waren- und Geldkategorie *nicht* hervorbrachte; die gesellschaftliche Klammer bildeten hier offensichtlich religiöse Institutionen, wie sie allerdings mit dem modernen Staat erst recht nichts gemein haben. Diese Seitenzweige der menschlichen Gesellschaftsentwicklung können kaum als verlorene und »ganz andere« zivilisatorische Perspektive reklamiert werden; sie scheinen im Gegenteil Arbeitsteilung nur auf niedrigem Niveau hervorgebracht zu haben (die Inkas kannten z. B. nicht einmal das Rad). Insofern handelt es sich um Ausnahmen, die nur die Regel bestätigen.

embryonale und äußerliche, über den »Austausch« erst nachträglich hergestellte Vergesellschaftungsformen, die von »naturalen« Abhängigkeits- und Aneignungsverhältnissen überlagert werden (Sklaven- und Feudalsysteme usw.). Die realen Produktionen sind zwar zumindest teilweise schon aufeinander angewiesen, greifen jedoch noch nicht ineinander und sind auch nicht vermittelt mit gesamtgesellschaftlichen logistischen Aggregaten. Sobald aber im Prozeß der Moderne die Arbeitsteilung endgültig über diese primitiven Strukturen hinausschreitet, sobald die industriellen Produktionen auf wachsender Stufenleiter direkt ineinandergreifen und zu einem unmittelbaren Gesamtsystem verwachsen, gespeist von gesamtgesellschaftlichen Aggregaten wie Wissenschaft, Ausbildung usw.: sobald also ein allseitiger Vernetzungszusammenhang entsteht, entspricht das »stoffliche«, »technische«, »inhaltliche« Arbeitsteilungssystem nicht mehr den ursprünglichen Markt- und Geldkategorien. Es ist über diese hinausgewachsen. Denn die Arbeitsteilung hat die realen Produktionen jetzt (und darin besteht auf der »stofflichen« Seite der Prozeß der Moderne) zu einem System *direkter* Gesellschaftlichkeit zusammengeschlossen, während Markt und Geld ja Ausdruck einer *indirekten,* erst nachträglichen Vergesellschaftung der realen Produktionen auf der Basis roher, unentwickelter Arbeitsteilungssysteme getrennter Einzelproduzenten sind. Mit logischer Konsequenz tritt daher die Weiterexistenz von Markt und Geld, weit davon entfernt, Ausdruck der neuen und höheren Formen der stofflichen, inhaltlichen Arbeitsteilung zu sein, vielmehr in einen unversöhnlichen Widerspruch zu diesen.

Eine zunehmende direkte Vergesellschaftung der realen Produktionen geht somit einher mit der Verallgemeinerung ausgerechnet der Formkategorien indirekter, nachträglicher Vergesellschaftung, also von Ware und Geld. Darin besteht der absurde Grundwiderspruch der Moderne. Die gesellschaftliche Reproduktion wendet sich gegen ihren Inhalt, das zum Selbstzweck gewordene Geld gegen die sinnliche und konkrete Welt. Erst auf dieser Grundlage kann die Konkurrenz als logische Notwendigkeit und bewegendes Prinzip des warenproduzierenden Systems ins Leben treten. Die Produkte stellen jetzt in ihrem gesellschaftlichen Bezug nicht mehr das dar, was sie stofflich-sinnlich wirklich sind; es handelt sich bei ihrer Herstellung vielmehr um Produktion von Mehrwert. Der Austausch auf dem Markt erscheint zwar nach wie vor als Kaufen und Verkaufen von konkreten Bearfsgütern, ist aber in seiner tatsächlichen gesellschaftlichen Vermittlung nur noch die Realisierung des in den Gütern inkarnierten Mehrwerts, dessen Verwandlung in seine eigentliche Darstellungsform Geld. Die Gebrauchsgüter werden degradiert zu einem bloßen Durchgangsstadium im Formwandlungsprozeß des abstrakten ökonomischen Werts. Die Konkurrenz ist nur die Form, in der sich diese Selbstbewegung des Geldes den Subjekten als äußeres »Zwangsgesetz« (Marx) aufdrängt; und sie setzt dabei eine gesellschaftliche Dynamisierung in Gang, die in ihrer Widersprüchlichkeit aus dem Verhältnis von Produktion und Zirkulation innerhalb eines warenproduzierenden Systems erklärt werden muß.

Die Konkurrenz als historischer Dynamisierungsprozeß

Das Geld stellt die gesellschaftliche Realabstraktion dar, es ist die Inkarnation abstrakter Arbeit schlechthin, gänzlich entkoppelt vom konkreten Produktionsinhalt. Als diese totale Realabstraktion ist das Geld das *unmittelbar gesellschaftliche Ding,* ebenso wie auf der anderen Seite die verwissenschaftlichte und vernetzte stoffliche, inhaltliche Produktion unmittelbar gesellschaftlich wird, während die Menschen selbst *ungesellschaftlich* bleiben, als Geldmonaden an der Oberfläche ihres eigenen Vergesellschaftungszusammenhangs treiben, der ihnen in den dinglichen Gestalten fremd und äußerlich gegenübertritt. Die Gesellschaftlichkeit des Geldes, das in seiner Gesamtmasse den abstrakten Nationalreichtum vorstellt, impliziert aber seine universale »Flüssigkeit«, ganz im Gegensatz zur schwerfälligen realen Güterwelt.

Da nun der Endzweck der ganzen Veranst[illegible] nicht mehr die Vermittlung konkreter Güter [illegible] dern die Verwandlung von Geld in (mehr) [illegible] eine eigentümliche Spannung und Inkon[illegible] zwischen der Produktion des Mehrwert[illegible] [illegible]er Realisierung in der Zirkulationssphäre. [illegible]asse ist der abstrakte Reichtum in seiner [illegible]arnationsgestalt schon unmittelbar gesa[illegible]aftlich, und somit auch der Mehrwert. [illegible]t transitorische Darstellungsform in [illegible] konkreten Produkte ist er hingegen no[illegible], ungesellschaftlich, noch »unvollendet«.

Aus dieser Spannung zwischen de[illegible] verschiedenen Aggregatzuständen des Mehrwerts aber erwächst die *Konkurrenz* als der Kampf der betriebswirtschaftlichen Partikulareinheiten um die Realisierung des Mehrwerts. War dem zünftigen Schuster bei genau fixierten Produktionsmethoden und Preisen eine ebensolche Fixierung bei Bäckern, Fleischern usw. garantiert, konnte er sich somit auf eine nahezu reibungslose, jedoch starre und stehende, auf ihrem jeweiligen Niveau verharrende Vermittlung der Gebrauchsgüter verlassen, so hat das System der modernen Ware solche Garantien und Fixierungen nicht mehr zu bieten.

Der einzelnen betriebswirtschaftlichen Einheit wird nicht etwa diejenige Masse des Mehrwerts vergütet, die sie selbst partikular in ihren produzierten Gütern als Masse vernutzter Stunden und Minuten abstrakter Arbeit inkorporiert hat. Es stehen ja nicht mehr Schuhe, Brot und Fleisch in fixierten Proportionen zur Marktvermittlung an, sondern die Gebrauchsgüter werden in den pulsierenden Selbstbewegungsprozeß des Geldes hineingeschleudert. Die betriebswirtschaftliche Einheit kann also nicht »ihren« Mehrwert in Gestalt von Gebrauchsgütern gegen die entsprechende Menge Geld »austauschen« wie der Schuster seine Schuhe gegen Brot und Fleisch, sondern ganz im Gegenteil: Sie muß sich einen Anteil an der *gesamtgesellschaftlichen* Geldgestalt des Mehrwerts in der Zirkulation (herrührend aus vergangenen abstrakten Vernutzungsprozessen lebendiger Arbeit) »ergattern« durch den Verkauf ihrer Produkte auf einem Markt, der durch seine veränderte Zwecksetzung kein starrer, garantierter mehr sein kann.

Produktion und Aneignung des Mehrwerts fallen also logisch und praktisch auseinander: als Partikularität des Produktes und Universalität des Geldes, als Inkongruenz von stofflicher Gebrauchswert- und abstrakter Geldgestalt des Mehrwerts. Gerade diese Nichtübereinstimmung aber wird zur treibenden Kraft des ganzen Prozesses der Moderne, zur Quelle einer unwahrscheinlichen gesellschaftlichen Dynamik. Der wirkliche Mehrwert ist nicht die einfache Aufsummierung der partikularen Vernutzungsüberschüsse lebendiger Arbeit; er ist keine fixe und starre, sondern eine bewegliche, pulsierende, oszillierende Größe, Erscheinungsmoment eines rastlosen gesellschaftlichen Prozesses. Die einzelne betriebswirtschaftliche Einheit kann sich von der letzten, d.h. geldförmigen Gestalt des Mehrwerts jeweils einen größeren oder geringeren Teil aneignen, als in ihren eigenen Produkten inkorporiert ist. Darüber entscheidet unmittelbar der relative Erfolg oder Mißerfolg auf dem Markt, d.h. in der Zirkulationssphäre.

Bekanntlich hat (von störenden »außerökonomischen« Einflüssen abgesehen, die aber nie die Basislogik völlig außer Kraft setzen können) dabei im Prinzip diejenige betriebswirtschaftliche Einheit den größten relativen Erfolg, die »am billigsten anbieten« kann. Diese Fähigkeit wiederum hängt von der höheren oder geringeren Produktivität ab, mit der das Unternehmen zu produzieren vermag. Hohe Produktivität aber heißt nichts anderes, als mit einem geringen Aufwand lebendiger Arbeit eine große Masse von Produkten herstellen zu können. Indem die Konkurrenz um die Aneignung des Mehrwerts, d.h. seine Transformation in die Geldform, zur beständigen Steigerung der Produktivität bei Strafe des Untergangs der partikularen Reproduktionseinheit zwingt, wurde durch diesen gesellschaftlichen Mechanismus, sobald er einmal installiert war, ein beispielloser Schub in Gang gesetzt, eine gewaltige Explosion der Produktivität, die in einem historisch winzigen Zeitraum von knapp zweihundert Jahren mehr gesteigert worden ist als in der gesamten vorherigen Geschichte.

Gerade diese Dynamik ist der geheime »Sinn« der Konkurrenz. In der Marxschen Kritik der Politischen Ökonomie wird dies auch klar benannt. Marx ist weit entfernt von jener bloß äußerlichen, teils moralischen und teils sozialtechnologischen Verdammung der Konkurrenz, wie sie im Verständnis der Arbeiterbewegung üblich war. Denn für Marx ist die Konkurrenz auf dem Boden des warenproduzierenden Systems historisch notwendig, um den Prozeß menschlicher Emanzipation von den bloßen Naturgrundlagen, von der Arbeit als *labor,* als Leid »im Schweiße des Angesichts«, in einer zunächst noch bewußtlosen und fetischistischen Gestalt überhaupt einleiten zu können.

In den vorkapitalistischen Gesellschaftsformationen existierte ja gar kein allgemeines, treibendes Motiv, die Produktivkräfte zu entwickeln; im Gegenteil sind die Produktionsmethoden oft geradezu ausdrücklich festgeschrieben, unter Strafandrohung gegen jeden Veränderungsversuch. Der naive Gedanke, die Menschen hätten in diesen traditionellen Verhältnissen plötzlich auf die Idee kommen sollen, bewußt und gemeinschaftlich unter »Umgehung« des Kapitalismus die moderne Produktivkraftentwicklung in anderer, weniger friktionsreicher Weise herbeizuführen, setzt ein Subjekt voraus, das es gar nicht gab noch geben konnte. Nur die Konkurrenz als »stummer Zwang« (Marx) des warenproduzierenden Systems, entstanden und wirkend »hinter dem Rücken« der Subjekte, konnte die Produktivkräfte derart in Bewegung setzen, wenn auch in schreienden Widersprüchen von Destruktion und Emanzipation.

Denn die Konkurrenz raubt den Menschen jede Ruhe, aber sie diskreditiert auch Starre und Borniertheit auf niedrigem Niveau; sie zerstört massenhaft Existenzen, aber sie macht auch jedes ständische und rohe Existenzverhältnis, jedes persönliche Abhängigkeitsverhältnis obsolet; sie schneidet auf immer neuer Stufenleiter Menschenmassen von der Bedürfnisbefriedigung ab, aber sie entwickelt auch auf immer neuer Stufenleiter die Massenbedürfnisse und »verwohlfeilert« (Marx) bisher dem Luxuskonsum der wenigen vorbehaltene Güter und läßt diese in den Massenkonsum eingehen; sie entmenscht die Menschen und macht sie zu bloßen Charaktermasken des Geldes, aber sie vermenschlicht sie gleichzeitig zu (vorerst abstrakten, bedingten, konstituierten) Subjekten, indem sie alle Naturfetische und institutionellen Gewalten zerstört, unter denen die Massen als subjektloses Zubehör von Grundeigentum vegetierten.*

Vor allem aber: Die Konkurrenz zwingt und peitscht die Menschen in die abstrakte Verausgabung ihrer Arbeitskraft hinein, aber sie ist gleichzeitig das dynamische Prinzip, das tendenziell die »Arbeit« aufhebt und obsolet macht durch ihren anderen, ebenso unerbittlichen Zwang zu immer neuen Produktivitäts- und Verwissenschaftlichungsschüben; sie verwandelt die Produktivkräfte in Destruktionskräfte, aber sie hebt die menschliche Naturaneignung gleichzeitig über alles bisher gekannte Maß hinaus. Marx hat das positive, fortschrittliche, emanzipatorische Moment der Konkurrenz nie verkannt und als »zivilisatorische Mission des Kapitals« bezeichnet. Fast verwundert stellt Josef Schumpeter fest, Marx habe eigentlich trotz seiner fundamentalen Kritik, ja seines »Todesurteils« über das Kapital gleichzeitig »eine geradezu begeisterte Darstellung der Leistungen des Kapitalismus« (Schumpeter 1980/1942, S. 23 f.) gegeben.

In Wirklichkeit trägt die Marxsche Kritik der Politischen Ökonomie nur der Doppeldeutigkeit der kapitalistischen Dynamik Rechnung. Trotz ihrer Zerstörungskraft gegenüber Mensch und Natur ist die Konkurrenzmaschine gleichzeitig negative Emanzipation, indem sie durch ihre ununterbrochene Produktivkraftentwicklung unvermeidlich bis an die Schwelle einer »Abschaffung der Arbeit« gelangt, d.h. der abstrakten, repetitiven, allein »wertproduktiven« Produktionsarbeit; damit hebt sie freilich auch ihren eige-

* Dieser Widerspruch im konkurrenzvermittelten Prozeß der Moderne machte auch in allen Etappen seiner Durchsetzung eine konservative Opposition möglich, angefangen von den defensiven Feudalideologen bis zu den »Wertkonservativen« unserer Tage. Die reaktionäre Opposition bekämpft die emanzipatorische Seite der Modernisierung dadurch, daß sie ihr die negative, zerstörerische Seite desselben Prozesses vorhält.

nen inneren Grund auf und macht sich selbst obsolet. Die inhaltliche Vernetzung der Reproduktion zu einem Gesamtsystem direkter Vergesellschaftung steht im Gegensatz zu den Warenkategorien, aber das zum Selbstzweck ausgeformte warenproduzierende System selbst ist es ja, das diese Verwissenschaftlichung und Vernetzung erst schafft und somit, bewußtlos seinem beschränkten, »sinnlosen« Zweck folgend, sein eigenes Gegenteil hervorbringt. Die Konkurrenz arbeitet, ohne es zu wissen und zu wollen, an der Zerstörung ihrer eigenen Grundlage.

Mit anderen Worten: Die Abschaffung der Arbeit tritt in der Hülle des warenproduzierenden Systems nicht als eitel Freude und glückhafte Erscheinung ins Leben, sondern allein in negativer Form, als Krise, und zwar als endlich absolute Krise der Reproduktion in dieser Form, die sich durch eine historische Kette von relativen Aufstiegskrisen der modernen Arbeitsgesellschaft angekündigt hat. Die kapitalistische Weltgesellschaft bewegt sich so auf ihre Zerreißprobe und Sprengung zu, indem sie an einen Punkt gelangen muß (der in den Augen der Zeitgenossen vielleicht wie eine Strecke aussehen mag), an dem sie die abstrakte Arbeit in ihrer Tauglichkeit als gesellschaftliche Substanz des ökonomischen Werts aufhebt. Andererseits will sie aber an der Formhülle dieser Wertgestalt in ihren Ausgeburten (Lohn, Preis und Profit) trotz deren Substanzverlust gewaltsam festhalten.

Dieses Janusgesicht der Moderne hat die marxistische Arbeiterbewegung deswegen nicht klar erkannt und nur widerwillig in einem allgemeinen Sinne als Worte des Meisters akzeptiert, weil es in ihren eigenen Zügen eingeformt war. Trat der Widerspruch im Marxschen Werk selber noch als unaufgelöster Gegensatz von »Arbeiterstandpunkt« und Kritik der Politischen Ökonomie auf, so eliminierte der Epigonen-

Marxismus die entscheidende Marxsche Formkritik der warenproduzierenden Arbeit nahezu gänzlich und hielt an einer selber arbeitsgesellschaftlichen Fixierung fest.

Bis zur zweiten Hälfte des 20. Jahrhunderts gab die empirische Entwicklung auch noch gar keinen direkten Anhaltspunkt für die ebendeshalb als dunkel erscheinende Logik der Marxschen Kritik. Die Produktivkraftentwicklung hatte jene Schwelle noch gar nicht erreicht, hinter der das arbeitsgesellschaftliche Basisprinzip selber obsolet wird. Deshalb blieb die Kritik der Konkurrenz noch lange Zeit im Horizont der Arbeitsgesellschaft und geriet dadurch ins Zwielicht. Die emanzipatorische Seite der Konkurrenz konnte in diesem Verständnis gar nicht wahrgenommen werden.

Entweder wurde daher der Kapitalismus zwar abstrakt als »historisch notwendige« Formation bezeichnet, deren Zeit jedoch innerhalb der (als ontologisch unüberschreitbar gedachten) Arbeitsgesellschaft bereits abgelaufen sei, oder er wurde (gerade von den vermeintlich besonders radikalen und kritischen Strömungen) sogar als bloßer »Fehler von Anfang an« betrachtet,* der jederzeit hätte gestoppt werden können oder sollen, selbstverständlich vom »Arbeiterstandpunkt« aus. Es wiederholt sich hier jener sinnlose »linksradikale« Vorwurf gegen die Bolschewiki, sie hätten die vermeintlich jederzeit einzulösende Utopie (in Wirklichkeit bloß die bürgerlichen Ideale) nicht verwirklicht.

* Insofern gut aufklärerisch, wie ja die Aufklärung selber in ihrer »Unaufgeklärtheit über sich selbst« (Hegel) die vorhergehende Geschichte weitgehend als »Fehler« und »Abweichung von der Vernunft« verstanden hatte; in dieser wie in vieler Hinsicht erweist sich die Ideologie der Arbeiterbewegung inklusive bestimmter Momente des Marxismus bloß als »zweiter Durchgang« der bürgerlichen Aufklärung im Kontext des auch gedanklich unüberschrittenen warenproduzierenden Systems und als immanenter Ausdruck von dessen konstituierten Bewußtseinsformen.

So erschien das dynamisierende Moment der Konkurrenz als moralischer Skandal, als rein negatives und sofort abzuschaffendes schlechtes Prinzip. Die marxistische Arbeiterbewegung hat nie verstanden, daß sie selber es war, die die Lohnarbeiter nicht *von* der Konkurrenz, sondern *zu* ihr befreit hat; andererseits zielte sie paradoxerweise darauf ab, die Konkurrenz gerade dadurch zu sistieren und vermeintlich aufzuheben, daß sie ein Segment dieser Konkurrenz, das als solches in der und durch die Konkurrenz überhaupt erst entstehen konnte, nämlich die Arbeiterklasse, zum Absolutum erhob.

In den entwickelteren westlichen Ländern hat sich der Zweck der alten Arbeiterbewegung erfüllt. Sie ist, jeder Emphase und jedes weitergehenden Zieles entkleidet, zum banalen Moment der Konkurrenz in der bürgerlichen Gesellschaft geworden. In der Sowjetunion und in den anderen realsozialistischen Ländern dagegen führte die nachholende bürgerliche Modernisierung zu einem neuen Paradoxon gesellschaftlicher Reproduktion. Der innere Widerspruch des Kapitalismus wurde nicht aufgehoben, sondern im Gegenteil quasi verdoppelt. Die Oktoberrevolution brachte ein modernes warenproduzierendes System hervor, ohne dieses seinen eigenen Funktionsmechanismen folgen zu lassen; die Konkurrenz der Marktteilnehmer wurde ausgeschaltet und durch staatliche Kommandos ersetzt.

Das Erlöschen der kapitalistischen Dynamik im Realsozialismus

In der arbeiterbewegten Ideologie, als deren gesellschaftliche Inkarnation der Realsozialismus erscheint, wurden nur einzelne bürgerliche Realkategorien gegen ihren jeweiligen komplementären Pol ausgespielt: die

»Arbeit« gegen das »Kapital«, das etatistische Moment gegen das monetäre des Konkurrenzprinzips. Aber diese Ideologie hatte ihren harten materiellen Grund in den Verhältnissen selbst, und auch ihre reale Durchsetzung in relativ unentwickelten Regionen der heraufdämmernden kapitalistischen Weltvergesellschaftung war kein »Fehler«, sondern in diesen Verhältnissen selbst angelegt.

Die *logische* Paradoxie eines warenproduzierenden Systems ohne Konkurrenz hatte ihren Grund in der *historischen* Paradoxie, daß zu Beginn des 20. Jahrhunderts eine neue, selbständige Nationalökonomie nur noch dadurch entwickelt werden konnte, daß das etatistische Moment verabsolutiert wurde. Die Konkurrenz mußte sistiert werden aus Gründen der Konkurrenz; um in der *äußeren* Konkurrenz gegen die relativ höher entwickelten Länder des Westens bestehen zu können, um von diesen nicht aufgesaugt oder zur schwach entwickelten Randzone degradiert zu werden, mußte die *innere* Konkurrenz durch staatliche Kommandos im Stalinschen Sinne ausgeschaltet bleiben. Die strategisch »planmäßige« Umlenkung von Mehrwertmassen der inneren, gewaltsam ins Leben gerufenen Akkumulation in zentrale Sektoren der Basisindustrien und der Infrastruktur war nur möglich um den Preis, daß das Funktionsprinzip der Mehrwertproduktion selbst außer Kraft gesetzt wurde.

Diese paradoxe Sistierung der inneren Konkurrenz im System der Sowjetökonomie führte aber notwendig dazu, daß das Mittel sich gegen den Zweck kehrte, andererseits aber kein anderes Mittel für diesen Zweck zur Verfügung stand. Derselbe Grund, der die Verabsolutierung und Versteinerung des kriegswirtschaftlichen Etatismus in der Sowjetunion hervorgebracht hatte, machte diesen wieder hoffnungslos obsolet. Was die staatliche Kommandowirtschaft mit den

Händen der strategischen Planung des Mehrwerts aufgebaut hatte, riß sie mit dem dicken Hintern der Stagnation wieder ein.

Diese tragische Logik der Vergeblichkeit war historisch nicht sofort durchschaubar, und zwar vor allem aus zwei Gründen. Zum einen konnten in der ersten Phase *extensiver* Expansion des sowjetischen warenproduzierenden Systems tatsächlich Erfolge erzielt werden, d.h. hohe Wachstumsraten. Kunststück, wurden doch die bäuerlichen Massen in die abstrakte Verausgabung ihrer Arbeitskraft erst »hineingepeitscht, -gebrandmarkt, -gefoltert«, um den Marxschen Ausdruck zu gebrauchen. Riesige Massen teils subsistenzwirtschaftlicher Produktion auf niedrigstem Bedürfnisniveau, die in einer modernen Volkswirtschaftsstatistik gar nicht auftauchen könnten, wurden der gesellschaftlichen Arbeitsmaschine überhaupt erst einverleibt und industriell umgeformt.

Damit einher gingen gigantische Investitionen in die Schwer- und Basisindustrie bzw. Infrastruktur, bei denen man trotz aller schon früh erkennbaren Defizite der Kommandowirtschaft fast nichts verkehrt machen konnte und die per se schon Zuwachs in großen Schritten garantierten. Da diese Prozesse zumindest partiell auch das Bedürfnisniveau erhöhten und Momente jener »zivilisatorischen Mission« des Kapitals in der sozialistischen Maske der etatistischen Kriegswirtschaft hervorbrachten, breitete sich zeitweilig in der Sowjetunion tatsächlich so etwas wie ein Schimmer von Aufbaueuphorie aus, der sich später in einigen Ländern der Dritten Welt noch rascher verwehend wiederholen sollte und einen ganzen Überbau von sozialistischer Erbauungsliteratur kreierte.*

* Verwandelte sich diese literarische Begleitmusik einer nachholenden ursprünglichen Akkumulation, so ehrlich sie anfangs gemeint sein mochte, rasch in hohltönende Staatspropaganda, so war sie in der westlichen Peripherie der Sowjet-

Zum zweiten aber konnte es in dieser Phase nicht nur der eigenen hohen Zuwachsraten wegen so erscheinen, als sei die entstehende Sowjetökonomie imstande, in historisch absehbarer Zeit mit dem Westen gleichzuziehen. Der Westen befand sich ja in der gesamten ersten Hälfte des 20. Jahrhunderts selbst in einer Phase des aufsteigenden Etatismus. Die kriegswirtschaftlichen Strukturen der beiden Weltkriege ließen den Konkurrenzmechanismus des gegenläufigen monetaristischen Prinzips zurücktreten, auch wenn der Etatismus nicht in demselben Maße systemisch erstarrte wie in der Sowjetunion; die dazwischenliegende letzte und größte Aufstiegskrise des warenproduzierenden Systems zur kapitalistischen Weltvergesellschaftung bremste die Entwicklung zusätzlich, verstärkte die etatistischen Tendenzen und erzeugte eine Endzeitstimmung, von der die ideologischen Reaktionen bis hin zur Kritischen Theorie geprägt waren.

Erst in der fordistischen Hochblüte des endgültig zum totalen Weltsystem ausreifenden Kapitals nach dem Zweiten Weltkrieg änderte sich diese Situation grundlegend. Die von den kriegswirtschaftlichen und krisenökonomischen Strukturen auf einer höheren Entwicklungsstufe befreite Konkurrenz peitschte unter der Ägide der Pax Americana die Produktivkraftentwicklung und Verwissenschaftlichung in neuen Großschüben voran, bis hin zur jüngsten Mikroelektronisierung und Computerisierung mit bisher nicht für möglich gehaltenen Automatisierungspotentialen in allen Sektoren der gesellschaftlichen Reproduktion. Für die betriebswirtschaftlichen Einheiten stellte sich dieser Prozeß dar als »stummer Zwang« der zunehmend weltmarktbezogenen Konkurrenz zur Intensi-

union von Anfang an verlogenes Machwerk, weil das Überstülpen der etatistischen Kasernenökonomie dort niemals auch nur einen relativen historischen Grund in den Entwicklungsbedingungen besaß.

vierung des Produktionsprozesses; als Zwang also zu immer neuer Rationalisierung, Verwissenschaftlichung und Automatisierung.

In diesem weltgesellschaftlichen Dynamisierungsprozeß des Nachkriegskapitalismus wuchs die Intensivierung der Produktion von Mehrwert in empirisch völlig neue Dimensionen hinein. Auf diesem Wege aber vermochten die erstarrten kriegswirtschaftlichen Systeme der realsozialistischen Warenproduktion dem Westen nicht mehr zu folgen. Von vornherein allein auf extensive Mehrwertproduktion ausgelegt, während die stets geforderte Erhöhung der Produktivität nur durch staatlichen Ukas und moralisch-propagandistische Kampagnen beschworen werden konnte, fielen die Kommando- und Kasernenökonomien des Sowjetsystems nun wieder rapide zurück, und es hätte schon sehr früh klarwerden können, daß damit ihr Untergang besiegelt war.

Es rächte sich jetzt also das Mittel an seinem Zweck; die Sistierung des inneren Konkurrenzprinzips, notwendig für die »nachholende« Installierung einer arbeitsgesellschaftlichen Nationalökonomie, schlug zunehmend nicht nur auf die äußere (System-) Konkurrenz, sondern auf die gesamte gesellschaftliche Reproduktion zurück. Ironie der Geschichte: »Das Leben bestraft[e]«, mit den Worten des Generalsekretärs Gorbatschow, »den, der zu spät« kam, d.h., das »Leben« des Kapitals bestrafte diejenigen, die ihm die mechanische Seele des Konkurrenzprinzips herausoperiert hatten und dies für Sozialismus hielten.

Ironischerweise schlug nun die marxistische Verabsolutierung des kapitalistischen Prinzips Arbeit in zunehmende weltgesellschaftliche Ungültigkeit der realsozialistischen Verausgabung von Arbeitskraft um, weil diese unter den globalen Produktivitätsstandard fiel. Die vermeintliche Aufhebung der Widersprüchlichkeit des Kapitals auf dessen eigener Grundlage hatte nicht das Kapital als solches beseitigt, sondern ihm nur langfristig mit seiner »Widersprüchlichkeit« auch die innere Dynamik genommen.

Der Realsozialismus mußte daher in der kapitalistischen Nachkriegsdynamisierung immer dümmer dastehen als der historische Trottel, der die Arbeit allzu ernst genommen hatte und in dieser Hinsicht kapitalistischer als der Kapitalismus hatte sein wollen. Die Arbeitsvergottung ohne das ihr immanent widersprechende Prinzip der Konkurrenz, weit davon entfernt, den westlichen Nachkriegskapitalismus »einholen und überholen« oder gar eine qualitative gesellschaftliche Alternative hervorbringen zu können, brachte es so bestenfalls zu einem bespöttelten Bonsai-Fordismus, in Deutschland symbolisiert durch die mickrigen und stinkenden Zwergmobile der DDR-Autoindustrie.

In einem langen Rückzugsgefecht von Reformbemühungen, die allesamt darauf hinausliefen, dem Konkurrenzprinzip in der einen oder anderen Hinsicht Zugeständnisse zu machen, ohne die kriegswirtschaftliche, etatistisch erstarrte Basis des Systems anzutasten, liefen die Kasernenökonomien dem Westen und ihren eigenen Plänen immer hoffnungsloser hinterher. Dies läßt sich gerade am Beispiel der DDR und im Vergleich mit der BRD leicht empirisch belegen. In einer bereits 1985 erschienenen Untersuchung weist der Produktivitätsvergleich mit einer ziemlich genau zutreffenden Prognose für 1990 ein steiles Gefälle zuungunsten der DDR nach (in Prozent, Bundesrepublik = 100):

	1960	1970	1984	1990
Produktivität	70	55	46	35
Reallöhne	78	58	44	35

(Quelle: *Wirtschaftswoche*, Nr. 36, 30. 8. 1985)

Noch schlechter wird das Verhältnis, wenn Schlüsselindustrien wie vor allem die Automobilproduktion zum Vergleich herangezogen werden. So resümierte Professor Horst Siebert, Präsident des Kieler Instituts für Weltwirtschaft, in einem Referat:

> Während in der Bundesrepublik in den vergangenen zwanzig Jahren die Zahl der in der Industrie Beschäftigten von 10,1 auf 8 Mio. stetig abgenommen habe, habe diese Zahl in der DDR zugenommen. Siebert nennt die Automobilindustrie als Beispiel für die mangelnde Produktivität: das ifa-Kombinat produziere mit 65000 Mitarbeitern 200000 Autos im Jahr. Toyota stelle mit derselben Beschäftigtenzahl vier Millionen Automobile her. Mit der Produktivitätsrelation von 1:20 sei diese Industrie aber auf keinen Fall wettbewerbsfähig. (*Handelsblatt* vom 25.5.1990)

Es zeigt sich so, daß das Arbeitszuchthaus des Kasernensozialismus die obsolet werdende »Ehre der Arbeit« auf einem heute längst überholten Standard konserviert und eingefroren hat.* Nur deshalb konnte er die Vollbeschäftigung garantieren, dies als vermeintliche »Macht der Arbeiterklasse« feiern und naiverweise auch noch stolz darauf sein, daß sogar Mangel an Arbeitskräften herrschte, was sich jetzt als Stolz darauf entpuppt, schlicht unproduktiv zu arbeiten.**

* Das obige Beispiel relativiert sich zwar etwas, wenn bei Toyota die ausgelagerten Zulieferindustrien mit eingerechnet werden, die beim ifa-Kombinat aufgrund der viel größeren Fertigungstiefe schon teilweise enthalten sind. In dieser Hinsicht ist der Produktivitätsgewinn von Toyota nur ein betriebswirtschaftlicher, partikularer (auf Kosten von Zulieferern) und kein gesamtgesellschaftlicher. Jedoch ist selbst bei Berücksichtigung dieses Effekts auch der gesamtgesellschaftliche Abstand in der Produktivität noch immer gewaltig.

** Noch im Zusammenbruch der DDR hatte ein Teil der »kritischen« Apologeten und westlichen Linken die Stirn, den katastrophalen Rückstand der ostdeutschen

Das immer stärkere Zurückfallen der realsozialistischen Arbeitsgesellschaft in der Produktivität zeigt auch einen entsprechenden Rückstand im Vernetzungsprozeß der Reproduktion an. Fortgeschrittene Vernetzung wäre aber überhaupt erst die Voraussetzung für eine Aufhebung der Warenproduktion und damit für eine tatsächliche revolutionäre Transformation der bürgerlichen Gesellschaft. Dieser Rückstand läßt sich am Grad der Tertiarisierung feststellen, der heute die Höhe der Verwissenschaftlichung anzeigt. Während 1987 in der DDR noch 58 Prozent der Beschäftigten in der Landwirtschaft bzw. Industrie arbeiteten und nur 42 Prozent im tertiären Sektor, waren es in der BRD gerade noch 46 Prozent, die in der materiellen Produktion beschäftigt waren, dagegen schon 54 Prozent im tertiären Sektor. Dieser Entwicklungsrückstand in der Vernetzungsdichte zeigt sich auch in der Industriestruktur selbst. So heißt es in einer Untersuchung des Rheinisch-Westfälischen Instituts für Wirtschaftsforschung (RWI), deren Ergebnisse jüngst bekannt wurden:

> Auch sei die Verflechtung der einzelnen Industriebereiche untereinander wie auch mit den Dienstleistungen und dem Handel in der DDR geringer als in der Bundesrepublik. [...] Ein Grund sei, daß

Produktivität auf die »ungleichen Ausgangsbedingungen« nach dem Zweiten Weltkrieg und allerlei daraus herrührende Handikaps zu schieben. In Wirklichkeit bietet die DDR als bereits industrialisiertes Land sogar den besten Vergleichsmaßstab; wie die Zahlen beweisen, war der Rückstand unter den »schlechteren Ausgangsbedingungen« sogar viel geringer und noch bis in die sechziger Jahre hinein keineswegs derart drastisch fühlbar wie heute. Er wuchs um so krasser an, je weiter sich die Gesellschaften in beiden Teilen Deutschlands von jenen Ausgangsbedingungen entfernten und auf ihren je eigenen Grundlagen sich zu beweisen hatten. Die hilflose Argumentation zeigt nur, wie verbohrt diese Linke anachronistisch in den Konstellationen und in der Denkweise der Nachkriegszeit verharrt, unfähig zu einem kritischen Begriff (geschweige denn einer radikalen Kritik) des warenproduzierenden Systems und seiner Widerspruchslogik.

die Kombinate auf die erheblichen Lieferschwierigkeiten bei Vorprodukten zunehmend mit Eigenproduktion geantwortet hätten. In der Bundesrepublik habe sich demgegenüber die intersektorale Arbeitsteilung erhöht. (*Handelsblatt* vom 8.5.1990)

Auch in dieser Hinsicht also spielt die Ironie der Geschichte: Die reale, stoffliche Vergesellschaftung ist im Realsozialismus viel geringer als im Westen. Wie die relativ niedrige Produktivität, ohne den Stachel der Konkurrenz, im Gegensatz zum Westen weit unterhalb des kritischen Aufhebungsniveaus der Arbeit erstarrte, so in gleicher Weise die relativ geringe Vernetzung unterhalb des kritischen Aufhebungsniveaus der Warenform. Wie die Kasernenökonomie die Arbeitskraftverausgabung konserviert hat, so hielt sie auch die einzelnen Betriebe auf der stofflich-technischen Ebene voneinander getrennt. Der innere Widerspruch des Kapitals ist also unterhalb seiner »kritischen Masse« erloschen. Da aber das Kapital nur auf der Höhe seiner Entwicklung im Weltmaßstab existieren kann, wurden gerade durch dieses Erlöschen seiner Dynamik Krise und Zusammenbruch im Osten zuerst hervorgerufen.

Aus dieser Sicht wäre es freilich ein noch größerer Irrtum, wollte man sich eine Lösung der katastrophal gewordenen Defizite des Realsozialismus von der nun scheinbar überfälligen Angleichung und Anpassung an die »erfolgreiche« westliche Konkurrenzökonomie erwarten. Einer solchen doch recht schlichten Betrachtung entgeht völlig, daß diese Defizite selber schon ein geschichtliches Resultat der kapitalistischen Widersprüche waren. Ebensowenig wie das Aussetzen der inneren Konkurrenz ein »Irrtum« oder »Fehler« war, kann es jetzt einfach »korrigiert« werden.

Im Gegenteil, die Zusammenbruchskrise des Realsozialismus ist auf der heutigen Höhe kapitalistischer

Weltvergesellschaftung rückgekoppelt mit dem Entwicklungsstand des globalen Gesamtsystems. Jetzt erst recht resultiert sie aus dessen »Ungleichzeitigkeit«. Die Krise der realsozialistischen Arbeitsgesellschaft markiert die beginnende Krise der modernen Arbeitsgesellschaft überhaupt, gerade *weil* die Konkurrenzmechanismen im Westen so erfolgreich waren und tatsächlich die Grundlagen des warenproduzierenden Systems untergraben und morsch gemacht haben. Es liegt nur in der Logik dieses Systems, daß zuerst seine produktivitäts- und vernetzungsschwächsten Bestandteile in den Abgrund des Systemzusammenbruchs stürzen; das Hinausschießen der Verwissenschaftlichung über die logischen Grenzen des warenproduzierenden Systems muß aber früher oder später auch den Westen selbst ereilen, und die Anzeichen dafür sind längst sichtbar.

Das Leben bestraft den, der zu spät kommt; in der Tat. Aber wenn die exrealsozialistischen Länder nun mit mehr Eifer als Überlegung wild entschlossen in den offenen Weltmarkt der Konkurrenzökonomie hineindrängen und sich davon Rettung erhoffen, kommen sie leider zum zweitenmal zu spät, und »das Leben« scheint noch weit fürchterlichere Strafen auf Lager zu haben als die bisher erlebten. In Wahrheit ist die moderne Arbeitsgesellschaft als Ganzes am Ende, damit sind es aber auch ihre Basiskategorien der Waren- und Geldform. Die isolierte Betrachtung der Untergangskrise des Realsozialismus verkennt völlig die Krisenlogik des Konkurrenzprinzips selbst, die sich als negative Emanzipation in weitergehenden Krisenschüben der Welt-Warenproduktion entladen wird.

DAS STRUKTURDILEMMA DER GEPLANTEN MÄRKTE

Die Abstraktion des Warenproduzenten vom sinnlichen Gebrauchswert

Es könnte so scheinen, als müßte die kriegswirtschaftliche Sistierung der Konkurrenz, obzwar sie den Prozeß negativer Emanzipation unterhalb seines kritischen Stadiums erlöschen ließ, jene Gesellschaften gerade deshalb von Krise und Zusammenbruch verschonen. Ebendarin besteht ja die Horkheimer-Adornosche Argumentation, die diese Erstarrung einer unemanzipierten Arbeitsgesellschaft im »integralen Etatismus« auch für den Westen befürchtete. Dieser Schein ist heute endgültig verflogen. Der heutige realsozialistische Zusammenbruch ist damit aber noch lange nicht in seiner inneren Struktur begriffen. Ein Zeitraum von 70 (Sowjetunion) bzw. 40 Jahren (Osteuropa, China) mag für menschliche Individuen ungeheuer lang erscheinen, weil er ihre bewußte Lebenszeit ausfüllt; historisch handelt es sich aber um einen durchaus winzigen Abschnitt, der es zweifelhaft macht, ob der Realsozialismus überhaupt jemals als eigenständige und besonders erwähnenswerte Gesellschaftsformation in den Annalen der Menschheit erscheinen wird. Vielleicht bleibt er nur eine Fußnote im historisch insgesamt kurzen transitorischen Prozeß der warenproduzierenden Systeme und ihrer Gesamtkrise.

Tatsächlich hat sich der kriegswirtschaftlich erstarrte Realsozialismus als der fragilste, krisenanfälligste Teil des warenproduzierenden Gesamtsystems erwiesen.

Die Erstarrung hat weniger konserviert als vielmehr abgetötet, und die bürokratische Rückkoppelung des gesellschaftlichen Reproduktionsprozesses, weit davon entfernt, sich zur kybernetischen Selbstläufigkeit zu verewigen, wurde gerade umgekehrt durch den »integralen Etatismus« bis zur heutigen absoluten Reproduktionsunfähigkeit gestört. Deshalb gilt es, die Zusammenbruchskrise der realsozialistischen Arbeitsgesellschaft zunächst auf ihren eigenen Grundlagen zu untersuchen, bevor sie in den Zusammenhang einer Gesamtkrise der modernen Arbeitsgesellschaft überhaupt gestellt werden kann. Die Frage ist also, wie sich das etatistische Aushebeln der Konkurrenz konkret darstellt, sowohl binnenökonomisch als auch in den Außenbeziehungen der realsozialistischen Gesellschaften, und wie daraus Krise und Zusammenbruch erwachsen mußten.

In der warenproduzierenden Moderne sind es die Subjekte selbst, die an ihrer eigenen Krise arbeiten;* in der etatistischen Kasernenökonomie tun sie dies nur auf spezifische Weise. Die Logik des Mehrwertprinzips verlangt, wie schon gezeigt, die Existenz der Zirkulation (des Marktes) als Realisationssphäre des Mehrwerts, weil das Geld, die Inkarnationsgestalt des Mehrwerts, nur zirkulativ erscheinen kann. Der Anspruch des Realsozialismus, die Subjekte direkt zu ver-

* Abgesehen vom Krieg, der jedoch in der Regel weniger tief in die gesellschaftliche Reproduktion einschnitt, waren die Krisen der vormodernen Gesellschaften in erster Linie durch ihre unmittelbare Ausgeliefertheit an die »erste Natur« bedingt, d.h., sie erschienen in Gestalt von Naturkatastrophen, Mißernten und Seuchen. Noch die ersten Krisen des Kapitals selber im 19. Jahrhundert waren, wie Marx gezeigt hat, zumindest teilweise durch Agrarkrisen mitvermittelt und enthüllten also, wie das erst embryonal entwickelte warenproduzierende System noch an der Nabelschnur der primären Naturbeziehung hing. Freilich ließ sich auch später der Krisenprozeß nie von den Naturgrundlagen schlechthin abkoppeln. Die gesellschaftliche Krise erscheint vielmehr heute in ihrer höchstentwickelten Form auch als Krise der »vergesellschafteten Natur«, d.h. als ökologische Krise.

gesellschaften, dementiert sich also selbst durch die dennoch vorausgesetzte Formbestimmtheit dieser Subjekte in den Kategorien negativer, bloß indirekter Vergesellschaftung.

Denn der Erscheinungsform nach müssen sie (und hierin grundsätzlich nicht anders als im Westen) Tauschsubjekte sein. Damit aber ist eine fundamentale Schizophrenie hinsichtlich ihres eigenen gesellschaftlichen Zusammenhangs gesetzt. Indem nämlich die *Produktion* und die *Konsumtion* der konkreten Gebrauchsgüter gegensätzlich auseinanderfallen, getrennt durch die Zirkulation, spalten sich auch die Subjekte selber auf in *Produzenten* und *Konsumenten.* Obwohl jedes Individuum und jeder Betrieb gleichzeitig sowohl Produzenten als auch Konsumenten des gesellschaftlichen Reichtums sind, fallen ihr Dasein und ihre Interessen als Produzent und als Konsument grotesk auseinander.

Als Produzent ist das Warensubjekt oder Tauschsubjekt nicht am Gebrauchswert seiner Produkte interessiert, egal ob »Arbeiter« oder »Kapitalist«, ob Manager oder realsozialistischer Betriebsleiter. Produziert wird ja nicht für die eigene Konsumtion, sondern für den anonymen Markt, und Zweck der Veranstaltung ist nicht die sinnliche Bedürfnisbefriedigung, sondern die Verwandlung der Arbeit in Geld (Lohn und Profit). Seine eigenen Produkte sind also für den Produzenten bzw. die verschiedenen Funktionsträger einer warenproduzierenden Einheit entsinnlicht zu jenen abstrakten »Arbeitsgallerten« schon in ihrer stofflichen Gestalt und im Prozeß von deren Hervorbringung, da sie ja nichts sind als potentielles Geld.

Im Prinzip könnte also der so verfaßte Produzent genausogut Sachertorten wie Neutronenbomben oder völlig sinnlose Würfel herstellen, Löcher graben und wieder zuschütten usw. Natürlich ist jedem solchen Produzenten, soweit er mit gesundem Menschenverstand begabt ist, durchaus die Absurdität oder womöglich Gemeingefährlichkeit seines Tuns »irgendwie« klar; andererseits hält ihn jedoch sein abstraktes Geldinteresse dazu an, dasjenige und in derjenigen Weise zu produzieren, was auf kürzestem und geradestem Wege zum größtmöglichen Gelderfolg führt, trotz der vielleicht beklagenswerten Inhalte und Folgen.

Als andere Seite seines Dr.-Jekyll-und-Mr.-Hyde-Daseins freilich besitzt jeder Produzent in seinem *alter ego* als Konsument auch ein genau entgegengesetztes Interesse; als Konsument nämlich ist er selbstverständlich genau an jenem stofflichen Gebrauchswert interessiert, der ihn als Produzenten im Prinzip nicht kümmern kann. Dies gilt sowohl für die Individuen wie für die Betriebe. Als Konsumenten von Rohstoffen, Halbfabrikaten, Maschinen, Gebäuden in der produktiven Konsumtion müssen diese auf jenen optimalen Gebrauchswert der eingekauften Materialien bedacht sein, der ihnen als Produzenten eher Last ist; als essende, trinkende, wohnende, sich kleidende Individuen müssen die Menschen sinnlich sein, wo sie als Produzenten unsinnlich sein müssen.

Wechselseitig stehen sie also untereinander als Produzenten und Konsumenten in beständigem Gegensatz. So kommt es, daß der Produzent von Giftgas oder verseuchten Eiernudeln angeekelt seinen Glykolwein wieder ausspeit (oder damit Selbstmord zu begehen versucht), daß der an fehlerhaften oder vertragswidrig angelieferten Ersatzteilen verzweifelnde Betriebsleiter kaltlächelnd selber Ausschußproduktion an den Mann bzw. die Frau zu bringen versucht und somit alle und jeder einander gegenseitig und dadurch aufgrund ihres allseitigen gesellschaftlichen Vernetzungszusammenhangs letztendlich sich selber ständig über das ausgestreckte Bein stolpern lassen.

Es läßt sich leicht einsehen, daß es in einem derart irrationalen Reproduktionsverhältnis* allein die Konkurrenz sein kann, die diesen Basisirrationalismus zwar nicht beseitigt, aber ihm doch eine Verlaufsform gibt, die Gebrauchswerten und Bedürfnissen wenigstens als Nebeneffekt und Sekundärzwang des Marktes Rechnung trägt. Betriebswirtschaftlich optimiert werden durch die Objektivität des Konkurrenzzwangs auch schädliche, selber irrationale, zerstörerische »Gebrauchswerte« (etwa der Rüstungs- und Pharmaindustrie usw.), an denen überhaupt erst durch die Systemirrationalismen selbst »Bedarf« entsteht. Wie aber die Konkurrenz in der negativen, verkehrten Form des warenproduzierenden Systems erst in großem Maßstab die Produktivkräfte entwickelt und voranpeitscht, so sichert sie in dieser negativen, verkehrten Form auch den Gebrauchswert und Bedarf. Der Drang und das Interesse des Warenproduzenten, seinen Ausstoß möglichst ohne Rücksicht auf den jeweiligen stofflichen Gebrauchswert zu erhöhen,**

* Womit letztlich auch Max Webers Diktum von der »Rationalität« der Moderne eigentlich durch die Verhältnisse selbst dementiert wird, heute in den Prozessen der ökologischen und der neuen weltökonomischen Krise mehr denn je. Genauer gesagt: Die Webersche »Rationalität« bezieht sich als bloße Binnenrationalität allein auf den fetischistischen Zweck der abstrakten Reichtumsproduktion. Nur in diesem Kontext ist sie rational, als ökonomistisches *Rentabilitätsprinzip*. Vom Standpunkt der *Sinnlichkeit* aus jedoch, des wirklichen Genusses und der konkreten Naturbeziehung, muß dieselbe »Rationalität« irrational werden. Die »rationalen« Handlungen des Ware-Geld-Subjekts sind rational in dem Sinne, wie ein Wahnsinniger innerhalb seines Wahnsystems völlig logisch handeln kann.

** Diese Furien der destruktiven Abstraktion schlummern in der vormodernen Warenproduktion noch, ohne mehr als sporadisch wach zu werden (etwa in den seit alters bekannten Weinpanschereien und Lebensmittelverfälschungen); im mittelalterlichen Handwerk werden sie gebändigt nicht bloß durch die Zunftgesetze, sondern vor allem durch den Kunststolz des Handwerkers selbst, dessen Arbeit in ihrem lebendigen Prozeß für ihn selbst noch unmittelbar konkret bleibt, wird durch die Marktkonkurrenz konterkariert und zwingt ihn zu einer gewissen Rücksicht auf den jeweiligen Gebrauchswert für die Konsumenten, den er diesen offerieren und präsentieren muß.

Jedes Kind kann sich ausmalen, zu welchen Folgen in einer solchen Gesellschaft die Aushebelung der Konkurrenz und deren Substitution durch etatistische Kommandos führen wird. Denn dem Drang der Produzenten zur destruktiven Abstraktion vom Gebrauchswert der Dinge sind nun keine objektiven Grenzen mehr gesetzt. Die Redeweise vom Sozialismus als einer auf Bedarfsdeckung (statt auf »ausbeuterischen Profit« usw.) ausgerichteten angeblichen Gebrauchswertproduktion wird so auf peinlichste und inzwischen katastrophale Weise Lügen gestraft.

Zwar hat die etatistische Kommandoökonomie ein wucherndes Kennziffernsystem hervorgebracht, das mit buchhalterischer Akribie die Gebrauchswert-Eigenschaften der Produkte festzulegen versucht, um die Produzenten an der Ausschußproduktion zu hindern: allerdings ein Armutszeugnis für eine Gesellschaft mit dem Anspruch auf bewußte Gesellschaftlichkeit und die Karikatur einer Planung. Aber die Kontrollinstanz verliert damit ihre objektive Unerschütterlichkeit eines Naturgesetzes. Sie erscheint nur noch in Form äußerlicher staatlich-bürokratischer Aufsicht, also nicht mehr in Gestalt der »Zwangsgesetze der Konkurrenz« (Marx). Deshalb kann sie auf tausendfältige Weise hintergangen, ausgetrickst und durchlöchert werden.

An die Wirtschaftssubjekte auf allen Ebenen, vom Arbeiter bis zum betriebswirtschaftlichen Manager, richtet sich so die Zumutung, daß sie einerseits als

also Lebenszweck und sinnliche Daseinsform. Abstrakt wird sie erst *aposteriori* im Austausch über die Geldform. Im Kapitalverhältnis der modernen Ware hingegen ist die Abstraktion der Arbeit und somit auch deren Destruktionstrieb bereits als Ausgangspunkt gesetzt.

Warenproduzenten und mit entsprechenden Interessen begabt gesellschaftlich gesetzt werden, sich aber andererseits nicht konsequent als solche verhalten sollen. Da mit dem Wegfallen des Konkurrenzprinzips in den ökonomischen Binnenbeziehungen auch der objektive Zwang zur Einhaltung von Gebrauchswert-Kriterien wegfällt, muß an die Produzenten entsinnlichter »Arbeitsgallerten« in sich ewig wiederholenden Kampagnen mit Zuckerbrot und Peitsche appelliert werden, sie sollten sich doch sinnlich zu ihrer Produktion verhalten; den fetischkonstituierten Geldmonaden muß permanent mit der Sonntagspredigt des gesunden Menschenverstands gekommen werden, die natürlich nichts hilft.

Tatsächlich sind die Sanktionsmöglichkeiten der subjektiven, bürokratischen Kontrolle von Bedarf und Gebrauchswert begrenzt und kaum ernst zu nehmen. Das subjektlose »Zwangsgesetz der Konkurrenz« vollstreckt seine Urteile unverzüglich in Form des drohenden oder manifesten Bankrotts. Hingegen ist die bürokratische Kontrollinstanz ja gleichzeitig der abstraktallgemeine Eigentümer sämtlicher Betriebe. Sie kann diese also nicht wirklich abstrafen und schon gar nicht liquidieren:

> Indem der Staat den Betrieben einen konkreten Produktionsplan auferlegt, verpflichtet er sich auch, den Absatz der Produktion zu gewährleisten. Zu diesem Zweck wird jedem Unternehmen eine Abnehmerliste für seine Produkte überstellt. Eben dadurch wird jede wie auch immer geartete Konkurrenz zwischen Betrieben mit vergleichbaren Erzeugnissen ausgeschlossen. Der Abnehmer hingegen kann sich nicht den günstigsten und zuverlässigsten Lieferanten aussuchen, sondern muß das nehmen, was ihm geliefert wird. Die Lage verschärft sich

> noch dadurch, daß die Bezahlung der Zulieferfirma in der Regel sofort nach Einlangen der Versandpapiere durch die Bank erfolgt, d.h. noch bevor der Abnehmer überprüfen kann, ob die gelieferten Waren in Qualität und Vollständigkeit den Abmachungen entsprechen. In der Folge erweist sich ein bedeutender Teil der eingetroffenen Waren als nicht funktionstüchtig und muß vom Käufer erst einsatzbereit gemacht werden. Dies ist besonders in der Landwirtschaft häufig der Fall, wo die Beschäftigten fabriksneue, soeben erst gelieferte Traktoren und Landmaschinen zerlegen, die fehlenden Teile einsetzen, reparieren, wieder zusammenbauen und an die entsprechenden Normen anpassen müssen. *(Saslawskaja 1989, S.101)*

Die Konsequenzen des »verwirklichten« Fichteschen bürgerlichen »Vernunftstaates«, der den Absatz der festgelegten Produktion »planmäßig« gewährleistet, sind also im Sinne des Gebrauchswerts für die Konsumenten höchst unvernünftig. Der tiefe Irrationalismus des warenproduzierenden Systems kann nur mit diesem selbst beseitigt, aber nicht als solcher »vernünftig geplant« werden.

Produktivitätsgesetz und Wertakkumulation

Dieser spezifische Binnenwiderspruch der etatistischen Kommandoökonomie wird noch ergänzt und verschärft durch die Modifikation, die das Basisprinzip der Anhäufung abstrakten Nationalreichtums durch die Aushebelung der inneren Konkurrenz erfährt. Vielleicht die eigenartigste sowohl ideologische wie realgesellschaftliche Erscheinung der etatistischen Kommandoökonomie ist nämlich ihr Verhältnis zur ökonomischen Kategorie des (von Marx als fetischistisch denunzierten) Wertes, der Zentralkategorie des warenproduzierenden Systems.

Die Affirmation des Werteschaffens als Anhäufung abstrakten Nationalreichtums mußte durch das Aushebeln der Konkurrenz zu Resultaten führen, die in Verbindung mit dem individuellen und betriebswirtschaftlichen Interesse der Produzenten die Ignoranz gegen den stofflichen, sinnlichen Gebrauchswert und gegen den realen Bedarf noch steigerte und in ihrer Absurdität vollendete. Denn das prinzipielle Desinteresse der Warenproduzenten am Gebrauchswert ihrer Produkte wird nicht nur durch die Möglichkeit verstärkt, den bürokratischen Kontrollinstanzen ein Schnippchen zu schlagen, sondern auch durch diese Bürokratie selbst, die ihrerseits an der abstrakten Wertanhäufung interessiert ist.

Natürlich finden sich auch im Westen gefährliche oder sogar katastrophale Produktionsinhalte bzw. -folgen und groteske Unsinnsprojekte (bekannt geworden ist in der BRD z. B. der Neubau des Rhein-Main-Donau-Kanals, der sich nur unter dem Gesichtspunkt volks- und betriebswirtschaftlicher Beschäftigungstherapie rechtfertigen ließ); auch hier tritt der Staat als Komplize dieser unsinnigen und zunehmend gefährlichen Selbstzweckprozesse auf, da er ja als Instanz des Gesamtwillens abstrakter Arbeitskraftverausgabung von deren Gelingen abhängig ist.

Der Unterschied zum Realsozialismus kann also nur ein relativer sein. Der objektive Wahn wird nur durch die »Zwangsgesetze der Konkurrenz« gemildert, die gegenüber dem primären systemischen Imperativ der maximalen abstrakten Vernutzung andererseits eine (ebenso abstrakte) »Sparsamkeits«-Optimierung erzwingen. Jeder Betrieb soll also möglichst viel Arbeit und Material abstrakt vernutzen, dabei aber gleichzeitig möglichst viel Arbeit und Material einsparen. Dieser auf den ersten Blick widersinnige Gegensatz einander scheinbar ausschließender Imperative findet jedoch seine beständige Auflösung in der Bewegung der Marktkonkurrenz. Die betriebswirtschaftliche Einheit muß ohne Rücksicht auf Inhalt und Folgen möglichst viel Arbeit und Material vernutzen, sie kann dies aber nur auf der jeweiligen gesellschaftlichen Höhe der Produktivität tun. Indem die Produktionseinheiten dadurch zur äußersten abstrakten Sparsamkeit an Arbeit und Material gezwungen werden, können sie den dazu gegensätzlichen Maximierungsimperativ nur durch Erweiterung ihrer Marktanteile erfüllen, was entweder durch Verdängung anderer Einheiten vom Markt geschieht (und im großen Maßstab allerdings schon zum Moment der Krise wird) oder durch die Ausdehnung des Marktes selbst und damit der kapitalistischen Produktionsweise.

Im Grunde genommen handelt es sich also bei dieser Widerspruchsbewegung nur um die kapitalistische Form jenes Elementargesetzes der Warenproduktion, das Marx in den bekannten Worten beschreibt:

> Es könnte scheinen, daß, wenn der Wert einer Ware durch das während ihrer Produktion verausgabte Arbeitsquantum bestimmt ist, je fauler oder ungeschickter ein Mann, desto wertvoller seine Ware, weil er desto mehr Zeit zu ihrer Verfertigung braucht. Die Arbeit jedoch, welche die Substanz der Werte bildet, ist gleiche menschliche Arbeit, Verausgabung derselben menschlichen Arbeitskraft. Die gesamte Arbeitskraft der Gesellschaft, die sich in den Werten der Warenwelt darstellt, gilt hier als eine und dieselbe menschliche Arbeitskraft, obgleich sie aus zahllosen individuellen Arbeitskräften besteht. Jede dieser individuellen Arbeitskräfte ist dieselbe mensch-

liche Arbeitskraft wie die andere, soweit sie den Charakter einer gesellschaftlichen Durchschnitts-Arbeitskraft besitzt und als solche gesellschaftliche Durchschnitts-Arbeitskraft wirkt, also in der Produktion einer Ware auch nur die im Durchschnitt notwendige oder gesellschaftlich notwendige Arbeitszeit braucht. *(Marx 1965a/1890, S. 53)*

Dieses Gesetz von der durchschnittlich gesellschaftlich notwendigen Arbeitszeit wirkt wie alle Gesetze der »zweiten Natur« warenproduzierender Gesellschaften blind. In vormodernen Nischen-Warenproduktionen realisiert es sich durch Tradition, im warenproduzierenden System der Moderne wird es durch die Konkurrenz exekutiert. Und ebenso wie hinsichtlich des Gebrauchswerts und Bedarfs muß die etatistisch kommandierte Warenökonomie auch hinsichtlich der durchschnittlich notwendigen Arbeitszeit die objektive Zwangsgesetzlichkeit durch subjektive Willensbestimmungen der Bürokratie ersetzen.* Die durchschnittlich notwendige Arbeitszeit müßte eigentlich bürokratisch festgelegt und dauernd neu definiert werden, ein nahezu hoffnungsloses Unterfangen. Zu allem Überfluß wird es auch noch konterkariert durch das Interesse der Bürokratie an der Steigerung des abstrakten Nationalreichtums, und zwar in einer grotesken gesellschaftlichen Ironisierung der Marxschen Aussage, die logisch aus seiner Arbeitswerttheorie folgt:

Je größer die Produktivkraft der Arbeit, desto kleiner die zur Herstellung eines Artikels erheischte

* Noch illusionärer freilich wäre die Ersetzung des bürokratischen Kommandos durch eine »demokratisierte Willensbildung« auf derselben gesellschaftlichen Basis. Die gegenwärtige, geradezu inflationäre Renaissance des Rousseauschen Denkens, die fast kindlichen Vorschläge für allerlei neue »Gesellschaftsverträge« der Warensubjekte unterstellen unverdrossen gesellschaftliche Bewußtheit auf der Basis von Bewußtlosigkeits-Kategorien.

Arbeitszeit, desto kleiner die in ihm kristallisierte Arbeitsmasse, desto kleiner sein Wert. Umgekehrt, je kleiner die Produktivkraft der Arbeit, desto größer die zur Herstellung eines Artikels notwendige Arbeitszeit, desto größer sein Wert. *(Marx, a.a.O., S. 55)*

Es läßt sich wiederum leicht ausrechnen, zu welch absurden Konsequenzen diese einfache und folgerichtige Bestimmung des Werts in der Kommandoökonomie durch die Subjektivierung der Zwangsgesetzlichkeit führen muß. Der Imperativ des »Wertschaffens« und seiner Optimierung führt nämlich dazu, daß die Bürokratie im System von Belohnungen und Bestrafungen (Prämien, Fonds- und Materialzuteilung usw.) diejenigen betriebswirtschaftlichen Einheiten begünstigt, die den meisten Wert erzeugen. Da es sich aber eben so verhält, wie Marx oben sagt, so läuft diese Belohnung darauf hinaus, daß sozusagen ein Wettbewerb entsteht, wer die geringste Produktivkraft der Arbeit hat und am meisten Arbeitskraft und Material verschleudert, weil dadurch ja auch der geschaffene Wert am größten ist, insofern er nicht mehr durch den Mechanismus der Konkurrenz kontrolliert wird. Die durchschnittlich gesellschaftlich notwendige Arbeitszeit ist also nicht nur bürokratisch kaum zu ermitteln; sie wird auch durch diesen absurden Belohnungsmechanismus tatsächlich objektiv hochgehalten. Es entsteht so etwas wie eine Faulheitskonkurrenz und eine kontraproduktive Optimierung des Inputs von Arbeitskräften und Material, erst recht ohne Rücksicht auf den Gebrauchswert, wie schon im Kontext der ersten Reformdebatten in den sechziger Jahren geklagt wurde:

Wird der Produktionsausstoß nach fertigen Maschinen gemessen, kommt es zu einem Mangel an Ersatz-

> teilen. Werden die Planziele bei der Organisierung des Transports nach Tonnen pro Kilometer gemessen, so werden optimale Transportmöglichkeiten vernachlässigt. Werden Kerzenständer nach Gewicht angegeben, so werden sie unnötig schwer. Da geologische Untersuchungseinheiten ihre Pläne nach gebohrten Metern erhalten, machen sie Arbeit, von der sie wissen, daß sie nicht notwendig ist. Wird Stoff nach Länge gemessen, wird er zu schmal. Als dem Stalingrad-Konstruktionskombinat ein Plan gesetzt wurde, der sich am verbrauchten Material orientierte, verschwendete man absichtlich Metall, um den Plan zu erfüllen *(zit. nach: Strotmann 1969, S. 16f.)*.

Der systembedingte Hunger nach abstraktem Input, da er im Gegensatz zum Westen ganz unmittelbar und ohne Filterung durch die Marktbewegungen gesetzt ist, konnte in seiner absurden Vergeudungskapazität durch keinerlei Bemühungen der Bürokratie gemildert werden. Zwanzig Jahre nach den zitierten Klagen hat sich die einschlägige Misere eher noch verschärft:

> Verschwenderisch ging man in der Wirtschaft nicht nur mit der Arbeitskraft, sondern auch mit den materiellen Grundlagen — Technik, Energie, Brenn-, Roh- und Werkstoffe etc. — um. In der sowjetischen Presse wimmelt es von Beispielen für empfindliche Verluste von kostbaren Materialien. So gehen durchschnittlich 20% des Zements, über ein Viertel der Agrarprodukte und mehr als die Hälfte der Holzproduktion verloren. In vielen Betrieben häufen sich neue Werkzeugmaschinen und Ausrüstungsgegenstände, die auf ihre Inbetriebnahme warten. Durch unsachgemäße Lagerung werden die Maschinen oft unbrauchbar und müssen ausgemustert wer-

den, ohne jemals in Betrieb gewesen zu sein. Besonders bitter ist diese Pille bei importierten, um Devisen angekauften Maschinen. *(Saslawskaja 1989, S. 87)*

Kein Wunder: gehen doch Materialien, Maschinen usw. als betrieblicher Input, sind sie einmal geliefert, ganz formal in die Wertschöpfung ein, egal ob und vor allem wie sie real-stofflich vernutzt worden sind. Ob die Energie zum Schornstein hinausgeblasen oder wirklich optimal in Produktionsprozesse involviert wird, bleibt sich dabei gleich; ebenso, ob eine Maschine wegen realer Abnutzung oder Vergammelung in irgendeinem Lager abgeschrieben werden kann.

Es ergibt sich also eine Potenzierung aller gegen Gebrauchswert und Bedarf gerichteten Tendenzen der Warenproduktion, statt diese der Warenform inhärenten Momente zu überwinden. Der naturwüchsigen destruktiven Abstraktion des Warenproduzenten vom Gebrauchswert der Produkte wird keine Schranke mehr gesetzt durch die »Zwangsgesetze der Konkurrenz«; dieser Abbau der Hemmungen wird noch potenziert durch den bürokratischen Imperativ zur Schaffung eines möglichst großen Werts, der gleichfalls nicht mehr durch den Produktivitäts- und Sparsamkeitszwang der Konkurrenz konterkariert werden kann. Durch ihre eigenen, auf abstraktes Wachstum und Wertanhäufung ausgerichteten Planvorgaben unterläuft die Bürokratie sich sozusagen selbst als Kontrollinstanz, indem die Betriebe sie auf eulenspiegelhafte Weise beim Wort nehmen. Gewinner ist daher, wer langsam arbeitet, viel Arbeitskraft bzw. Material verbraucht und sich möglichst wenig um den Gebrauchswert seiner Produkte schert:

Natürlich ist es Aufgabe der zentralen Planbehörden, übermäßige Anforderungen auf einen Umfang zu kürzen, der mit den verfügbaren Ressourcen übereinstimmt. Sie kürzen tatsächlich, doch die Gesamtsumme scheint am Ende noch zu hoch zu sein. Ein Grund dafür ist das Engagement der politischen Führung für hohe Wachstumsraten. *(Nove 1980, S. 196)*

Derart in die Zange genommen, können die erst nachträglich und äußerlich geltend gemachten Gesichtspunkte von Gebrauchswert, Bedarf und Produktivitätssteigerung sich natürlich nicht durchsetzen. Die Kommandoökonomie des »geplanten Marktes« treibt so ihrer eigenen inneren Logik nach alle Irrationalismen des warenproduzierenden Systems auf die Spitze, statt sie auch nur im Ansatz abzuschaffen.*

Die Wert-Preis-Transformation

Die derart entfesselten Irrationalismen finden ihren Ausdruck an der Oberfläche des »geplanten Marktes« im System der Preisbildung. Wenn heute von Reformern gesagt wird, daß dieses System sich »aus vielen historisch entstandenen Schichten« zusammensetzt (Aganbegjan 1989 a, S. 40), so sind damit die zahlreichen Versuche der bürokratischen Kommandozentralen gemeint, durch Maßnahmen der Preisbildung jenen Irrationalismen zu entkommen, die sich doch darin nur

* Wie die Bürokratie selber und ihre Ideologen, Einpeitscher usw. immer nur nachträglich die Notwendigkeiten des Gebrauchswerts belehrend, händeringend oder mit Drohungen ins Feld führen können, so mobilisiert auch die westliche Kritik den Empirismus des gesunden Menschenverstandes, um mit dem Finger auf die offenkundigen Fehlleistungen eines Systems zu deuten, das doch nur die Irrationalität der eigenen westlichen Produktionsweise durch die Zwänge seines historisch nachholenden Charakters bis zur letzten Konsequenz getrieben hat. Der Unterschied in der Irrationalität ist nur graduell. Einem Bewußtsein, das Alternativen überhaupt nur innerhalb der Formen des warenproduzierenden Systems denken kann, bleibt diese Einsicht natürlich verschlossen.

immer neu darstellen können. Im wesentlichen lassen sich dabei drei »geologische Schichten« der Auseinandersetzung um das Preissystem feststellen:

a) In den Anfängen der Planungsversuche und -debatten, etwa seit dem gescheiterten Kriegskommunismus, gab es das System politischer Preise. Die bürokratische Preisfestsetzung erfolgte nahezu willkürlich nach politischen Willensvorgaben, sei es in industriestrategischer oder sozialer Hinsicht. Übriggeblieben sind davon vor allem die unabhängig von den Kosten niedrig gesetzten Preise für Energie und Rohstoffe (laut Aganbegjan liegen sie zwei- bis dreimal niedriger als auf dem Weltmarkt) sowie für Grundnahrungsmittel und andere Grundbedürfnisse wie Wohnungsmieten, öffentlichen Nahverkehr usw.

b) Aus der von Stalin verordneten Debatte, in der die Objektivität von willensunabhängigen Gesellschaftsgesetzen anerkannt wurde (d.h. nichts anderes als die Objektivität der von warenproduzierenden Systemen gesetzten »zweiten Natur«), resultiert eine zweite Schicht von Preisbildung, in der die Preise dem »wirklichen Wert« angeglichen werden sollten; vom Standpunkt der Marxschen Kritik der Politischen Ökonomie aus allerdings so etwas wie der tragikomische Versuch einer Quadratur des Kreises.

c) Über diesen älteren (und jeweils auf verschiedenen Ebenen weiterexistierenden) Formationen findet sich schließlich als jüngste Schicht der Preisbildung ein System (genauer gesagt: ein ziemlich wirres Konglomerat) von Reformpreisen, die auf zaghafte, immer wieder halb zurückgenommene und stets wieder neu thematisierte Reformansätze seit den sechziger Jahren zurückgehen. Dabei wird der Preisbildung zwar endlich, im Sinne der fetischistischen Basisreproduktion durchaus korrekt, eine autonome Gesetzlichkeit sowohl gegenüber den politischen Vorgaben als auch gegenüber dem vermeintlichen wahren Wert zugestanden; aber auch diese Einsicht bleibt selber wieder systemabhängig und eingebunden in die Widersprüche einer nachholenden Modernisierung.

Kein einziger dieser drei wesentlichen oder überhaupt möglichen Ansätze eines Preisbildungssystems »geplanter Märkte« kann die entfesselten Irrationalismen eines von der Konkurrenz entbundenen warenproduzierenden Systems beseitigen. Es ist ja auch unmittelbar einsichtig, daß Primärdefekte an der Basis gesellschaftlicher Reproduktion, wie sie sich in objektiven Interessenlagen und Imperativen niederschlagen, durch Sekundärmaßnahmen an der Marktoberfläche (d.h. im System der Preisbildung) gar nicht erreicht werden. Trotzdem oder gerade deswegen ist es nötig, die in dieser Vergeblichkeit auftretenden Mechanismen genauer zu betrachten.

Preise sollen, so behauptet die Volkswirtschaftslehre, die relative Knappheit von Gütern anzeigen. Der Begriff der Relativität muß allerdings schon sehr weit gedehnt werden, eigentlich weit über sein logisches Fassungsvermögen hinaus, wenn er so merkwürdige Erscheinungen mit einschließen soll wie die massenhafte Vernichtung von Lebensmitteln, die Stillegung von menschlichen und materiellen Ressourcen im großen Maßstab (Kapitalvernichtung, Massenarbeitslosigkeit), die Zerstörung und anschließend mit großem Aufwand betriebene notdürftige Reparatur von Naturgrundlagen sowie die Verschleuderung von Ressourcen für Selbstzweckproduktionen ohne individuellen oder gesellschaftlichen Gebrauchswertinhalt. Offenkundig bezieht sich die Knappheit hier keineswegs, weder relativ noch absolut, oder höchstens in Ausnahmefällen (etwa bei bestimmten, objektiv seltenen Metallen usw.) auf natürliche, stofflich-sinnliche und menschliche Ressourcen.

Allerdings haben wir es ja auch nicht mit einer sinnlichen Gebrauchswertproduktion zu tun, sondern mit der tautologischen und fetischistischen Selbstzweckbewegung des Geldes, in dessen Form die Preise ebenjene ominöse Knappheit ausdrücken sollen. Es handelt sich also nicht um Knappheit auf der sinnlich-stofflichen Ebene, hier läßt sich auch im Westen eher eine groteske und gemeinschädliche Vergeudung und Verschleuderung feststellen, sondern um relative Knappheit an gesellschaftlicher Kaufkraft, die wiederum ihren Grund in der relativen Knappheit an profitabler Vernutzung von Arbeitskraft hat. In dem Maße, wie mehr oder weniger lebendige Arbeit profitabel vernutzt werden kann, entsteht relativ mehr oder weniger gesellschaftliche Kaufkraft in Form von Lohn und Profit. Für die einzelnen Produktionszweige und Betriebe stellt sich dieser Zusammenhang als Grenze ihrer Profitabilität dar, d.h. als Grenze ihrer Fähigkeit, mit einem gegebenen Produktionsaufwand so viel gesellschaftliche Kaufkraft auf sich zu ziehen, daß in den erzielbaren Preisen ein zureichender Profit enthalten ist. Die Produktions- und Verteilungsfähigkeit von Gütern wird also nicht im geringsten durch einen relativen Mangel an sinnlichen, natürlichen Ressourcen, sondern einzig durch den Fetischismus des Kapitals und seiner Bewegungsgesetzlichkeit begrenzt. Und nur in diesem Sinne zeigen die Preise jene relative Knappheit an.

Marx hat dies im dritten Band seines *Kapitals* gezeigt anhand der Verwandlung der Werte in Produktionspreise, die sich nicht unmittelbar durch die Summe individuell verausgabter Arbeitsmengen darstellen, sondern durch die gesellschaftliche Bewegung des Mehrwerts und dessen Umwandlung in betriebswirtschaftliche Profite. Die Produktionspreise (die erst auf einer von keiner Instanz realisierten gesamtkapitalistischen Ebene wieder mit den Werten zusammenfallen) stellen sich also auf dem Weg über die gesellschaftliche Durchschnittsprofitrate her, die ihrerseits durch den blinden Prozeß der Konkurrenz überhaupt erst entstehen und ständig neu gesetzt werden kann:

> Die Preise, die dadurch entstehn, daß der Durchschnitt der verschiednen Profitraten der verschiednen Produktionssphären gezogen und dieser Durchschnitt den Kostpreisen der verschiednen Produktionssphären zugesetzt wird, sind die *Produktionspreise*. Ihre Voraussetzung ist die Existenz einer allgemeinen Profitrate, und diese setzt wiederum voraus, daß die Profitraten in jeder besondren Produktionssphäre für sich genommen, bereits auf ebensoviel Durchschnittsraten reduziert sind. [...] Der Produktionspreis der Ware ist also gleich ihrem Kostpreis plus dem, entsprechend der allgemeinen Profitrate, prozentig ihm zugesetzten Profit, oder gleich ihrem Kostpreis plus dem Durchschnittsprofit. *(Marx 1965b/1894, S. 167)*

Was die Produktionspreise also anzeigen, ist die relative Knappheit an gesellschaftlicher Rentabilität in der Produktion von Gütern, was wiederum nichts anderes heißt als die relative Grenze ihrer Produktionsfähigkeit. Diese wird aber nicht erreicht, wo es an realen Ressourcen fehlt, sondern dort, wo eine Produktion unter die Durchschnittsprofitrate fallen würde. Nichts anderes bedeuten »Knappheit« und »Rentabilität« im begrifflichen Kauderwelsch der Volkswirtschaftslehre tatsächlich.*

* Eine traurige Figur gibt hier die marxistische Linke im Osten wie im Westen ab, die alle Grundlagen der Marxschen Ökonomiekritik regelmäßig sofort vergißt, sobald sie von der kritischen, philosophischen Sonntagspredigt zur Analyse und »Praxis«-Frage konkreter und aktueller sozialökonomischer Probleme übergeht. Mit der größten Selbstverständlichkeit wird dann auf gut »volkswirtschaftlich«

Die realsozialistische Reproduktion, obwohl als Akkumulation von Kapital gesetzt, entbehrt nun aber jenes inneren Mechanismus, in dem der gesellschaftliche Mehrwert sich in die verschiedenen Formen des Profits aufspaltet und von den einzelnen Betrieben durch die Konkurrenzbewegung hindurch als Profit angeeignet wird. Deshalb können sich auch jene Produktionspreise* nicht herausbilden, die im Spiel der Konkurrenzkräfte und der dadurch bedingten Verteilung der Ressourcen auf die verschiedenen Produktionszweige jene Knappheitsrelation anzuzeigen haben, d.h. die Rentabilität der Produktion.**

über die »Knappheit« fabuliert und die »Rentabilität« eingeklagt, ganz so, als hätten diese famosen Kategorien gar nichts mit jenen vordergründig bekämpften und beschimpften »Profit«- und »Ausbeutungs«-Zwecksetzungen zu tun, sondern wären quasi-ontologische Bestimmungen gesellschaftlicher Reproduktion schlechthin. Kein Wunder, daß die theoretische Linke in dieser Hinsicht nach dem Zusammenbruch des Realsozialismus geradezu hemmungslos geworden ist und wohlfeil »kritisch« nur noch in den Sphären der »politischen« Geschwätzigkeit.

* Auch die Produktionspreise sind nicht identisch mit den empirischen Marktpreisen, was hier der Einfachheit halber angenommen wird. In der Empirie finden weitere Modifikationen statt. Hier kann es jedoch nur darum gehen, das logische Grundproblem herauszuarbeiten, um das entscheidende Defizit im Preisbildungssystem des Realsozialismus deutlich zu machen.

** Aus dieser Problemlage resultiert letztlich auch eine scheinbar davon völlig abgehobene theoretische Diskussion sowohl innerhalb des Marxismus als auch zwischen diesem und der akademischen Volkswirtschaftslehre, und zwar über das Transformationsproblem, d. h. die Verwandlung der Werte in Produktionspreise. Wenn immer wieder behauptet worden ist, Marx habe dieses Problem im dritten Band des *Kapitals* nicht befriedigend gelöst (und der erste und der dritte Band würden daher theoretisch auseinanderklaffen), so aus einem einzigen Grund: Die Kritiker akzeptieren nicht den blinden Objektivitätscharakter des Werts oder »automatischen Subjekts« (Marx) und aller seiner Emanationen, sondern wollen diese und damit auch vorzüglich die Preisbildung in die bürgerliche Subjektivität der Markthandlungen zurückziehen. Soweit es sich dabei um Marxisten handelt, impliziert diese Debatte die theoretische wie praktische Zumutung und positive Unmöglichkeit, die fetischistische Gesetzlichkeit des Werts nicht etwa abschaffen, sondern »bewußt planen« zu wollen, was dann natürlich auch eine bewußte und »planmäßige« Transformation der Werte in Produktionspreise impliziert. Daß diese Problemstellung, wie billig, theoretisch unlösbar blieb und praktisch ge-

Die Betriebe beziehen sich also *unmittelbar*, ohne Dazwischenkunft des entsprechenden gesellschaftlichen Vermittlungsmechanismus, auf den gesamtgesellschaftlichen Mehrwert, der den äußerlichen bürokratischen Kommandos unterliegt. Es handelt sich gleichsam um einen Kapitalismus, dessen Blutkreislauf unterbrochen wurde und der nun durch eine Herz-Lungen-Maschine ständig künstlich mobilisiert werden muß, und zwar durch eine realsozialistisch produzierte, also defekte und funktionsunfähige. Die Schwierigkeiten und Schichten des Preisbildungssystems spiegeln dabei nur die logische und praktische Unmöglichkeit wider, über die bürokratische Subjektivität eine Wert-Preis-Transformation durchzuführen und zu adäquaten Produktionspreisen zu gelangen.

Sowohl die betrieblichen Kosten als auch der Gewinnaufschlag, woraus der Produktionspreis bestehen soll, können sich nicht ihrem Wesen entsprechend in der Konkurrenzbewegung herstellen, sondern müssen von der Bürokratie jeweils in Verhandlungen mit den Betrieben festgelegt werden. Da mit dem Fehlen des Konkurrenzmechanismus aber jede objektive Grundlage für diese Wert-Preis-Transformation weggefallen ist, kommen zwangsläufig Willkürentscheidungen zustande, die nichts weiter sein können als Kompromisse zwischen den Wünschen und Interessenlagen der Bürokratie und der Betriebe. Da ihnen jede Systemrationalität im Sinne der dennoch vorausgesetzten Kapitallogik fehlt, können sie nur der im gesellschaftlichen Grundverhältnis schon angelegten Ressourcen-

scheitert ist, wird nunmehr zum Anlaß genommen, nicht etwa die Verrücktheit der eigenen Prämissen einzusehen, sondern umgekehrt die Marxsche Arbeitswerttheorie zu verwerfen! Wenn also die Wert-Preis-Transformation wesenbedingt nicht »nachplanbar« ist, dann soll ausgerechnet deswegen die Marxsche Theorie falsifiziert sein, die genau diese Unmöglichkeit immer schon aufgezeigt hat. Es ist dies wahrhaftig der am meisten mißlungene theoretische Eiertanz des Arbeiterbewegungs-Marxismus, der volkswirtschaftlich glücklich werden wollte.

verschleuderung an der Oberfläche des Preissystems eine Verlaufsform geben:

> Wenn der Preis eines Materials, von dem man weiß, daß es wirklich knapp ist, diesen Umstand nicht reflektiert, dann wird wahrscheinlich in vorgesehenen Investitionsprojekten mehr davon verwendet als zur Verfügung steht; und so muß man administrative Richtlinien oder Rationierungsmaßnahmen einführen. Oder ein anderes Beispiel, das einen prinzipiell wichtigen Aspekt enthält: Angenommen die Preise basierten auf den Kosten, ferner angenommen, es gäbe zwei Maschinen, die für den Hersteller gleich teuer und gleich gewinnbringend sind; doch die eine Maschine ist im Einsatz erheblich produktiver als die andere. Wenn die Tatsache der höheren Produktivität sich nicht in Preis und Gewinn niederschlägt, kann eine Entscheidung, die sich auf die Effektivitätsnorm des Herstellerbetriebs [. . .] bezieht, gesamtwirtschaftlich gesehen durchaus weniger effizient sein. *(Nove 1980, S. 188)*

Der Hunger nach einem möglichst großen abstrakten Input von Material und Arbeitskraft bzw. Arbeitszeit schraubt die individuellen Kosten der Betriebe tendenziell in immer größere Höhen. Unter dem Gesetz der Konkurrenz könnte darauf in der Preisgestaltung keinerlei Rücksicht genommen werden, weil diese durch die Marktbewegung unabhängig von den individuellen Kosten determiniert wird. Ohne dieses Gesetz jedoch muß das Kostenniveau tatsächlich, auch als gesellschaftliches, ständig steigen, statt durch Produktivitätszwang gesenkt zu werden.

Da also der »wahre Wert« zumindest innerhalb der Grenzen des kommandowirtschaftlichen Systems absurd hoch ist und ständig weiter steigt, nicht durch intensive Ausdehnung der Märkte, sondern bloß durch extensive Ausdehnung der Kosten, muß es auch zu einer ständigen Steigerung des Preisniveaus kommen, wodurch ein inflationärer Druck erzeugt wird. Die Bürokratie hat schlechte Karten gegenüber den Betrieben, wenn sie auf niedrige Preise dringen will, weil ihr eigener Imperativ zur Wertmaximierung unter den gegebenen Systembedingungen auf das Gegenteil hinausläuft, nämlich auf abstrakte Input- und daher Kosten-, somit aber auch Preissteigerung. Zudem besitzen die Betriebe faktisch das Informationsmonopol über die wirklichen Kosten und können den bürokratischen Instanzen erzählen, was sie wollen. Das gilt nicht zuletzt auch, wenn die Bürokratie den Betrieben Preiserhöhungsspielräume für Produktinnovationen zugesteht, um die Gebrauchswertqualität zu verbessern. Die Betriebe nutzen dies zu potjomkinschen Pseudoinnovationen durch bloße Umbenennung und Scheinverbesserungen, um höhere Preise herauszuschlagen:

> Ich habe einmal einen Betrieb des Schwermaschinenbaus besichtigt, der angeblich 38 Prozent neue Produkte in seinem Programm hatte. Mir schienen aber die Produkte aus dem vorigen Jahrhundert, die an der Wand im Sitzungssaal hingen, mit den heute produzierten ziemlich identisch zu sein. Wie der Betrieb auf eine Innovationsrate von 38 Prozent kommt, das ist einfach die Kunst des Hauptbuchhalters. *(Cornelsen 1989)*

Nicht besser als mit den Betriebskosten, der Basis der Produktionspreise, steht es mit den aufgeschlagenen Gewinnen. Da diese nicht über die Marktvermittlung der Konkurrenz objektiv hergestellt, sondern gleichfalls bürokratisch festgelegt werden, fehlt dafür ebenso jedes objektive Kriterium. Der Bock aber wird zum

Gärtner gemacht, wenn angesichts dieser Problematik ausgerechnet die Basiskosten selbst in den Rang eines scheinobjektiven Kriteriums für die Gewinne erhoben werden:

> Außerdem entsteht bei den Betrieben Interesse daran, die Produktionskosten möglichst hoch zu halten, da die Gewinnspanne als Prozentsatz der Produktionskosten errechnet wird. *(Saslawskaja 1989, S. 100)*

Statt also die Tendenz zur Kosteninflation einzudämmen, potenziert das Kriterium des Gewinns sie noch. Alle Reformen innerhalb der kommandowirtschaftlichen Struktur können an diesem Dilemma nichts ändern, weil kein anderes Kriterium existiert.

Es ist einleuchtend, daß unter diesen Bedingungen einer permanent steigenden Kosteninflation eine entsprechende Hyperinflation der Preise die Folge sein müßte. Weder das politökonomisch naive Kriterium das »wahren Werts« noch gar eine Freigabe der Preisgestaltung für die Betriebe kann an dieser Logik innerhalb der etatistischen Basisstrukturen etwas ändern. Der »wahre Wert« führt nur wieder tautologisch auf die »realen Kosten« zurück, und diese werden ja eben systembedingt von den betriebswirtschaftlichen Einheiten grundsätzlich hochgeschraubt. Die Freigabe der Preisgestaltung andererseits, solange sie nicht auf offener Marktkonkurrenz und der Möglichkeit des Bankrotts beruht, würde erst recht eine völlig willkürliche Preisinflation anheizen, da dann der betriebswirtschaftlichen Logik zufolge zwangsläufig nicht eine Niedrigpreis-, sondern eine Hochpreiskonkurrenz einsetzen würde.*

* An diesem Dilemma ist bis jetzt noch jeder Versuch einer Preisreform innerhalb des Realsozialismus gescheitert, die unter der Prämisse von »mehr Marktwirtschaft« den Betrieben in dieser Hinsicht eine größere Selbständigkeit einräumen

Unvermeidlich bleibt also nur ein freilich zunehmend prekärer und seinem Wesen nach nur begrenzt durchhaltbarer Lösungsweg übrig, nämlich die permanente und zunehmende staatliche Subventionierung der Preise. Insofern bleibt die älteste Schicht des Preisbildungssystems, nämlich der subventionierte politische Preis, der auf die kriegswirtschaftlichen Grundlagen und Vorbilder zurückverweist, nicht nur voll wirksam, sondern muß sich sogar weiter ausdehnen. Im Grunde genommen sind alle Preise politische Preise, wie ja der ganze »Vernunftstaat« des »geplanten Marktes« auf der politischen Willensillusion bürgerlicher Subjektivität beruht.* Auch die nicht direkt subventionierten Preise sind (z. B. aufgrund des staatlichen Außenhandelsmonopols) letztlich politisch und schlagen als inflationärer Druck zu Buche, indem etwa billigere ausländische Ware nicht importiert werden darf.

wollte. Insofern haben tatsächlich jene westlichen Kritiker recht, die sagen, daß »etwas mehr Markt« genausowenig möglich sei wie »etwas mehr Schwangerschaft«. Die Freigabe der Preise kann nur dann zur Kostensenkung führen, wenn die Konkurrenz ohne Wenn und Aber mit allen Konsequenzen freigegeben wird, was natürlich identisch ist mit der bedingungslosen Kapitulation der etatistischen Kommandoökonomie und ihrer bürokratischen Eliten, die wiederum den sich heute faktisch vollziehenden Totalzusammenbruch voraussetzt. Daß aus dem dann fälligen Übergang zur »normalen« westlichen Logik der Konkurrenzökonomie keinerlei Verbesserung der Lebenslage für die Massen resultiert, sondern die Krisenlogik des Weltmarkts sich nur desto schlimmer vollstreckt, soll später gezeigt werden.

* Auch in dieser Hinsicht muß betont werden, daß entsprechende Erscheinungen dem westlichen Kapitalismus keineswegs fremd sind. Nicht nur in den westlichen Kriegswirtschaften gab es ebensolche subventionierten politischen Preise. Protektionistische Subventionierungen direkter und indirekter Art finden sich in ausnahmslos allen Marktwirtschaften; zu erinnern wäre nur an das massive, kostenintensive Subventionssystem der EG-Landwirtschaft. Bekannt sind auch die sozialpolitischen Preissubventionen des Faschismus in Deutschland, Italien und Spanien, des Peronismus in Argentinien oder der meisten Regimes in der Dritten Welt heute. Der Unterschied zum Realsozialismus ist auch hier nur ein relativer, dem erstarrten Etatismus geschuldeter: im Westen und Süden wurden und werden die Subventionssysteme immer wieder vom entgegengesetzten monetaristischen Prinzip angenagt und können sich nicht im Ausmaß der erstarrten Kommandoökonomie verfestigen und ausdehnen.

Vor allem aber macht sich der Druck der ausufernden direkten Subventionen immer unerträglicher bemerkbar. Da die betriebswirtschaftliche Kosteninflation ständig steigt, muß auch die Preissubventionierung des Staates gesteigert werden, was mangels ausreichender Staatseinnahmen nur über die Notenpresse möglich ist. Auf diese Weise hat sich eine monetäre Schere geöffnet, die sich innerhalb der etatistischen Logik nicht mehr schließen läßt und auf den Kollaps der Staatsfinanzen und des Geldsystems hinarbeitet. Die Unhaltbarkeit der Preissubventionen läßt sich am deutlichsten an den Lebensmittelpreisen aufzeigen. Für die Sowjetunion etwa gilt:

> Derzeit sind die Preise für Brot sowie Fleisch- und Milchprodukte im staatlichen Handel viel zu niedrig festgesetzt und liegen unter den Erzeugerpreisen. Bei einem durchschnittlichen Verkaufspreis von 1,80 Rubel pro Kilogramm Fleisch im staatlichen Handel beträgt die Subventionierung mehr als 3,50 Rubel. Insgesamt belaufen sich die staatlichen Subventionen für diese Gruppe von Lebensmitteln — bei Staatseinnahmen in einer Gesamthöhe von 480 Milliarden Rubeln — auf über 60 Milliarden Rubel. *(Aganbegjan 1989 a, S. 43)*

Nicht um einen Deut besser stand es in der DDR, obwohl die Industrie- und Infrastruktur dort bis zuletzt weit höher entwickelt war als im Durchschnitt der Sowjetunion und überhaupt das höchste Niveau im gesamten Ostblock besaß:

> Mehr als vier Fünftel der tatsächlichen Kosten für die Herstellung oder den Import von Lebensmitteln trägt in der DDR der Staat. [. . .] Danach schießt der Staat bei Lebensmitteln in diesem Jahr rund 33 Milliarden DDR-Mark zu und trägt damit 84 Pro-

zent der tatsächlichen Kosten. (*Frankfurter Rundschau* vom 23.11.1989)

Die Gesamtsubventionen allein für Lebensmittel betragen gegenwärtig in der Sowjetunion über 100 Milliarden Rubel (Aganbegjan 1989 b), in der DDR machten sie am Ende 20 Prozent des Staatshaushalts aus (Cornelsen 1989). Dabei ist die Steigerung in den letzten Jahrzehnten eklatant:

> Die Subventionen, in der Vergangenheit ja eine »heilige Kuh« in der DDR, haben sich zwischen 1970 und 1989 von 8 auf 58 Mrd. Mark (DDR) erhöht, das bedeutet eine Steigerung von 7% p. a. bei einem jährlichen Wachstum des Nationaleinkommens zwischen 3,5 und 4%. (*Handelsblatt* vom 15.11.1989)

Es darf dabei freilich nicht vergessen werden, daß diese fatalen Konsequenzen nicht einfach in »Fehlern« des Systems liegen, sondern dieses System selbst ein Produkt der historischen Logik der Moderne ist. Die »Systemwidrigkeiten« des warenproduzierenden Systems sind selbst wieder systembedingt, und die Korrektur vermeintlicher »Fehler« führt nur zu neuen »Fehlern«, wie sich noch zeigen wird. Vorerst freilich ist es nötig, die immanenten Widersprüche und Krisenpotentiale des kommandoökonomischen »geplanten Marktes« weiter zu verfolgen, die sich in ihren Erscheinungsformen mit dem dysfunktionalen Preissystem noch keineswegs erschöpfen.

Investitionsstruktur und »Kathedralenbau«

Die Dysfunktionalität setzt sich logisch fort im System der Investitionen und dem realen Investitionsverhalten der betriebswirtschaftlichen Einheiten bzw. des Staates. Hier gelten im Prinzip dieselben Irrationalismen, die alle Widersprüche des warenproduzierenden Systems bis zur Absurdität auf die Spitze treiben, genauso wie hinsichtlich des Gebrauchswerts und der Produktivität der laufenden Produktionen; und sie werden ebenso durch das dysfunktionale Preissystem ausgedrückt und potenziert. Der abstrakten Wachstumslogik (Wertanhäufung) zufolge ist ein systemischer Imperativ erweiterter Reproduktion jenseits der Bedürfnisse gesetzt und somit ein grundsätzliches Wachstum des Investitionsgütersektors. Dabei ist freilich in den kommandoökonomischen Systemen ein merkwürdiger Widerspruch festzustellen: Auf der einen Seite scheint es sich um *mangelnde* Investitionen zu handeln, wenn von veralteten und maroden Produktionsapparaten usw. die Rede ist; auf der anderen Seite werden jedoch *Überinvestitionen* beklagt (vgl. Nove 1980, S. 194ff.), die zu Lasten der laufenden Produktion gehen, besonders der Konsumgüterindustrie.

Dieser Widerspruch erklärt sich wiederum aus der objektiv bedingten Gleichgültigkeit gegen Gebrauchswert und Produktivität, die sich natürlich auch im Investitionsverhalten äußern muß. Wie der einzelne Betrieb der Bürokratie gegenüber seinen Gelderfolg in der laufenden Produktion durch bloße Kostensteigerung und Gebrauchswert-Eulenspiegeleien am besten durchsetzen kann, so auch bei den Ersatz- und Erweiterungsinvestitionen. Und wieder spielt sich die Bürokratie selbst einen Streich und unterläuft ihre eigene Kontrollfunktion, indem sie abstraktes, jedoch nicht durch die Marktkonkurrenz gefiltertes »Wachstum« belohnt.

Zunächst ist eine Schranke für ein rationales Investitionsverhalten (»rational« natürlich nur, dies kann gar nicht oft genug betont werden, im Sinne des fetischistischen Vernutzungszwecks) schon allein dadurch gegeben, daß die Gewinne, die zur Reinvestition bestimmt sein könnten, nicht von den Betrieben selbst abgeschöpft und in eigener Regie verwendet werden, sondern an den Staat abzuführen sind, dessen Haupteinnahmequelle sie bilden.* Die zentralisierte Gewinnabschöpfung ist natürlich in der historischen Logik jener nachholenden Modernisierung begründet, die von der äußeren Konkurrenz aufgezwungen wurde. Diese Logik erforderte eine strategische Planung des Mehrwerts für die notwendigen Basissektoren der Infrastruktur, der Schwerindustrie usw., und zwar gegen die partikulare betriebswirtschaftliche Logik. Aber dieses Verfahren erweist sich als irrational, sobald es auf die Investitionserfordernisse eines »intensiven« Wachstums trifft, wie sie nach dem Zweiten Weltkrieg immer unabweisbarer in den Vordergrund traten.

Die Bürokratie ist nämlich erstens von ihrer historischen Erblast her (und vielleicht auch von ihrer gesellschaftlichen Denkstruktur) auf Megalomanie programmiert, auf Megainvestitionsprojekte wie Kraftwerke, Staudämme, Umleitung ganzer Flüsse, Großbauten und natürlich auf die Rüstung.** Außerdem saugt sie selber schon wie ein riesiger Schwamm einen erheblichen Teil der einbehaltenen Gewinne auf und verteilt sie für dubiose oder private Zwecke und in nepotisti-

* Weswegen übrigens auch ein allgemeines Steuersystem wie im Westen entweder gar nicht existiert oder völlig unterentwickelt ist bzw. nicht so recht ernst genommen wird und auch kaum durchsetzbar erscheint. Wenn der Staat als Eigentümer schon die Gewinne sämtlicher Betriebe abschöpft, ist dies auch logisch.

** Diese Erscheinung ist auch der reelle Kern aller Orientalismus- und Pharaonentheorien bezüglich des Realsozialismus. So augenfällig aber bürokratisch vermittelte megalomanische Superprojekte an ältere historische Formationen erinnern mögen, sie beziehen sich doch auf jeweils völlig verschiedene Basismechanismen.

schen Strukturen um. Drittens aber verfügt sie gar nicht über genügend konkrete Informationen, um die betrieblichen Investitionserfordernisse beurteilen zu können. Die Anforderungen der Betriebe selber brauchen mangels Konkurrenzdrucks auch bei den Investitionen keinerlei Produktivitätsimperativ zu folgen.

Allein aus diesen Faktoren läßt sich schon erklären, daß die Überinvestitionen zu einem erheblichen Teil in *nonsense*-Projekte fließen müssen. Verstärkt wird diese Tendenz durch den bürokratisch statt konkurrenzökonomisch gefilterten abstrakten Wachstumsimperativ. Die Bürokratie ruft dadurch nicht nur bei den laufenden Produktionen eine Kosteninflation hervor, sondern auch bei den Investitionen. Vor allem aber wirkt sich dies auf das Verhältnis von Ersatz- und Erweiterungsinvestitionen aus. Jeder Betrieb im Westen ist durch die Konkurrenz gezwungen, seine abgeschriebenen Maschinen nach einer gewissen Zeit auch tatsächlich zu erneuern und zu modernisieren, dem jeweiligen gesellschaftlichen Produktivitätsniveau entsprechend. Und erst wenn dieser primäre Imperativ der Investitionen zufriedenstellend erfüllt worden ist, kann er an Erweiterungsinvestitionen denken, um seinen Marktanteil zu erhöhen und den Umsatz zu steigern. Da dieser Zwang in den Kommandoökonomien entfällt und andererseits des volkswirtschaftlichen »Wachstums« wegen Erweiterungsinvestitionen von der Bürokratie besonders belohnt werden mit Fonds- und Materialzuweisungen, sind die Folgen absehbar: Die Ersatzinvestitionen, die weniger lukrativ sind, werden grob vernachlässigt; der Maschinenpark wird immer wieder abgeschrieben, aber nicht wirklich erneuert, wodurch er veraltet und immer reparaturanfälliger wird, also das Produktivitätsniveau weiter nach unten drückt:

> Leider müssen wir feststellen, daß jahrzehntelang [!] keine Mittel zur Erneuerung oder zum Kauf von Produktionsmaschinen aufgewendet wurden. Etwa 60 Prozent der Betriebe, die Konsumgüter herstellen, sind veraltet. *(Aganbegjan 1989 b)*

Dies gilt für alle realsozialistischen Länder gleichermaßen. Auch in dieser Hinsicht herrschten in der DDR als dem höchstentwickelten Land der Kommandoökonomien keine besseren Verhältnisse. Die westdeutschen Experten und Unternehmensberater, die nach der Grenzöffnung zu Betriebsbesichtigungen durch die DDR (und insbesondere durch die bisher den Blicken der Öffentlichkeit entzogene Provinz) reisen konnten, waren entsetzt und erschüttert; beklemmend wirkten die Bilder total heruntergekommener Industrieruinen, die immer noch produzierten. Der Augenschein war noch viel schlimmer, als es ohnehin schon vermutet werden mußte und schon lange gesagt worden war:

> Nichts ist richtig durchorganisiert, die Maschinen sind oft alt und kaputt. Deshalb müssen viele DDR-Betriebe eine geradezu unvorstellbare Menge von Leuten beschäftigen, die nur Reparaturarbeiten ausführen. Außerdem brauchen diese veralteten Maschinen und Anlagen viel zuviel Material und Energie, und das führt zu weiterer Knappheit. *(Cornelsen 1989)*

Während so der eigentliche Produktionsapparat und Maschinenpark unglaublich verlottert, weil seine Erneuerung unter den gegebenen Bedingungen betriebswirtschaftlich nicht gewinnbringend ist und nichts zum Gelderfolg beiträgt, werden andererseits auch die von der Bürokratie belohnten Erweiterungsinvestitionen nach der bewährten Methode des Fürsten Potjomkin abgewickelt. Die Überinvestitionen fließen dabei vor allem in Bauprojekte, weil sich diese am besten zum Ausmanövrieren der Bürokratie und zum Verschwindenlassen von Mitteln eignen. Wie das geht, kann uns wieder einmal der »Reformer« Aganbegjan verraten:

> Im Bauwesen zum Beispiel wurde als Grundlage der Umfang der durchgeführten Bauarbeiten gewählt: Wird ein teures Objekt gebaut, sind die Löhne höher, werden nur Anlagen errichtet, sind die Löhne geringer. Das Ergebnis dieser Politik waren nichtfertiggestellte Baustellen im Wert von etwa 30 Milliarden Rubel. Die Bauunternehmen hatten sich den neuen Bedingungen sofort angepaßt: Formell war der Umfang gegeben, aber es wurde nichts beendet. *(Aganbegjan 1989 b)*

So neu sind diese Bedingungen allerdings gar nicht, wie einschlägige Klagen auch schon aus der Vergangenheit beweisen. Nirgends läßt sich die Gebrauchswert-Eulenspiegelei, das bloß formelle Erfüllen des Plans, besser anwenden als bei Bauvorhaben, insbesondere Großbauten, die sich dann hinziehen können wie ein mittelalterliches Kathedralenprojekt:

> Die Zahl der nicht fertiggestellten Bauten nimmt zu, trotz wiederholter Aufforderungen, »die Mittel auf Fertigstellung zu konzentrieren«. Jahr für Jahr beklagt der Finanzminister das, was er »die Verzettelung der Mittel in der Bauindustrie« nennt. [. . .] Es hat seine Vorteile, zentrale Mittel und Güter beständig in die Region fließen zu lassen, denn einiges davon kann man für andere Zwecke abzweigen, und

> so besteht kein Grund für die rasche Fertigstellung eines großen Projektes. *(Nove 1980, S. 195ff.)*

Die Investitionsmittel fließen also nicht nur strukturbedingt über die zentralisierte Abschöpfung in dysfunktionale und megalomanische Projekte, sondern diese werden zunehmend gar nicht mehr fertiggestellt. Zu den Industrieruinen und musealen Produktionsapparaten aufgrund fehlender Ersatz- und Modernisierungsinvestitionen gesellen sich unüberschaubare Investitionsruinen niemals vollendeter Bau- und anderer Großobjekte, mit denen die Länder der kriegswirtschaftlichen Kommandoökonomien übersät sind. Und zu allem Überfluß sind diese Investitionsruinen mit derselben Kosteninflation verbunden wie alle anderen Produktionen auch, was wiederum den Staatshaushalt und dessen Subventionsvolumen einer weiteren Belastung aussetzt. So werden jene Mittel aufgefressen, die eigentlich für produktive Investitionen verwendet werden müßten. Damit wird eine Spirale in Gang gesetzt, die nicht bloß zum Kollaps der Finanzen, sondern auch der immer maroder werdenden stofflichen Produktion führen muß.

Andererseits kann ein Verzicht auf die zentrale staatliche Gewinnabschöpfung und eine teilweise oder völlige Delegation der Investitionsentscheidungen an die Betriebe, wie sie in diversen Reformansätzen immer wieder versucht wurde, im Bezugsrahmen der etatistischen Struktur nur dieselben negativen Wirkungen haben wie eine entsprechende Freigabe der Preisbildung: Das dysfunktionale, absurde Verhalten der Betriebe würde sich, ihrem vorausgesetzten abstrakten Interesse entsprechend, dadurch nur um so unkontrollierter verstärken. Außerdem kann der Staat auf die Gewinnabschöpfung eben gar nicht mehr verzichten, weil er des ständig steigenden Subventionsvolumens wegen darauf angewiesen ist und ohnehin nur noch eine monetäre Notstandspolitik mit einer mittleren Verlaufsform zwischen Notenpressen-Inflation und Staatsbankrott verfolgen kann.*

* Die innere Verschuldung der realsozialistischen Staaten ist überall in unerträgliche Dimensionen gestiegen. Wie bei den westlichen Kriegswirtschaften der Weltkriegsepoche handelt es sich dabei im wesentlichen um eine ebenso prekäre wie unmittelbare Verschuldung bei der eigenen Notenbank, während sich die Staatsverschuldung im Westen, die durchaus einen eigenständigen Krisenfaktor darstellt, heute weitgehend über die nationalen und internationalen Finanzmärkte vermittelt. In der Sowjetunion betrug das innere Staatsdefizit zuletzt mindestens 100 Milliarden Rubel, wobei die Statistik unzuverlässig ist und die Bürokratie trotz *glasnost* weiterhin zur Geheimhaltung »schlechter« Zahlen neigt. Ähnlich verhält es sich in allen anderen realsozialistischen Ländern.

KRISE UND ZUSAMMENBRUCH DER KOMMANDOÖKONOMIE

Mangelwirtschaft und negative Sekundärkonkurrenz

Das logische Resultat des Realsozialismus ist eine umfassende, alle Bereiche durchdringende Mangelwirtschaft, die das gesamte gesellschaftliche und individuelle Leben bestimmt. Auf dieser Ebene entwickelt sich dann auch notwendigerweise eine sekundäre, negative Konkurrenz der Betriebe untereinander, die Materialien horten, sich gegenseitig bestehlen, Arbeitskräfte abwerben usw.

Die Betriebe konkurrieren mit dem Staat um die Gewinnabschöpfung und die Planziffern; die Betriebe, Branchen und Regionen konkurrieren untereinander um die Fonds- und Materialzuweisungen; die Produzenten und Konsumenten konkurrieren um die Preise und Gebrauchswerte der Güter. Strenggenommen dürfte deshalb eigentlich nicht von einer völligen Liquidation oder einem schlichten Nichtvorhandensein der Konkurrenz gesprochen werden; vielmehr ist die »negative Konkurrenz« des kriegswirtschaftlichen Etatismus bloß eine systemisch *seitenverkehrte* im Verhältnis zum westlichen Kapital. Wirklich sistiert wurde nur die produktivkraftsteigernde Funktion der Konkurrenz, nicht aber das abstrakte Gegeneinander der gesellschaftlichen Instanzen und Individuen. Dieses erscheint als sekundär, weil es sich auf die vorgegebenen subjektiven und »politischen« Imperative und

Vorgaben der Bürokratie bezieht, während die »stummen Zwänge« der Konkurrenz im Westen ihrer subjektlosen Selbstverständlichkeit wegen gar nicht mehr als formbestimmendes Apriori wahrgenommen werden.

Diese Spiegel- oder Seitenverkehrtheit der Reproduktionsprobleme und Krisenanfälligkeiten von westlicher Konkurrenzökonomie und realsozialistischem Etatismus ist früh bemerkt, wenn auch nicht in den damals noch gar nicht überblickbaren historischen und theoretischen Zusammenhang gestellt worden. In seiner 1924 erschienenen Analyse des Kriegskommunismus als der »heroischen Periode der großen russischen Revolution« geht der 1938 verstorbene Ökonom Lew N. Krizman mit erstaunlicher Deutlichkeit auf die Problemlage ein. Daß er diese in den Kontext einer vermeintlichen »proletarischen Naturalwirtschaft« stellt, d.h. nicht aus der Widerspruchslogik eines »geplanten Marktes« ableitet, sondern auf die sehr kurze und gescheiterte »naturalwirtschaftliche« Phase des Kriegskommunismus* beschränkt, und daß er dieses Scheitern nicht aus der inneren Logik des Modernisierungsprozesses ableiten kann, sondern lediglich »Unvollkommenheiten« eines »ersten Versuchs« unter schwierigen Bedingungen zuschreibt, tut der Stimmigkeit seiner Analyse keinen Abbruch.

Da ja diese kurzzeitige »proletarische Naturalwirtschaft«, wie schon ihre Bezeichnung als *Kriegskommunismus* andeutet, selber Bestandteil und Verlaufsform

* Diese kriegskommunistische »Naturalwirtschaft« hatte in der Tat etwas Heroisches an sich. Es war der damals notwendig zum Scheitern verurteilte Versuch einer »Abschaffung« des Geldes, der noch nicht einmal als Programm formuliert werden konnte und sich ebendeshalb als »proletarisch« bezeichnen mußte. Daß auch diese flüchtigen »naturalwirtschaftlichen« Versuche, die auf die Verteilungsebene beschränkt blieben, auf etatistische Kommandostrukturen angewiesen waren, deutet schon auf die Unausweichlichkeit einer baldigen Rückkehr des Geldes hin, das zusammen mit dem Staat die unvermeidliche Grundform der sowjetischen Modernisierungsmaschine bilden sollte.

des kriegswirtschaftlichen Etatismus war, kann sie keinesfalls als Vorschein einer nicht-warenförmigen Zukunftsgesellschaft gelten. Sie verweist nur auf die unselige Erstarrung kriegswirtschaftlicher Strukturen eines »geplanten Marktes« in der historischen Logik nachholender bürgerlicher Formgebung. In dieser Lesart gewinnt Krizmans Analyse eine überraschende Aktualität:

> Die Anarchie des Wirtschaftslebens führt bekanntlich dazu, daß Produkte, die die Gesellschaft als Ganzes notwendig braucht, trotzdem nicht konsumiert werden und brachliegen. In der kapitalistischen Warenwirtschaft erfolgt das auf diese Weise, daß die Konsumtion (die zahlungsfähige Nachfrage), die durch die Beschränkungen eingeengt ist, die ihr durch die Natur der kapitalistischen Wirtschaft auferlegt werden, nicht genügt, um alles das aufzunehmen, was produziert worden ist; *bei den Produzenten* (den ursprünglichen Eigentümern der Waren) häufen sich die überschüssigen Produkte an, gleichzeitig aber wächst das Bedürfnis nach diesen Produkten bei denen, die diese Produkte nicht oder in ungenügender Menge besitzen. Auch in der proletarischen Naturalwirtschaft sehen wir eine im Wesen gleichartige Erscheinung, nämlich die Unmöglichkeit, die vorhandenen und für die Gesellschaft als Ganzes notwendigen Produkte auszunutzen (zu konsumieren). Nur nimmt diese Erscheinung hier die umgekehrte Form an: die überschüssigen Produkte häufen sich nicht bei den Produzenten, sondern *bei den Konsumenten* an. Eine Bildung von Überschüssen bei den Produzenten ist unmöglich, außer wenn das betreffende Produkt absolut überflüssig ist; denn wenn ein solcher Überschuß entsteht, wird er sofort verteilt werden, sobald angemeldet

wird, daß ein Bedürfnis nach diesem Produkt besteht. Aber bei der Vielfältigkeit und gegenseitigen Unabhängigkeit der Verteilungsorgane [!] ist es unvermeidlich, daß z.B. ein Organ, das Lampen braucht, von dem einen Wirtschaftsorgan Lampengläser in voller Menge (100 Prozent) erhält, von dem anderen 60 Prozent der gebrauchten Lampenständer, von dem dritten 50 Prozent der Dochte, von dem vierten 20 Prozent der Brenner; denn in diesem Falle werden vier Fünftel der Lampengläser, zwei Drittel der Ständer und drei Fünftel der Dochte überflüssig sein und unverbraucht lagern. Nach einem Monat aber werden bei einem anderen Organ, das Lampen braucht, gerade die Brenner brachliegen, die der erste Lampenkonsument braucht. Das gleiche muß unvermeidlich mit Brennstoffen, Rohstoffen und den verschiedenartigsten Hilfsstoffen der Fall sein. Das Gesagte trifft auch für die Arbeitskräfte zu. In der kapitalistischen Warenwirtschaft, in der die Arbeitskraft eine Ware unter vielen ist, führt die Anarchie des Wirtschaftslebens dazu, daß die Arbeitskraft bei ihren ursprünglichen Eigentümern, den Arbeitern, brachliegt: es erfolgt eine Zunahme der Arbeitslosigkeit. In der proletarischen Naturalwirtschaft liegt die Arbeitskraft bei ihren Konsumenten brach, der Arbeitslosigkeit entsprechen hier die für diese Wirtschaft äußerst charakteristischen Unterbrechungen des Arbeitsganges, das Feiern der Arbeiter infolge von Stockungen in der Versorgung des Betriebes oder der Arbeiter. Auch hier ist es dieselbe Erscheinung, die sich in der umgekehrten Form äußert. Alle diese (und viele andere) Erscheinungen der Zerrüttung des Wirtschaftslebens führen bei ihrer Anhäufung sowohl in der kapitalistischen Warenwirtschaft als auch in der proletarischen Naturalwirtschaft zu *allgemeinen Krisen* der Produktion (und des Austausches). Die Einschränkung der Produktion, die Einschränkung des Verkehrswesens, die Einengung des Austausches, die Einengung der Konsumtion, mit einem Worte der Inhalt der Krisen ist hier und dort vollkommen gleichartig. Aber ihre Erscheinungsform ist direkt entgegengesetzt. In der kapitalistischen Warenwirtschaft, die durch eine Anarchie der Verteilung (und folglich des Absatzes) gekennzeichnet ist, äußert sich die Krise als *Absatzkrise,* als Unmöglichkeit, die Waren, die der Produzent besitzt, zu realisieren. In der proletarischen Naturalwirtschaft, die durch die Anarchie der Versorgung gekennzeichnet ist [!], äußert sich die Krise im Gegenteil als *Versorgungskrise,* als Unmöglichkeit, die Produkte zu erhalten, die für die Konsumtion gebraucht werden. Mit anderen Worten: in der kapitalistischen Warenwirtschaft äußert sich die Krise der Produktion in der Form einer *Krise der Überproduktion,* in der proletarischen Naturalwirtschaft in der entgegengesetzten Form, einer *Krise der Unterproduktion.* Die Zerrüttung des Wirtschaftslebens, das offene Zutagetreten der Anarchie der Wirtschaft nimmt in der kapitalistischen Warenwirtschaft die Form des allgemeinen *Überflusses,* in der proletarischen Naturalwirtschaft die Form des allgemeinen *Mangels* an. In beiden Fällen heißt das nicht, daß es hier absolut unmöglich sei, die überschüssigen Produkte zu konsumieren oder die fehlenden zu produzieren. Diese Unmöglichkeit ist nicht natürlichen, sondern gesellschaftlichen Charakters: sie ist nicht in der Natur der Dinge, sondern in der Natur der betreffenden Gesellschaft begründet. Der Überschuß in dem einen, der Mangel in dem anderen Falle sind nur die scheinbare, an der Oberfläche liegende Ursache der Krise. *(Kritzman 1971/1924, S. 194ff.)*

Da dieselben Erscheinungen auch siebzig Jahre nach dem Kriegskommunismus in der Sowjetunion und in allen anderen kriegswirtschaftlichen, etatistischen Kommandoökonomien noch immer nicht nur andauern, sondern sich sogar bis zur Unerträglichkeit zugespitzt haben, darf getrost davon ausgegangen werden, daß dem späteren »geplanten Markt« und der vermeintlichen »proletarischen Naturalwirtschaft« ein und dieselbe Logik zugrunde liegt. Sieht man von Krizmans verwirrender Terminologie ab, die einen so drolligen Ausdruck wie den einer »naturalwirtschaftlichen Anarchie« gebiert, so läßt sich leicht feststellen, daß er mit der »vollkommenen Gleichartigkeit« des Inhalts, die sich allerdings in »direkt entgegengesetzten Erscheinungsformen« äußert, ohne es zu wissen, auf die Gleichartigkeit der Basislogik verweist: auf die Vernutzungslogik abstrakter Arbeit, über die auch Krizman noch nicht hinausdenken kann, weil er die bloß äußerliche, vorübergehende Liquidation des Geldes verwechselt mit einer Aufhebung der »kapitalistischen Warenwirtschaft«.

Tatsächlich ist die Identität von Krise und Einschränkung der Produktion wie Konsumtion offenbar dem System abstrakter Arbeit als solchem inhärent; ihre entgegengesetzte, seitenverkehrte Äußerung markiert lediglich die Differenz von etatistischer und monetaristischer Logik innerhalb derselben Grundkategorien. Dementsprechend implizieren die Dynamik der Konkurrenz und das flexible Wechselspiel von Monetarismus und Etatismus im Westen auch einen dynamischen Wechsel von Prosperität und Krise, während die etatistische Erstarrung im Osten auch eine nachfolgende Erstarrung der Krise in der Form der permanenten, stagnativen Mangelwirtschaft bringen mußte.

Krizman beschreibt aber völlig adäquat den seitenverkehrten Mechanismus im Verhältnis von Produktion, Distribution, Zirkulation und Konsumtion der Güter in einer etatistischen Kommandoökonomie, auch wenn er sich selber der wirklichen Tragweite nicht bewußt ist. Was er als Anhäufung von »Überschüssen bei den Konsumenten« bezeichnet, erscheint heute in den Reformdebatten als das zu brechende »Diktat der Produzenten«; und in der Tat handelt es sich um ein und dasselbe Phänomen der negativen Sekundärkonkurrenz. Denn sammeln sich die scheinbar überschüssigen Produkte im Westen bei den Produzenten an, weil sie *unverkäuflich* sind, so ist der Absatz ja in den Kommandoökonomien den Produzenten in jener Fichteschen Manier garantiert. Soweit die Betriebe jedoch andererseits Konsumenten in der »produktiven Konsumtion« sind, sammeln sich aus den verschiedensten Gründen bei ihnen unbrauchbare Güter an, zu deren Abnahme sie verpflichtet sind.

Dabei handelt es sich nicht nur um eine Ungleichmäßigkeit der Verteilung wie etwa beim Verhältnis von Lampenständern, Dochten und Brennern in Krizmans Beispiel; eine solche Ungleichmäßigkeit könnte ja durch organisatorische Maßnahmen immer noch korrigiert oder wenigstens verbessert werden. Vielmehr beliefern sich die Betriebe, wie gezeigt, auch gegenseitig bewußt mit Schrott, der sich dann natürlich bei ihnen als Konsumenten ansammelt, erst repariert, umgerüstet oder einfach entsorgt werden muß, Lagerkapazitäten beansprucht usw. Damit jedoch nicht genug. Die Mangelwirtschaft erzeugt auch das Bedürfnis, wirklich oder vermutlich knappe Güter, Materialien, Maschinen unabhängig vom wirklichen Bedarf der »produktiven Konsumtion« erst einmal auf Verdacht zu ordern, zu hamstern, zu horten und somit »verschwinden« zu lassen; gerade auf diesem Gebiet spielt sich ein wesentlicher Teil der negativen

Sekundärkonkurrenz ab.* Daß die Betriebe und Kombinate schließlich aus purer Verzweiflung zur sinnwidrigen Eigenproduktion von Vorprodukten, Ersatzteilen, Maschinen übergehen und damit das auseinanderfallende gesellschaftliche Arbeitsteilungssystem zu ersetzen versuchen,** vervollständigt das Bild weit über die noch relativ harmlosen Beispiele Krizmans hinaus.

Konsumnotstand, Geldüberhang und Schwarzmarkt

Erscheint die Mangelwirtschaft auf der Seite der Betriebe als negative Konkurrenz und Anhäufung teils unbrauchbaren, teils gehamsterten Materials, so zeigt sie sich auf der Seite der individuellen Konsumtion als allgemeine Armut, als zunehmende Unterkonsumtion der Massen. Denn die niedrige, stagnierende Produktivität erzwingt entsprechend niedrige Löhne. Die Schere zum westlichen Standard hat sich zunehmend geöffnet, wie der Vergleich zwischen DDR und BRD seit 1961 zeigt:

> Auch damals lag der Lebensstandard in der Bundesrepublik schon höher als in der DDR. Die Unterschiede waren freilich noch gering. Die Löhne in

* Dies schließt natürlich sowohl informelle als auch illegale Beschaffungswege ein. In der Sowjetunion existiert zu diesem Zweck in jedem Betrieb die halblegale Institution des *tolkatsch,* dessen einzige Aufgabe in der Materialbeschaffung durch Schwarzmarktgeschäfte, Hamsterung, Bestechung besteht. Ähnliches wurde immer wieder aus den osteuropäischen Ländern berichtet. In der DDR war es durchaus nichts Ungewöhnliches, daß Betriebsleiter auf der Suche nach Ersatzteilen mit ihrem Privatwagen im Lande umherirrten: die wahrhaftige Krönung einer »Planwirtschaft« und des Fichteschen »Vernunftstaates«.

** Daraus erklärt sich dann auch konkret die erwähnte geringere und sogar zurückgehende industrielle Vernetzungsdichte und -tiefe der kommandoökonomischen Reproduktion.

> Ostmark lagen drüben etwa gleich hoch wie die Löhne in Westmark hüben. Die Ostmark wurde in den Berliner Wechselstuben mit 25 Westpfennig notiert. Heute liegen Löhne und Gehälter in der Bundesrepublik zweieinhalbmal so hoch wie in der DDR in der jeweiligen Währung, und die Renten liegen hier beim Vierfachen. Der freie Kurs der Ostmark liegt bei zehn Westpfennig. *(Engels 1989)*

Die Argumentation des VWL-Professors Engels ist insofern nicht korrekt, als direkte Vergleiche von Lohnhöhe und Wechselkursverhältnissen noch nichts über die reale Kaufkraft in den beiden unterschiedlichen Systemen aussagen. Die Kaufkraft eines DDR-Lohns war keineswegs derart niedrig, wie es die hier angenommenen Vergleichsmaßstäbe suggerieren. Einem westdeutschen Einkommen von 2000 DM hätte dann nämlich im Jahr 1989 ein ostdeutsches von nur 80 DM entsprochen, wenn der Wechselkurs mit eingerechnet wird. Durch den Charakter der Ostmark als nichtkonvertible reine Binnenwährung und aufgrund des subventionierten Preissystems war die reale Kaufkraft natürlich viel höher. Aber es bleibt trotzdem eine nicht zu bestreitende Tatsache, daß die Kaufkraft eines DDR-Durchschnittseinkommens im Vergleich zum Westen seit 1961 kontinuierlich gesunken ist.

Zweitens aber gibt es ja für diese ohnehin schon relativ geringen Löhne immer weniger zu kaufen. Die Wartezeit für ein Auto betrug in der DDR zuletzt 15–20 Jahre, für Telefonanschlüsse bis zu 25 und mehr (!) Jahre. Auch für Güter des täglichen Bedarfs wurden schon in der Vergangenheit immer wieder Engpässe gemeldet; bekannt sind die Warteschlangen im gesamten Ostblock. Die geringeren Löhne können also noch nicht einmal ausgegeben werden und sammeln sich über Jahre und Jahrzehnte hinweg auf den Sparkonten der Bevölkerung an:

> Die Geldeinkünfte der Bevölkerung übersteigen die Produktion von Bedarfsgütern und Dienstleistungen, und die Spanne zwischen zahlungsfähiger Nachfrage und materieller Bedarfsdeckung wird nicht geringer, sondern vergrößert sich. *(Aganbegjan 1989 a, S. 13)*

Diese Anhäufung von zahlungsfähiger Nachfrage, die sich nicht realisieren kann, führt zu einem immer gefährlicheren Geldüberhang bei den Privaten, der als angestautes Inflationspotential (neben der riesigen Staatsverschuldung aufgrund der Subventionsschere) jede Preisreform bedroht, wobei die Wertlosigkeit dieses Geldes vorerst nicht in den Preisen, sondern in seiner Nutzlosigkeit wegen des fehlenden Angebots zum Ausdruck kommt:

> Private Haushalte verfügen über flüssige Mittel in Höhe von schätzungsweise 500 Milliarden Rubel, aber die Regale in den Geschäften sind leer. (*Frankfurter Rundschau* vom 14. 12. 1989)

Diese Erscheinung gilt ausnahmslos für alle Kommandoökonomien. Sie wurde auch zum noch keineswegs ausgestandenen Problem der deutschen Währungsunion, deren Inflationspotential sich erst zeitversetzt realisieren wird. Andere unerwünschte Nebenwirkungen zeigen sich auf die Motivation der Arbeitskraft:

> Derzeit entspricht ein durchschnittliches Sparguthaben etwa der Summe von sieben durchschnittlichen Monatsgehältern; die Gesamtersparnisse betragen 80% des Jahreslohnfonds. Folglich verfügt ein bedeutender Teil der Bevölkerung wirtschaftlich

gesehen über die Möglichkeit, längere Zeit nicht zu arbeiten, um sich zum Beispiel einen passenderen Arbeitsplatz zu suchen. *(Saslawskaja 1989, S. 80)*

Es fehlte nicht viel, und die apologetische Linke des Westens möchte auch diese Art von Arbeitslosigkeit noch als soziale Errungenschaft verkaufen. Tatsächlich führt sie natürlich zur Verarmung, die den Alltag der Menschen bis in die letzte Pore durchseucht. Der Puschkin lesende gebildete Schlangesteher ist eine Legende. Was einem westlichen Beobachter aus der Ferne womöglich als eine Art angenehmer Muße erscheint,* ist nur die zermürbende Jagd nach Bedarfsgütern, die Pflege von Beziehungen usw. Diese umtriebige Geschäftigkeit, erzwungen von den banalsten Bedürfnissen, die im Westen durch jeden Supermarkt befriedigt werden können, ist aus allen historischen Kriegs- und Notstandswirtschaften bekannt, in denen wie in der unmittelbaren Nachkriegszeit das Hamstern zur wichtigsten, den gesamten Zeithorizont ausfüllenden Tätigkeit wird.

Wie nach der Grenzöffnung die Bilder der Industrieruinen erschüttert haben, so auch das Verhalten der Massen aus der DDR, die in den ersten Tagen Pornohefte und Regenbogenillustrierte aus den Kiosken der Grenzstädte plünderten. Was ist aber auch zu erwarten von Menschen, die in der Öde ihres Kasernenlebens nichts Besseres zu tun hatten, als das bunte Verpackungsmaterial westlicher Konsum-Markenware

* Nachdem *glasnost* die wirkliche Lage etwas transparenter gemacht hat, auch hinsichtlich des Alltags der Massen und der realen Strukturverhältnisse, könnte es mittlerweile eher so erscheinen, als sei jener oft zitierte Puschkinleser womöglich der einzige Alphabet in der Schlange gewesen. Je näher man hinschaut, desto mehr verflüchtigt sich auch der vermeintliche Bildungsüberhang. Nicht zuletzt deshalb, weil auch Bildungsgüter wie z.B. Bücher den mangelwirtschaftlichen Konsequenzen unterliegen und auch die Bildungsinstitutionen dem allgemeinen Verfall preisgegeben sind.

zu sammeln wie Kleinodien oder Reliquien? Daß es Weinkrämpfe gab angesichts des plötzlich greifbaren Überangebots in den Kaufhäusern des westdeutschen Weltmarktgewinners, kann nicht überraschen bei Leuten, die in Kodizes permanenter Mangelwirtschaft aufgewachsen und erzogen waren. Dazu gehört auch die Gewöhnung an komplizierte Naturaltauschgeschäfte, um an die einfachsten Dinge heranzukommen. Das ist allerdings eine Karikatur auf die »Aufhebung des Geldes«, die in ihrer Erbärmlichkeit wohl auch Krizman sich nicht hätte träumen lassen:

> »Ringtausch« nennen die DDR-Bürger solche Geschäfte: Anton benötigt einen neuen Auspuff. Er fragt im Freundeskreis, wer ihn besorgen kann, und erfährt, daß Berthold einen Auspuff hat, ihn aber nur herausrückt, wenn er dafür ein Klobecken erhält. Jetzt wird Kollegin Christiane eingeschaltet, die zwar kein Klobecken besorgen kann, dafür aber über Badezimmerfliesen verfügt und diese auch abgibt, wenn sie dafür fünf Kästen Pilsner Urquell für die nächste Feier erhält. Die Kästen Bier hat nun Anton, der den Auspuff braucht, vor Wochenfrist selbst günstig erworben. Für die Badezimmerfliesen wiederum wird der Bekannte von Dieter, Emil, ein Klobecken herausrücken; der Auspuff ist jetzt in greifbarer Nähe, vorausgesetzt, man kann noch einen Sensenstiel besorgen, den Dieter für seine Vermittlerdienste haben will. Einfacher geht das Ganze, wenn die Verwandten aus dem Westen beim letzten Besuch »Bunte« oder »Währung« (DDR-Jargon für D-Mark) dagelassen haben, dann läuft alles »wie geschmiert« (*Frankfurter Rundschau* vom 1.11.1989).

Neben dem frustrierenden Naturaltausch ist es der ebenfalls aus allen Kriegs- und Notstandsökonomien vertraute Schwarzmarkt, der nicht minder demoralisierend das tägliche Leben prägt; dort wird gegen Geld (oder sogar nur noch gegen Devisen) gehandelt, aber den Realitäten der Mangelwirtschaft entsprechend zu derart horrenden Preisen, daß sich die »sozialpolitische« Subventionierung der offiziellen Preise bei immer mehr Mangelgütern ad absurdum führt. Nicht nur in der Sowjetunion ist der Schwarzmarkt inzwischen zu einem der bedeutendsten Wirtschaftsfaktoren geworden, sowohl für die Betriebe (zu denken wäre an das *tolkatsch*-System) als auch für die Individuen:

> Ein riesiges Problem stellt [. . .] die »Schattenwirtschaft« dar: der Untergrundmarkt, von organisierten Verbrechergruppen kontrolliert und mit einem geschätzten Handelsumsatz von 150 Milliarden Rubeln ein beachtlicher Machtfaktor. (*Frankfurter Rundschau* vom 25.11.1989)

Es kann nicht überraschen, daß die mangelwirtschaftlichen Konsequenzen der erstarrten etatistischen Struktur zuerst und am härtesten die sozial Schwachen treffen, die in einem derartigen System nicht fehlen dürfen, also vor allem Rentner, Kranke, Behinderte, Heimkinder usw.: alle, die nicht agil genug sind, die sich keine Devisen beschaffen können und die auf dem Schwarzmarkt nicht imstande sind mitzuhalten. Hinzu kommt, daß auch die auf Wachstum, abstrakte Wertanhäufung und Pyramidenbau fixierte Bürokratie trotz ihrer sozialen Phrasen alle »Unproduktiven« als unnütze Esser betrachtet, und zwar um so mehr, je prekärer die Situation der Staatsfinanzen wird.

War die Grausamkeit gegen Schwache, Alte und Kranke in den vormodernen Epochen noch teilweise der mangelnden Produktivkraft und der Abhängigkeit von der »ersten Natur« geschuldet, so erwächst sie in den warenproduzierenden Systemen allein daraus, daß die Menschen nur »gültig« sind, soweit sie ungeachtet der realen Ressourcen dem abstrakten Arbeitsimperativ genügen können. Die sozialen Gratifikationen, soweit sie immer noch wie Knochen hingeworfen werden, bleiben von den abstrakten Vernutzungsprozessen abhängig und werden in der Krise gnadenlos zurückgefahren. Dies gilt bekanntlich auch im Westen, dessen Armutsverwaltung derselben perversen Logik folgt. Auch hier aber hat die realsozialistische Kommandoökonomie die Widersprüche und die Logik des warenproduzierenden Systems nur auf die Spitze getrieben, statt sie abzuschaffen. Nach Angaben der Reformzeitschrift *Ogonjok* lebt rund ein Fünftel der sowjetischen Bevölkerung unterhalb der Armutsgrenze, wahrscheinlich sind es noch weit mehr. Die Slums von Baku etwa, wie sie durch *glasnost* und in der Berichterstattung über Pogrome zum Vorschein kamen, sprechen Bände. Diese erschütternden Bilder zeigten der apologetischen westlichen Linken das Medusenhaupt ihrer Illusionen von »sozialistischer Marktwirtschaft« und »geplantem Markt«.

Weltmarktbezug und Dynamisierung der Krise

Es fragt sich nun, wie ein derart absurder Kasernen-»Sozialismus« in seinen maroden Strukturen überhaupt so viele Jahrzehnte überleben konnte. Dafür gibt es sicherlich einige Gründe. Zum einen dürfen positive wie negative Bewußtseinsfaktoren nicht unterschätzt werden. Die Zumutung, sich als Warenproduzent »sinnlich« zu seiner Produktion verhalten zu sollen, und sei es auch nur zugunsten zukünftiger Generationen, war für die Generation der Oktoberrevolution noch lange Zeit keineswegs moralisch verschlissen.

Viele der schon von Krizman erwähnten Erscheinungen der Mangelwirtschaft konnten zunächst durch revolutionäre Moral und Begeisterung gegen die ökonomische Logik ausgeglichen oder wenigstens als erträglich empfunden werden, zumal ja die Illusion herrschte, es handle sich um Anfangsschwierigkeiten.

Als sich diese revolutionäre Moral nach mehr als einem Jahrzehnt der Entbehrungen erschöpft hatte, wurde sie vom Polizeiterror der Stalin-Ära abgelöst, in der die nackte Furcht an die Stelle der Begeisterung trat und jene äußerliche Disziplin erzwang, die notwendig geworden war, um den bürokratisch ausgehebelten inneren Reproduktionsmechanismus der Warengesellschaft zu ersetzen. Dies setzte sich fort in der Notstandsgesellschaft des »Großen Vaterländischen Krieges«, nunmehr zusätzlich erzwungen durch die Greuel der faschistischen Kriegsmaschine, die das Land verheerte und eine gewisse Effizienz der Produktion zur unmittelbaren Überlebensnotwendigkeit machte. Auch die westlichen Kriegswirtschaften mußten ja in dieser Zeit (und schon zum zweitenmal) militärische Disziplin und kommandoökonomische Zwänge mobilisieren.

Zum andern aber ist für die Krisenreife des realsozialistischen Systems auch ein historischer Zeitfaktor in Rechnung zu stellen. Es nahm einige Jahrzehnte in Anspruch, bis die systembedingte Vernachlässigung von Ersatzinvestitionen den gesamten Maschinenpark marode gemacht hatte. Und erst, als der Übergang zur intensiven Reproduktion unausweichlich wurde, also nach dem Ende des Zweiten Weltkriegs, machten sich die Systemdefizite in größerem Maße bemerkbar. Auch dauerte es Jahrzehnte, bis endlich die polizeistaatlich erzwungene Angstdisziplin derart ausgeleiert war, daß sie nicht mehr ernst genommen wurde. Die osteuropäischen Realsozialismen, die eine Phase »revolutionärer Moral« ohnehin nicht gekannt hatten, durchliefen einen Zyklus von blutig niedergeschlagenen Aufständen und nachfolgender resignativer Gleichgültigkeit, bis sie in jenes Stadium des Nicht-mehr-ernst-Nehmens gelangen konnten, das zum Manifestwerden der ökonomischen Krise beitrug.

Dennoch hätten vielleicht diese inneren Krisenfaktoren allein nicht ausgereicht, um den Zusammenbruch herbeizuführen. Die Gewohnheit ist eine der schrecklichsten Mächte im menschlichen Leben, und gerade in bürokratischen, etatistisch erstarrten Systemen scheint sie bei den Menschen eine schleichende geistige und politische Lähmung herbeizuführen. Wo keine Dynamik ist, da fehlen auch die plötzlichen Krisen und aufrüttelnden Ereignisse. Vielleicht hätte sich die völlig ausgeleierte Kommandostruktur noch viel länger dahinschleppen können, wäre nicht im Laufe der achtziger Jahre eine starke Krisendynamik durch den äußeren Faktor der Weltmarktbeziehungen hineingetragen worden.

Zwar hatten die etatistischen Kommandoökonomien, ihrer historischen Wurzel entsprechend, aus den Zwängen der nachholenden Modernisierung heraus eine starke Tendenz zur Autarkie entwickelt. Jede geschlossene, bürokratisch regulierte Wirtschaft muß sich vom Weltmarkt abschotten. Das deutet sich schon in Fichtes Formulierung vom »geschloßnen Handelsstaat« an. Dennoch kann sich kein Industriesystem moderner Warenproduktion völlig autark halten. Industrielle Produktionen auf großer Stufenleiter erfordern eine derartige Fülle von Ingredienzen und Verknüpfungen, daß selbst das größte Land nicht in der Lage ist, ganz aus sich heraus zu produzieren. Außerdem ist es eine unwiderstehliche Verlockung, sich mit Hilfe eigener Güter im Austausch auf dem Weltmarkt die Resultate fremden Wissens und anderswo entstandener Kunstfertigkeit anzueignen. Der Austausch von Know-how wird zur wachsenden Notwendigkeit.

Das staatliche Außenhandelsmonopol ändert nicht das geringste daran, daß sich die »realsozialistische« Ware beim Eintritt in den Weltmarkt dessen Gesetzen unterwerfen muß, ungeachtet ihrer eigenen (davon abweichenden, seitenverkehrten) Binnengesetzlichkeit. Der Weltmarkt, zunächst eine Metasphäre der nationalökonomischen Warenproduktion, setzt das von Marx beschriebene Gesetz der Produktivität zunehmend im globalen Rahmen durch. Nunmehr bildet sich ein Weltmaßstab »gesellschaftlich durchschnittlich notwendiger Arbeit« heraus, der sich natürlich nicht an den rückständigsten, sondern an den fortgeschrittensten Volkswirtschaften orientiert. Es besteht damit die Möglichkeit, daß die »gesellschaftlich durchschnittlich notwendige Arbeit« für immer mehr Güter binnenökonomisch und auf Weltmarktebene auseinandertritt, wobei dann aber eben nicht im globalen Rahmen ein idealer Durchschnitt gezogen wird; der Maßstab der höheren Produktivität setzt sich vielmehr überall durch.*

Solange die realsozialistischen Kommandoökonomien in der Produktivität relativ erträglich zurücklagen und dieses Problem noch unter der Perspektive des »Einholens und Überholens« betrachten konnten, schlug es auch noch nicht als beschleunigte Krisendynamik auf die Binnenreproduktion zurück. Dies änderte sich dramatisch, als die westlichen Rationalisierungs- und Produktivitätsschübe der siebziger und

* Dieses Problem, das ja auch die Dritte Welt betrifft und zunehmend unter Druck setzt, hat eine ebenso weitläufige wie kapitalökonomisch naive (und gerade von Marxisten geführte) Debatte über »gerechten Tausch« ins Leben gerufen, die verdächtig an die alten proudhonistischen Illusionen erinnert. Man möchte die Warenlogik innerhalb ihrer selbst kurieren und kann oder will nicht begreifen, daß die Gesetze der Warenproduktion auch auf Weltmarktebene nur durch Abschaffung der Warenform selber aufgehoben werden können.

achtziger Jahre, beschleunigt durch die Mikroelektronik, den Realsozialismus auf dem Weltmarkt ins Bodenlose fallen ließen, da er aufgrund seiner stagnativen Binnenstruktur diesen Schüben nicht mehr zu folgen vermochte. Alle seine in wachsender Panik »kommandierten« Anstrengungen waren vergeblich. Diese dramatische Entwicklung läßt sich exemplarisch zeigen an der DDR, die mangels eigener Rohstoffe hochgradig auf den Außenhandel angewiesen war; und hier wieder exemplarisch am Maschinenbau, einer traditionell starken und exportorientierten Branche. So hieß es kurz vor dem DDR-Zusammenbruch in einer Reportage über das Werkzeugmaschinenkombinat »Fritz Hecker«:

> Neue Pläne, das heißt [...] automatisch höhere Leistungen. [...] Dementsprechend sieht der Plan für die »Jugendbrigade Willi Reinl« vor, daß sie 1990 rund zehn Prozent mehr Maschinen montieren muß. Dabei klagen die jungen Facharbeiter schon jetzt über die Arbeitssituation. Sie wollen gute Arbeit leisten, doch es »klemmt« an allen Ecken: Die Versorgung mit Werkzeugen wird immer schlechter, weil der volkseigene Herstellerbetrieb mit seiner Lieferung nicht nachkommt. Auch die Qualität der Vorprodukte sinkt. (*Süddeutsche Zeitung* vom 5.10.1989)

Dieser gewöhnliche Gang oder besser Trott mußte jedoch nun unter den neuen, von der konkurrenzvermittelten Produktivkraftentwicklung im Westen erzwungenen Bedingungen zu katastrophalen Einbrüchen führen:

> Erzielte die Bundesrepublik für Maschinenbauerzeugnisse 1970 noch das 1,8fache an Erlösen pro

Einheit/Lieferung im Vergleich zur DDR, so war es 1987 bereits das Sechsfache. Dies bedeutet, daß die DDR in ihrem leistungsfähigsten Bereich, dem Maschinenbau, mehr als das Sechsfache an Ressourcen einsetzen muß, um die gleiche Wertschöpfung wie die Bundesrepublik zu erzielen. Das sinkende Innovationsniveau des DDR-Maschinenbaus führte dazu, daß sich ihre Marktanteile an den Maschinenbauexporten in den OECD-Raum von 3,5% (1973) auf 0,9% (1986) verringerten. Demgegenüber erhöhten sich die Marktanteile solcher Schwellenländer wie Taiwan, Mexiko, Hongkong, Südkorea, Singapur u.a. beträchtlich. Der Anteil Taiwans an den Maschinenbauimporten der OECD ist gegenwärtig 20mal größer als der der DDR, auf deren Territorium einst das Zentrum des Maschinenbaus der Welt lag. Selbst dort, wo die DDR zu Beginn der 70er Jahre noch einen Vorsprung gegenüber der Bundesrepublik hatte, ist dieser schon längst verspielt. So hatte die DDR 1970 auf dem Gebiet der Feinmechanik/Optik noch zehn Prozent höhere Erlöse pro Einheit/Lieferung als die Bundesrepublik. Heute erzielt sie nur ein Drittel der Erlöse der Bundesrepublik. Die Differenz in den Exporterlösen der beiden deutschen Staaten ist bezeichnenderweise dort am größten, wo die Qualität der Erzeugnisse von der Mikroelektronik abhängig ist. So erzielt die Bundesrepublik bei Büromaschinen heute fast das Zwölffache im Vergleich zur DDR. *(Maier 1989)*

In dieser niederschmetternden Bilanz der letzten zwanzig Jahre ist die demütigende Tatsache enthalten, daß die DDR zuletzt bei den angesprochenen Maschinenlieferungen im OECD-Raum nur noch auf ein Viertel der Liefermenge von Malaysia kam (vgl. Vincentz 1989).

Aus der zunehmenden Weltmarktmisere der Kommandoökonomien ergaben sich notwendigerweise wiederum zwei Konsequenzen, die schließlich den Fall ins Bodenlose bewirkten. Zum einen mußten die eigentlich gar nicht mehr konkurrenzfähigen Exporte unter allen Umständen aufrechterhalten werden, um Devisen für unerläßliche eigene Importe einzunehmen. Es blieb also nichts übrig, als die Exporte genauso zu subventionieren wie die Preise der Binnenreproduktion:

> Schätzungen westlicher Experten gehen davon aus, daß die DDR heute in starkem Maße Produkte im Westen zu Preisen absetzt, die nicht die Selbstkosten decken. Verschleiert wird diese unrentable Handelsstruktur durch die als Staatsgeheimnis behandelte Umrechnungsrelation zwischen DDR-Binnenmark und der Valutamark, also der künstlichen Recheneinheit, in welcher Ost-Berlin seinen Außenhandel abrechnet. *(Hübner 1989)*

Natürlich schlagen diese Exportsubventionen voll auf die Binnenreproduktion zurück, weil der ohnehin monetär kaum noch darstellbare innere Subventionskuchen davon aufgefressen wird. Zum andern aber wird dadurch eine *äußere* Verschuldungsspirale eingeleitet, die sich nicht wie im Inland durch billige Bilanzierungstricks aufhalten läßt. So mußte Professor Eugen Faude von der Ostberliner Hochschule für Ökonomie »Bruno Leuschner« in einem Interview gestehen:

> Wenn wir 1980 beim Export, um eine D-Mark zu erwirtschaften, 2,40 Mark (Ost) benötigten, so benötigte man 1988 bereits 4,40 Mark. Die Kosten in der Produktion haben sich im Verhältnis zur internationalen Entwicklung derart negativ entwickelt, daß sich ein Kostenberg gebildet hat, der

auf dem internationalen Markt keine entsprechende Anerkennung findet. Ein [...] Punkt ist, daß im Zusammenhang damit die äußeren Verbindlichkeiten der DDR erneut gestiegen sind. Reduzierte Effektivität und die Notwendigkeit, aufgrund einer Nettoverschuldung gegenüber dem Ausland von zehn Milliarden Dollar Exportüberschüsse zu erwirtschaften, um den Zinsendienst und in Zukunft die Tilgung zu gewährleisten, führen dazu, daß das produzierte Nationaleinkommen nicht in entsprechender Höhe im Inland zur Verfügung steht. (*Die Welt* vom 24. 11. 1989)

Das heißt also, daß die rasch wachsende Außenverschuldung (Mitte 1990 war für die DDR bereits von mindestens 20 Milliarden Dollar die Rede; die wahre Höhe wird sich bei der Abrechnung der Wiedervereinigungskosten herausstellen) nach dem Muster vieler Dritte-Welt-Länder auf eine Situation zusteuerte, in der die mühsam subventionierten Exporte noch nicht einmal mehr für eigene Importe verwendet werden konnten, sondern zunehmend für die bloße Bedienung der Außenschulden verschleudert werden mußten. Dieses Stadium der Ausblutung hatten andere, weniger hoch als die DDR entwickelte Länder des Realsozialismus schon lange vorher erreicht, vor allem Polen. Damit aber war der Systemzusammenbruch unvermeidlich geworden. Die schleichende innere Krise mußte sich durch den äußeren Druck des in seiner Produktivität weit davongeeilten Weltmarkts dramatisch zuspitzen.

Die ökonomische Expertokratie unter Einschluß der Marxisten kann den katastrophischen Einbruch des Weltmarkts aber immer nur als Sachzwang für soziale Restriktionen begreifen, weil bedauerlicherweise nicht mehr genug Mittel für menschenfreundliche Zwecke »erwirtschaftet« werden können. Der Systemzusammenbruch der Kommandoökonomien hat freilich nicht bloß diese Argumente gegenstandslos, sondern auch die vorgeschlagenen Maßnahmen überflüssig gemacht.

Von der Krise zum Zusammenbruch

Seit der zweiten Hälfte der achtziger Jahre machte sich die soziale Depravierung mit bisher nicht gekannter brutaler Gewalt bemerkbar und ist inzwischen bis zum Kollaps der Konsumversorgung auch an die Oberfläche durchgebrochen. Schien es sich zunächst um die altbekannten und teils skurrilen Engpässe zu handeln, wenn in DDR-Medien plötzlich zur Erheiterung der westlichen Agenturen über den Zusammenbruch der Versorgung mit Damenschlüpfern debattiert oder aus Sibirien und dem Kaukasus der Hilferuf kolportiert wurde: »Um Christi willen, schickt uns Seife«, so wurden die Töne im Laufe des Jahres 1989 immer schriller. Es mußte die Frage gestellt werden, ob die »Reform«-Administration Gorbatschows den Winter überleben werde:

> Nach knapp einem halben Jahrzehnt Perestroika ist die Versorgungslage in der Sowjetunion düsterer, bedrohlicher als je zuvor in der Nachkriegszeit. Mancherorts kündigt sich in den Läden schon gegen Mittag der Kollaps an — auch in der Hauptstadt. Da reicht selbst in Neubaugebieten mit reichlich Klein- und Schulkindern die Milch nicht mehr aus. Vor den panzerartig dröhnenden oder still defekten Kühltruhen der Supermärkte drängen sich Hunderte in murrender Erwartung, daß den Kunden endlich wieder ein paar Würste lieblos hingeworfen werden. In Apotheken fehlen elementare Arzneien, den Krankenhäusern gehen Verbandmaterial und Sprit-

> zen aus. Zucker, Seife, Waschmittel sind fast überall rationiert, in weiten Landstrichen auch Butter, Fleisch und Käse. [...] In Petrowsk bei Saratow gibt es Zucker nur in einem einzigen Laden, Käufer versäumen beim Anstehen mitunter einen halben Arbeitstag. Im sibirischen Kurgan-Gebiet gab es ein Vierteljahr lang überhaupt keinen Zucker, dann je Person ein halbes Pfund. Winterstiefel und -mäntel, Unterhaltungselektronik, Gebrauchsgüter besserer Qualität wie größere Möbel oder Auslegeware sind längst vollständig aus den Läden verschwunden. Um ihre Belegschaften ruhig zu halten, schließen Betriebe und Behörden Exklusiv-Verträge mit Staatsläden ab und erhalten dafür gelegentlich Mangelwaren, die wiederum gegen Kupon auserwählten Kollegen zugeschanzt werden. Auf dem schwarzen Markt kostet der Bezugsschein für einen tragbaren Farbfernseher gegenwärtig einen Durchschnittsmonatslohn, der für eine Polstermöbelgarnitur das Zehnfache. (*Spiegel* vom 23.10.1989)

Inzwischen hat sich die osteuropäische Peripherie ohne jede absehbare Verbesserung der ökonomischen Lage politisch von der Sowjetunion bereits abgelöst. Die DDR wurde liquidiert und der BRD einverleibt. Der Zerfallsprozeß setzt sich in der ganzen Region und nicht zuletzt in der Sowjetunion selbst rapide fort. In einer dpa-Meldung vom Frühherbst 1990 heißt es:

> Am Sonntag standen die Moskauer vor Bäckerläden Schlange. [...] Am Tag darauf gab es Brot nicht einmal gegen Devisen in den Ausländerläden. Daß selbst dieses Grundnahrungsmittel in der Sowjetunion »Defizit« — so wird Mangelware dort genannt — werden würde, hat selbst die größten Schwarzseher unter den Moskauern überrascht. In letzter

Zeit ist in der sowjetischen Hauptstadt immer häufiger von einem »totalen Defizit« die Rede. Dies bedeutet, daß es nichts mehr zu kaufen gibt. Selbst die zeitlebens an Mängel verschiedenster Art gewöhnten Sowjetbürger sind fassungslos. [...] Es gibt längst keine Autos, Möbel, Fernseher, Kühlschränke, Waschmaschinen, Lampen, Bügeleisen, überhaupt keine langlebigen Güter mehr zu kaufen. Die offizielle Begründung: Die Bevölkerung investiere ihre angesammelten Rubel in diese Produkte. Dann müßte viel Geld auch in Verhütungsmittel, Benzin und Klopapier angelegt sein, denn auch diese Waren sind spurlos aus dem Handel verschwunden. Es gibt keine Ferienplätze, keine Flugtickets bei der staatlichen Fluggesellschaft Aeroflot und keine Eisenbahnfahrkarten. Die Lokalzeitung Moskowskaja Prawda prophezeite düster kalte Wohnungen für den kommenden Winter, weil es an Brennstoff mangele. Für Anfang kommenden Jahres schließlich sagte der Gesundheitsminister den vollständigen Zusammenbruch der Arzneimittelversorgung voraus. [...] Selbst Dinge, die es immer gab — Eier, Graupen, saure Sahne, einfaches Konfekt, Salzheringe — findet man nicht mehr. [...] Selbst einer Flucht ins Ausland versperrt das allgegenwärtige Defizit den Weg: Es gibt keine Pässe — wegen des Papierdefizits. Wer glaubte, das Defizit sei nun bereits wirklich allumfassend, der sah sich angesichts neuer Menschenschlangen vor den Wechselautomaten der Moskauer U-Bahn getäuscht: Denn inzwischen sind sogar Fünf-Kopeken-Stücke, die man für eine Metrofahrt braucht, knapp geworden. Der Grund: Der staatlichen Prägestätte in Leningrad, die die Münzen für das ganze Land herstellt, ist die Kupfer-Nickel-Legierung für die Geldstücke ausgegangen. (*Nürnberger Nachrichten* vom 8.9.1990)

Der vollständige Zusammenbruch wird von Tag zu Tag immer noch vollständiger. Eine allgemeine Hungersnot liegt durchaus im Bereich des Möglichen, so absurd dies für ein Industrieland erscheinen mag. Im Grunde können weder eine von der »ersten Natur« gewährte Rekordernte noch westliche Hilfslieferungen oder Kredite für Lebensmittelimporte die Misere mehr lindern, weil natürlich auch das Transportwesen zusammengebrochen ist und selbst vorhandene Güter die Konsumenten nicht mehr erreichen:

> Zum gefährlichsten Engpaß der Wirtschaft wird der Transport. Schon jetzt liegen wegen des Mangels an Waggons und wegen Stauungen auf der Strecke Millionen Tonnen Ladungen monatelang still. [...] In den Häfen stehen Schiffe sehr lang, weil die technischen Möglichkeiten für die Ver- und Ausladung fehlen. Die Handelsflotte ist veraltet, ein großer Teil der Schiffe ist älter als 15 oder 20 Jahre. Die einzige Fluggesellschaft des Landes, Aeroflot, kann den Bedarf nicht befriedigen. Verspätungen und Havarien sind zu normalen Erscheinungen geworden. (*Handelsblatt* vom 2. 1. 1990)

Was für die Wasser- und Luftwege gilt, trifft erst recht für den Bodentransport zu. Da hier die Eisenbahn besonders in der Sowjetunion eine entscheidende Rolle spielt, ist deren maroder Zustand das vielleicht schlimmste Hindernis für den Transport sowohl eigener Lebensmittel als auch von Hilfslieferungen aus dem Westen. Dasselbe gilt umgekehrt für die sowjetischen Lieferungen in die Länder des inzwischen aufgelösten RGW-Blocks, mit dessen Ende auch die entscheidenden Außenhandelsstrukturen zerfallen sind. Auch dieser Zerfall hat seine stofflich-technische Seite aufgrund systematischer Fehlinvestitionen, die selbst die elementarsten funktionsnotwendigen Gebrauchswerte ignoriert haben:

> Da alle Länder in Osteuropa von sowjetischen Rohstofflieferungen abhängig sind, leiden auch alle unter den Unzulänglichkeiten der sowjetischen Eisenbahn. Wegen der größeren Spurweite in der UdSSR müssen alle Waggons an den wenigen Grenzpunkten umgeladen werden. An der tschechoslowakisch-sowjetischen Grenze ist ein Stau von 1000 Waggons inzwischen üblich. An den Übergängen zwischen Polen und der Sowjetunion, die auch für die DDR wichtig sind, sieht es ähnlich aus. Innerhalb der Sowjetunion ist die Situation bei der Eisenbahn inzwischen katastrophal. Nicht entladene Güter von etwa einer Million Tonnen stehen auf Bahnhöfen und Abstellgleisen herum. Zum Teil verderben sie. Betrugen die Verluste bei Gemüsetransporten früher etwa 30 Prozent, so wird jetzt mit der doppelten Menge gerechnet. (*Die Welt* vom 13.12.1989)

Der bürgerliche »Vernunftstaat« einer geplanten Warenproduktion ist damit endgültig und unwiderruflich vom Widersinn der abstrakten Arbeit und ihrer Formgesetze ereilt worden; das Mittel nachholender bürgerlicher Modernisierung hat seinen Zweck aufgefressen. Die logische Abstraktion des Warenproduzenten von Gebrauchswert und Bedarf, hemmungslos geworden durch den etatistisch erstarrten Bezug dieser Produzenten aufeinander, hat ihre Verrücktheit bis zur letzten Konsequenz getrieben und damit ihr sowohl logisches wie historisches Ende erreicht.

DER STARRE BLICK NACH WESTEN: VOM REGEN IN DIE TRAUFE

Die »Modell«-Illusion

Es ist nur allzu verständlich, daß der jämmerliche Zusammenbruch der kriegswirtschaftlichen Kommandoökonomien in diesen Gesellschaften den Schrei nach einer »richtigen« Marktwirtschaft hervorruft. Die abgetragenen ideologischen Klamotten, die keiner mehr sehen mag, fallen in Fetzen vom Leib. Und da sich die historische Auseinandersetzung mit dem Westen immer nur innerhalb des warenproduzierenden Systems der Moderne abgespielt hat, kommt diesem heftigen Verlangen auch eine gewisse immanente Berechtigung zu. Um zum Ausgangspunkt zurückzukehren: Es scheint so, als hätte der Westen gesiegt; und auf dem Boden des warenproduzierenden Systems scheint es nicht bloß so. Das Problem ist nur, daß dieser Boden selber nicht mehr trägt.

Das Konkurrenzprinzip und das flexible Wechselspiel von Etatismus und Monetarismus haben zwar in der Nachkriegsgeschichte letzten Endes tatsächlich besser »funktioniert« als der zur Bewegungsunfähigkeit erstarrte Kasernensozialismus; sie haben den Gebrauchswert ebenso wie die Produktivität besser garantiert, dementsprechend auch mehr Bedürfnisse und Lebensgenuß geschaffen und größere emanzipatorische Potentiale freigesetzt. Es ist sinnlos, sich dieser Einsicht versperren zu wollen und an einer unwiederbringlich vergangenen Konstellation, an einer Sozialismuskonzeption »geplanter Märkte« mit jener verständnislosen Verbissenheit festzuhalten, wie sie gegenwärtig die Reste einer scheinradikalen Linken des Westens demonstrieren, die den Zusammenbruch der DDR und des weiland »sozialistischen Lagers« bloß negativ und abwehrend erleben, den Westen einer »imperialistischen« Einverleibungsstrategie zeihen und in den verbrannten Ruinen nach Erhaltenswertem stochern, statt diesen Zusammenbruch als die negative Befreiung zu erleben, die sie wirklich ist.

Freilich: Befreiung nur von der Illusion eines arbeitsgesellschaftlichen, kapitalimmanenten Sozialismuskonzepts, das historisch bedingt lediglich einen Seitenzweig bürgerlicher Modernisierung hervorgebracht hatte, der jetzt ausstirbt wie der Neandertaler. Eine neue, über das warenproduzierende System hinausweisende gesellschaftliche Perspektive ist noch nicht gewonnen; und so werden von denen, die von den alten Illusionen wirklich Abschied nehmen, diese nur durch neue Illusionen ausgetauscht. Das gesellschaftliche Bewußtsein hat noch nicht eingesehen, daß das Konkurrenzprinzip eben nur zu gut funktioniert hat und was das wirklich bedeutet. Die historische Momentaufnahme zeigt das Bild eines grandiosen Sieges der westlichen, konkurrenzökonomischen und authentischen Form des warenproduzierenden Systems, obwohl der Glanz bloß aus dem Vergleich mit dem realsozialistischen Zusammenbruch herrührt. Daß es sich dabei nur um einen Vergleich zwischen zwei in unterschiedlichem Grade verfallenen Ruinen der Moderne handelt, kann aus der immanenten Perspektive der Warenseele gar nicht erkannt werden.

So mobilisiert der Schrei nach einer »richtigen« Marktwirtschaft die Hoffnung der Massen auf eine rasche Anhebung des Lebensniveaus. Alles, aber auch wirklich alles erscheint besser als der Status quo; niemand wünscht etwas anderes, als sich endlich etwas kaufen zu können für sein Geld und endlich aus der zermürbenden Mangelwirtschaft, aus dem grauen Alltag der Kasernen-Vergesellschaftung und der ermüdenden Jagd nach Naturaltausch- und Schwarzmarktgeschäften herauszukommen. Die Linke des Westens, solange sie keine eigene neue Perspektive aufzuweisen vermag, hat nicht das Recht, die Nase zu rümpfen oder sich zu empören über die verzweifelten Ökonomen des Ostens, die als gebrannte Kinder nunmehr mit fliegenden Fahnen zur militantesten westlichen Marktwirtschaftsideologie monetaristischer Prägung übergehen, sich an die Ideen eines Milton Friedman klammern, der am radikalsten die Segnungen der *invisible hand* des Marktes gegen jede staatliche Nachfrage- und Investitionsregulierung verficht, und sogar vor den moderaten keynesianistischen Staatseingriffen der westlichen Sozialdemokratie zurückschrecken.

Aber so verständlich diese Reaktion auch sein mag, sie kann nur vom Regen in die Traufe führen. Der grundsätzliche Denkfehler besteht darin, daß man die eigene Misere selber für einen bloßen »Fehler« hält, den die Staatssozialisten verschuldet haben sollen oder gar jener Karl Marx, dem jetzt die schnoddrig-satirische Sentenz in den Mund gelegt wird: »Tut mir leid, Jungs, war halt nur so 'ne Idee von mir«. Dahinter steht eine Auffassung von gesellschaftlichen Formationen, die diese auf richtige oder falsche »Modelle« zurückführt: wieder einmal das unverwüstliche alte Aufklärungsdenken, diesmal »rechts« gestrickt. Aber nicht Modelle dieser oder jener Art sind »verwirklicht« worden, wie es die bürgerliche Subjektideologie stets unterstellt; es hat sich vielmehr ein blinder historischer Prozeß durchgesetzt, in dem der kommandoökonomische, kriegswirtschaftliche »Staatssozialismus« nur ein objektiv hervorgetriebenes Moment war. Und umgekehrt ist auch der westliche Weltmarkt kein von klugen Köpfen ersonnenes Modell, sondern ebenso nur ein Moment desselben Geschichtsprozesses der Moderne.

Deswegen wird jetzt auch nicht etwa ein falsches Gesellschafts- oder Wirtschaftsmodell durch ein richtiges ersetzt, was zu Frieden, Wohlstand und Eierkuchen führen könnte, sondern die Krisenlogik des warenproduzierenden Systems setzt sich übergreifend durch. Der Zusammenbruch der »geplanten Märkte« ist nur ein Teil dieser Gesamtkrise. Wenn wir uns an Krizmans Darstellung der logischen und faktischen Seitenverkehrtheit von etatistischer Kriegswirtschaft und Konkurrenzökonomie auf derselben Basis abstrakter Arbeit erinnern, so läßt sich leicht ausrechnen, was der vermeintliche Modellwechsel tatsächlich bringen wird. Nämlich eine »im Wesen gleichartige Erscheinung«, d.h. den bloßen Austausch der Krisenform-Ost durch die Krisenform-West.

Konnten sich die Massen in den kommandoökonomischen Gesellschaften trotz formaler Kaufkraft nichts kaufen, weil das Angebot in den leergefegten Geschäften fehlte, so können sie sich jetzt umgekehrt deswegen nichts mehr kaufen, weil sie trotz gefüllter Läden kein Geld mehr haben.* Der »Gammeldienst« in den staatlich subventionierten Betrieben der Mangelwirtschaft wird ersetzt durch die offene Massenarbeitslosigkeit, die stagnative Erstarrung der Krise durch deren Dynamisierung. War die Öde der Kasernengesellschaft als unerträglich erschienen, so wird die Öde des Geldes

* Die Bürger der DDR haben mit dem 1:1-Umtausch ihrer Sparguthaben in dieser Hinsicht so etwas wie eine Henkersmahlzeit westlichen Konsums erhalten, die gleichzeitig den BRD-Konsumgüterindustrien einen Altweibersommer der ansonsten bereits rückläufigen Weltkonjunktur beschert. Freilich wird das dicke Ende unvermeidlich nachkommen.

und seiner »befreiten« Selbstbewegung keine Besserung bringen. Der Mangel, hier wie dort nicht durch Knappheit an natürlichen, stofflichen und menschlichen Ressourcen bedingt, sondern allein durch den gesellschaftlichen Fetischismus des abstrakten Werts, wird für die Massen nur in seiner Form ausgetauscht. Hatten die Betriebe früher bei weltgesellschaftlich unterdurchschnittlicher Produktivität Gebrauchswertschrott hervorgebracht, so werden sie heute streng nach den Gesetzen des Marktes in wachsendem Ausmaß gänzlich stillgelegt. Das undeutliche Negativbild des Kapitalverhältnisses wird durch ein gestochen scharfes Positiv ersetzt, dessen Anblick nur Entsetzen hervorrufen kann.

Der neue Sozialdarwinismus

In gewisser Weise zeigt sich dieser bloße Austausch der Form der Misere durchaus auch im Bewußtsein als eine Flut böser Ahnungen, die jedoch, weil es an einer perspektivischen Alternative fehlt, hilflos bleiben müssen. Gleichzeitig blühen die Illusionen weiter, weil der Blick auf die Realität geblendet wird vom scheinbaren Glanz der westlichen Weltmarktgewinner, allen voran der BRD. Dieser starre Blick übersieht geflissentlich die Krisenerscheinungen des Westens selber, die gering scheinen im Vergleich zu den eigenen. Die Übel der Massenarbeitslosigkeit und der neuen Armut, wie sie sich im Westen seit den siebziger Jahren ausgebreitet haben, sind zwar durchaus bekannt, werden jedoch in dieser verzerrten Perspektive nicht ernst genommen.

Denn erstens ist die westliche Massenarmut nicht so offen sichtbar wie die der östlichen Mangelwirtschaft, wo sie in den kahlen Supermärkten tagtäglich besichtigt werden kann. Die Konsumparadiese in den Fußgängerzonen dagegen und die prallgefüllten Großmärkte auf der grünen Wiese, die ebenso allgegenwärtige wie aberwitzige Luxusideologie der achtziger Jahre, die zu Beginn der neunziger endgültig überzuschnappen scheint, das einen Samuel Beckett beschämende absurde Theater der »Erlebniseinkäufe« und das geisterhaft modische *outfit* der westlichen Massen müssen ein Bewußtsein blenden, dessen nach Jahrzehnten der Notverpflegung angeschwollene Gier gar nichts anderes mehr sehen will.

Wie ein Verhungernder selbst zur Menschenfresserei bereit ist, so sind die Menschen des Ostens auf den Leichenfraß des westlichen Konsumfetischs programmiert, der sich nur seitenverkehrt zu ihrem ausgehungerten Dasein darstellt.* Deshalb können und wollen sie auch nicht begreifen, daß die materielle,

* Der Konsumfetisch entspricht dem Arbeitsfetisch als dessen andere Seite; seine Kritik kann also nicht darin bestehen, als Gegenbild nun etwa Konsumverzicht zu leisten, wie es die linke und romantische Konsumkritik seit den späten sechziger Jahren propagiert. Die alberne Zumutung, als Reaktion auf die Leere des fordistischen Lebens keine Handrührgeräte, Fernseher und Kühlschränke mehr benutzen zu sollen, verkennt völlig den Charakter des Fetischproblems: sichtbar schon daran, daß unmittelbar die Dinge in ihrem Sosein für die gesellschaftliche Misere verantwortlich gemacht werden. Der Konsum wird zum Leichenfraß, weil der Fetischismus in der gesellschaftlichen Form lauert, d. h., weil ihm eine Produktion »toter Arbeit« entspricht. Die Dinge können nicht Genußdinge sein, solange sie dem Zwang der abstrakten Arbeit unterliegen, der dann auch auf den Konsum und dessen Formen bis zur Genußunfähigkeit zurückschlägt. Das Sinnlichkeitsgebot der Konsumtion wird stets a priori schon dementiert durch den Entsinnlichungszwang der Produktion abstrakter Arbeit. Dieses Basisverhältnis ist es, das sowohl neue materielle Armut sogar mitten in den Weltzentren des Reichtums erzeugt als auch gleichzeitig dem Konsum jenen leichenhaften Charakter einprägt. Und nur in der Perspektive einer radikalen Kritik dieses Grundverhältnisses können materielle Armut und Konsumfetischismus gleichermaßen und in ihrer inneren Identität gesehen und überwunden werden, statt sich bloß widersinnig gegenüberzustehen und einander ausschließende Perspektiven der Kritik zu erzeugen. Der kapitalimmanente, selber dem Fetischismus unterliegende Kritiker des materiellen Elends wird immer nur nach mehr Geld für die Armen rufen, der oberflächliche Kritiker des Konsumwahns umgekehrt nach Verzicht und einfachem Leben, ohne daß der eigentliche Kernwiderspruch überhaupt ins Blickfeld gerät.

geistige und seelische Armut im Westen lediglich geräuschloser und unsichtbarer, man möchte sagen: selbstverständlicher auftritt. Fast könnte diese Armut als bloßes Propagandaprodukt des untergegangenen kriegswirtschaftlichen Regimes erscheinen, obwohl die Tatsachen eine ganz andere Sprache sprechen. Im Herbst 1989, zur selben Zeit, als die Schlagzeilen beherrscht wurden vom dramatischen Zusammenbruch der DDR, erschien auf den hinteren Seiten die folgende unscheinbare Meldung:

> Mehr als sechs Millionen Menschen in der Bundesrepublik, zehn Prozent der Bevölkerung, sind arm. Zu dieser Feststellung kommt ein »Armutsbericht« des Deutschen Paritätischen Wohlfahrtsverbandes (DPWV), den dessen Vorsitzender Dieter Sengling am Donnerstag in Bonn vorlegte. Der DPWV ist ein Dachverband von mehr als 6000 gemeinnützigen Organisationen. Der Bericht definiert Armut nicht nur als Einkommen 50 Prozent unter dem Bundesdurchschnitt, sondern bezieht Arbeit, Wohnung, Gesundheit, Bildung und soziale Einbindung ein. Arm sind viele Langzeitarbeitslose, Rentner, alleinerziehende Frauen, kinderreiche Familien, Ausländer, Flüchtlinge, Behinderte, psychisch Kranke, Obdachlose und Studenten. Hohe Mieten und Schulden machten sogar Mittelschichtfamilien arm. Sengling forderte, bei Feiern zum 40. Gründungsjahr der Bundesrepublik bestimmte Rekordzuwächse nicht zu übersehen. Die Zahl der Sozialhilfeempfänger sei seit 1980 um über 46 Prozent auf mehr als drei Millionen gestiegen. Nur 48 Prozent der Berechtigten beantragten überhaupt Sozialhilfe, so daß viele alte Menschen zu den »verschämten Armen« gehörten. Die Langzeitarbeitslosigkeit sei seit 1980 um über 500 Prozent auf mehr als 680 000 Menschen

gestiegen. Nur noch 39 Prozent der Arbeitslosen bezögen Arbeitslosengeld, der Rest sei in die Sozialhilfe ausgegrenzt worden. Sengling warf den Politikern vor, Armut zu leugnen. Das ermögliche es, nicht hinzusehen, wie es Menschen am Rand der Gesellschaft gehe. Das wiederum ermögliche Härten der Gesundheitsreform für chronisch Kranke und Behinderte, das Aus für Arbeitsloseninitiativen nach der 9. Novelle des Arbeitsförderungsgesetzes und Sozialhilfe-Erhöhungen weit unter dem Notwendigen. Sengling forderte die Bundesregierung zu nationalen Armutsberichten als Grundlage für eine Bekämpfung der sozialen Not auf. Es würden zwar Obstbäume, Hühner und Müllmengen erfaßt, aber eine Armutsstatistik gebe es nicht, weil sie die Erfolgsstatistiken trüben könnte. (*Frankfurter Rundschau* vom 10.11.1989)

Der hier verschämt angesprochene »Rand der Gesellschaft« muß ziemlich breit sein, wenn die Bezeichnung »Zweidrittelgesellschaft« für den Exportweltmeister BRD gang und gäbe geworden ist. Trotzdem haben sich die verarmten Massen ebenso wie die »neuen Ökonomen« des Ostens jenen Politikerblick zu eigen gemacht, weil sie die westliche Realität in ihrer Ganzheit weder sehen können noch wollen, sondern einer selektiven Wahrnehmung folgen, die nur aus ihrer historischen Situation heraus zu erklären ist.

Hinzu kommt, daß dieser selektive Blick noch getrübt wird durch die irrationale Hoffnung auf eine Umbruchsituation, in der jeder persönlich noch einmal ganz von neuem anfangen kann, seine soziale Position aufzubauen. Diese Hoffnung hat eine starke und brutalisierende neo-sozialdarwinistische Tendenz erzeugt. Die Menschen, die das permanente Biwak einer strukturell militarisierenden Verpreußung gründlich satt haben, wollen ja nicht nur der Mangelwirtschaft, sondern gleichzeitig auch den bis in die Intimsphäre hineinreichenden Kommandoverhältnissen entkommen, in denen die einerseits herausgebildete abstrakte Individualität der Ware-Geld-Monaden andererseits alltäglich einem geistigen und kulturellen Stechschritt-Exerzieren unterworfen wurde. Die Befreiung von der einschnürenden Uniformität schlägt aber unmittelbar um in die Parole »Jeder für sich und Gott gegen alle«, weil es eben keine Befreiung vom System abstrakter Arbeit ist, sondern vielmehr dessen letzte Entfesselung.

So wird auch jene vielbeschworene stille Krähwinkel-»Solidarität« untergepflügt, wie sie in den privaten Nischen gegen die Zumutungen der Kriegswirtschaft gepflegt worden war; sie entpuppt sich jetzt als die Zwangssolidarität eines stacheldrahtumzäunten gesellschaftlichen Lagerlebens, die in demselben Moment zerfällt, in dem ihr negativer Bezugsrahmen verschwindet. Während so die lange angestaute Gier derer durchschlägt, die sich um den fordistischen Konsum betrogen wähnen, verfallen sie angesichts der plötzlich scheinbar zugänglichen Konsumparadiese hemmungslos jener privaten Tüchtigkeits- und Leistungsideologie, die, mitleidlos gegen die Verlierer, Glück wie Unglück des einzelnen allein von ihm selbst in seiner abstrakten Individualität abhängig macht.*

Diese immer wieder aufgewärmte *self-made*-Ideologie der Warengesellschaft, im Westen längst zur hysterischen Pose degeneriert, kommt also nun im Osten

* Die britische Gouvernante des Monetarismus, (inzwischen Ex-) Premierministerin Margaret Thatcher, ging ja bekanntlich so weit, die Existenz einer menschlichen Gesellschaft überhaupt abzustreiten, die mehr wäre als das bloße Reagieren von Individuen aufeinander. Die mörderischen Konsequenzen dieser Ideologie werden heute ironischerweise gerade von den Opfern der Weltmarkt-Vergesellschaftung an sich selber vollstreckt; allerdings weniger in der Manier kalkulierender Individualsubjekte als vielmehr in der von Lemmingen.

noch einmal in aller Plumpheit zu Ehren. Der Glaube an die eigene Erfolgs- und Durchsetzungskraft, der hierzulande nur noch durch Psychogymnastik und Psychopharmaka mühsam gekitzelt werden kann, kehrt wieder im östlichen Individualoptimismus vor allem jener infernalischen jungen Familienväter, der so ziemlich der unbegründetste ist. Die grimmige Hoffnung, man könne sich durch Leistungswillen, Kenntnisse und Ellbogenstöße *gegen* die allseitig konkurrierenden Mitmenschen durchsetzen, ist nicht nur seelisch pervers (die Klage darüber kann den kirchlichen Berufsmoralisten überlassen bleiben, die selber zu den Systemstützen gehören), sondern auch sozialökonomisch vollkommen illusionär, weil das warenproduzierende System auf seiner heutigen Entwicklungsstufe massenhaft Verlierer erzeugen *muß*. Massen von neuen Bewerbern voller Leistungswillen können nur das Leistungsniveau höherschrauben; es wird sich dann eben um ein Verlieren auf hohem Niveau der sinnlosen Verausgabung von »Nerv, Muskel, Hirn« (Marx) handeln.

Die Weltmarktpyramide

Außer durch individualistische Leistungsideologien und die daraus resultierenden sozialdarwinistischen Illusionen aber, und dies ist eigentlich das wichtigste Moment, verzerrt sich die Perspektive der östlichen Massen vor allem durch die Einengung des Blicks auf diejenigen westlichen Konkurrenzwirtschaften, die vorerst als nationalökonomische Gewinner dastehen. Eigentlich sind dies nur noch Japan und die BRD. Wie also die Massen von Armen und Verlierern beim Weltmarktgewinner BRD selber geflissentlich übersehen werden (und naturgemäß starrt ganz Osteuropa vom Ural westwärts auf »dieses unser Land«), so wird auch die überwiegende Mehrzahl der im Vergleich zur BRD »verlierenden« westlichen Nationalökonomien innerhalb der OECD nicht wahrgenommen, obwohl diese doch allesamt auch das »richtige Modell« von Marktwirtschaft besitzen, d.h. in Wirklichkeit dem blinden Prozeß des Weltmarkts angehören.

Tatsächlich gibt es selbst in den G7-Nationen der OECD (außer Japan und der BRD sind dies die USA, Großbritannien, Frankreich, Italien und Kanada), der Creme westlicher Konkurrenzökonomien, heute bereits weite Regionen und wachsende Bevölkerungsteile, die in noch weit stärkerem Maße als das Armutsdrittel der BRD von der abstrakten Reichtumsproduktion weitgehend abgekoppelt sind.* Bekannt ist das qualvolle Sterben der alten nordenglischen Industriezentren, ebenso bekannt sind die Slums der USA: wahre Dantesche Höllen vollkommener menschlicher Verwahrlosung. Lebensstandard und Lebenserwartung in einigen Gegenden von New York, der Symbolmetropole westlicher Freiheit und Konkurrenzwirtschaft, liegen heute unter dem Niveau von Bangladesh. Und die »Chance«, in die Verslumung hineingetrieben zu werden, ist in den USA und Großbritannien bereits

* Japan fällt in dieser Hinsicht ohnehin aus dem westlichen Rahmen heraus, weil es in seinen Binnenstrukturen Dritte-Welt-Verhältnisse niemals wirklich überwunden hat. Die Altersarmut ist teilweise von einer in Europa unbekannten Brutalität, die Löhne und das Lebensniveau der massenhaft in den Zulieferindustrien der Weltmarktkonzerne beschäftigten Arbeiter sind oft menschenunwürdig, und die Infrastruktur befindet sich auf dem europäischen Niveau der fünfziger Jahre: Wohnungen ohne Bad und Plumpsklos auf dem Hof sind eher die Regel als die Ausnahme, und die immer noch feudal gefärbten Abhängigskeits-, Denk- und Kulturstrukturen halten in ihrer negativen, mit der abstrakten Individualität der Warengesellschaft unvereinbaren Qualität jeden Vergleich mit dem Kommiß-Kollektivismus der osteuropäischen und sowjetischen Kriegswirtschaft aus, was sich in sozialen Pathologien und psychischen Störungen bemerkbar macht. Diese in ihrer Binnenstruktúr vollkommen obsolete Gesellschaft wird einen Einbruch des Weltmarkts am allerwenigsten überleben und als erste an ihrer extremen Exportorientierung zerbrechen.

weitaus größer als in der BRD, weil diese Ex-Weltmächte schon zur zweiten Garnitur gehören.

Erst recht gilt dies für die europäische Peripherie vor allem des Südens. Das Lebensniveau in Süditalien, Spanien, Portugal, der Türkei, Griechenland, auch alles Teile der westlichen Marktwirtschaft, liegt für die überwiegende Mehrzahl der dort lebenden Menschen auf jeden Fall weit unter demjenigen der Honecker-DDR. Ganz zu schweigen von den allermeisten westlich orientierten Ländern der Dritten Welt, deren absolute Verelendung von niemandem abgestritten wird. Der Weltmarkt der Konkurrenzökonomien, von dem die realsozialistischen Kriegswirtschaften nur äußerlich, politisch und militärisch, für einen begrenzten historischen Zeitraum abgeschottet waren, stellt sich insgesamt also keineswegs positiv als die »richtigere«, bessere und glücklichere Welt dar; vielmehr hat das bessere Funktionieren des warenproduzierenden Systems eben seinem Wesen gemäß auch gleichzeitig Armutsverhältnisse und Zerstörungspotentiale als Kehrseite hervorgebracht, und zwar gestaffelt nach Gewinnern und Verlierern.

Japan und die BRD stehen heute an der Spitze; dennoch haben sie ihre eigene innere Massenarmut erzeugt. Diesen Gewinner-Nationalökonomien folgt die zweite Garnitur der G 7, wo Armut und Zerstörung nicht nur auf breiterer Front erscheinen, sondern auch die einzelnen Landesregionen, Stadtteile usw. noch viel schroffer in Gewinner und Verlierer auseinanderfallen. Noch größer ist der Abstand zur kapitalistischen Peripherie, deren Nationalökonomien sich im Laufe der achtziger Jahre, von touristisch begünstigten Regionen abgesehen, immer mehr den Verhältnissen der Dritten Welt angenähert haben. Den Sockel der Pyramide bilden schließlich die »Weltsozialfälle« Afrikas, Lateinamerikas und anderer Elendsregionen der Dritten Welt, deren Lage sich dramatisch verschlechtert hat und in denen jene Hungerkatastrophen bereits Alltag geworden sind, die von der sowjetischen Presse noch als Menetekel an die Wand gemalt werden.

Allein schon diese oberflächliche Betrachtung des Weltmarkts und seiner Rangordnung, in die nun die zusammenbrechenden Kommandoökonomien zwangsweise eingegliedert werden, zeigt mit großer Deutlichkeit, daß das bessere Funktionieren der westlichen Konkurrenzwirtschaft für die überwiegende Mehrzahl der darin lebenden Menschen bereits der Vergangenheit angehört. Hinter dem Schleier der »Wende«-Ideologie und dem Luxusfummel der achtziger Jahre hat sich diese Funktionsfähigkeit wie nie zuvor in ihrem historischen Aufstieg von den Massenbedürfnissen entkoppelt.

Gerade dieser Aspekt des Marktes aber wird von Rechten wie Linken, von Polens katholischen Neomonetaristen wie von den Wendehälsen der DDR, von Märtyrern und Symbolfiguren der östlichen Bürgerrechtsbewegungen wie von den Resten der radikalen Linken des Westens einhellig tabuisiert, verweist er doch auf die Gesamtkrise des warenproduzierenden Globalsystems, in dem sie allesamt mit lediglich unterschiedlichen Akzentuierungen befangen sind. Die Relativität des Unterschieds von systemischen Imperativen etatistischer und monetaristischer Provenienz bleibt außer Betracht. Krise und Zusammenbruch werden allein den östlichen Kommandowirtschaften zugeschrieben, während die analogen Erscheinungen in den übrigen Weltmarktökonomien je nach ideologischer Herkunft entweder als beklagenswerter sozialer Preis für die »Übermacht des Kapitals« oder als kleine Schönheitsfehler im begrüßenswerten Triumph der zweitbesten aller Welten (die beste sei wohl nie zu finden) definiert werden. So übt sich die Linke in

Larmoyanz und die Rechte in Erfolgsrhetorik, während die Geschichte begonnen hat, ihnen den gemeinsamen Boden unter den Füßen wegzuziehen.

Die historische Schrecksekunde des realsozialistischen Zusammenbruchs hat daher ein höchst eigentümliches ideologisches Klima erzeugt, in dem der verblassende, in Wirklichkeit schon immer bloß relative Ost-West-Gegensatz verabsolutiert erscheint, während die offensichtlichsten sozialen und ökonomischen Fakten systematisch verdrängt oder völlig verzerrt wahrgenommen werden. Die Verbissenheit, mit der auch im Westen sämtliche Ideologen die Kategorien der Marktwirtschaft anbeten, verteidigen und beschwören, als gäbe es außer jenem »anderen« und dunklen Marx irgend jemanden, der sie jemals grundsätzlich angegriffen hätte, kann nur ihren bevorstehenden Untergang signalisieren. Nur so erklärt sich die hysterische und geradezu bellende Apologetik des Geldes quer durch alle politischen und ideologischen Lager — ausgerechnet im Augenblick seines vermeintlichen höchsten Triumphes.

In diesem Nebelfeld eines beginnenden geschichtlichen Übergangs, der in unbekanntes Terrain führt, irren die alten Ideen aufgescheucht hin und her, um sich schließlich, obwohl sie einander bisher spinnefeind waren, auf ihren gemeinsamen arbeitsgesellschaftlichen Nenner zu besinnen und gemeinsam die marktwirtschaftlichen Erfolgsgötzen um Erhaltung des Status quo anzuflehen. Dieser bereits anachronistisch gewordene Götzendienst äußert sich als gegenseitiges wildes Anfeuern zu Optimismus und Ärmelaufkrempeln, um der im Koma liegenden alten Welt des Geldverdienens noch schnell einen letzten Herzschrittmacher zu verpassen. Doch der imaginierte westliche Status quo fordistischer Prosperität bräuchte nicht beschworen zu werden, wenn er noch existieren würde. Sowohl die Ideologen als auch die Massen des Ostens wie des Westens und Südens betrügen einander und sich selbst, indem die einen so tun, als befänden sie sich noch darin, und die anderen, als gelte es nur noch, hineinzukommen.

Ein einziger klarer Blick auf die wirkliche Weltlage müßte zeigen, daß dem Osten jetzt nur noch eines blühen kann, nämlich die Einweisung in das vorletzte oder teilweise sogar in das letzte und unterste Segment der Weltmarktpyramide. So eindeutig diese Option erscheint, so unmöglich kann sie von denen akzeptiert werden, deren Vorstellungsvermögen aus gutem Grund von Haß und Abwehr gegen die erlebten Strukturen der Kommandoökonomien geprägt ist. Sie können aus den genannten Gründen die westliche Weltmarktrealität nur selektiv wahrnehmen. Aber selbst wenn das Erleben zunehmender statt abnehmender Armut und Drangsal jemals so etwas wie eine wehmütige Erinnerung an den verblichenen Staatssozialismus mit seinen Nischen und Datschen hervorrufen sollte, so wissen doch alle, daß es kein Zurück mehr geben kann. Der Realsozialismus mußte zugrunde gehen an seiner eigenen inneren Irrationalität, an der auf die Spitze der Absurdität getriebenen Warenform und an der unhaltbar gewordenen Außenbeziehung, in der diese sich negativ realisierte. Die Zeit der nachholenden Modernisierung war restlos abgelaufen, und sie kann niemals zurückgespult werden.*

* Dies muß wohl noch besonders betont werden gegenüber jenen unverbesserlichen Linken, die immer noch glauben, »gute« und »schlechte« Seiten eines Gesellschaftssystems eklektisch aufrechnen zu können und im Tone der Entrüstung z.B. von der Aufhebung einer »Schutzfunktion« der östlichen Binnenwährungen sprechen, als ob nicht die gewaltsame Konvertibilisierung dieser Währungen und die damit verbundenen Krisenerscheinungen (Betriebsstillegungen, Massenarbeitslosigkeit) ein ureigenes Produkt dieser Währungssysteme selber wären. Auch hier äußert sich wieder ein schiefer Blick, dessen Wahrnehmungsprobleme aus seiner Befangenheit in den Warenkategorien herrühren, in deren Rahmen die Probleme gelöst werden sollen, aber nicht mehr gelöst werden können.

Reformkrise statt Marktanpassung

Allen ideologischen Verheißungen und Illusionen, allem Selbstbetrug zum Trotz wird der reale Abstieg immer deutlicher, und zwar einerseits als galoppierend sich fortsetzender sozialökonomischer und politischer Zusammenbruch, der seine Verlaufsformen noch längst nicht erschöpft hat, und andererseits als Unmöglichkeit, durch noch so wütende Anstrengungen in das heißersehnte westliche »Modell« anders überzugehen als in stetig weiter verfallender Lazarusgestalt. Man sollte meinen, daß der von Monat zu Monat und von Woche zu Woche sich steigernde Zusammenbruchsprozeß die sofortige und bedingungslose Übernahme des westlichen Modells, wenn es denn ein solches wäre, nahelegen müßte. Aber die »gewendeten« Regierungen und die »neuen Ökonomen« ebenso wie der größte Teil der »Reformer« strafen sich selber Lügen, indem sie auf eine im Lichte ihrer eigenen Ideologie unbegreifliche Weise ahnungsvoll zögern und vor konsequenten Taten zurückschrecken.

In allen Staaten der zugrunde gehenden Kommandoökonomien ist die Industrieproduktion schon während des Jahres 1989 gefallen und seither in den Sturzflug übergegangen. 1990 fiel sie in der Tschechoslowakei um etwa 4 Prozent, in der Sowjetunion wahrscheinlich (auch die Statistik versagt dort immer mehr) um etwa 10 Prozent, in einigen Teilrepubliken noch weit stärker; in der DDR (im Vorfeld der Wiedervereinigung) um 30 bis 40 Prozent, in Bulgarien um etwa 10 Prozent, in Jugoslawien um fast 20 Prozent und im radikal marktwirtschaftlichen Polen um mindestens 30 Prozent. Sinkende Wachstumsraten wurden auch aus Ungarn, Rumänien und — im außereuropäischen Bereich — aus China, Vietnam und erst recht aus Kuba gemeldet. Die Minusbilanzen setzten sich im ersten

Quartal 1991 ungebremst fort: In Polen fiel die Industrieproduktion weiter um 25 Prozent, in Ostdeutschland um über 50 Prozent (womit die Krise der deutschen Wiedervereinigung eingeläutet wurde), in der ČSFR um 12 Prozent. Rechnet man noch den ebenfalls gestiegenen potjomkinschen Teil der statistisch ausgewiesenen Produktion mit ein, dann befinden sich sämtliche ehemaligen und Noch-Kommandoökonomien in einer tiefen Depression, begleitet von hyperinflationären Schüben und Zusammenbrüchen des monetären Systems. In der Sowjetunion wie in ganz Osteuropa sind D-Mark und Dollar längst zur eigentlichen Währung geworden, daneben existieren in einigen Landesteilen Zigarettenwährungen und andere Naturaltauschsubstitute des Geldes.

Dieser Prozeß ist begleitet von wöchentlich und fast täglich zunehmender Massenarbeitslosigkeit, die in einigen Ländern noch nicht einmal statistisch erfaßt wird und nur grob geschätzt werden kann, wobei die jeweiligen Prognosen für die nächsten zwei bis zehn Jahre teilweise zu Horrorzahlen gelangen. Bis zur Jahrhundertwende rechnet der sowjetische »Reformer« Abalkin mit 12 bis 15 Millionen Arbeitslosen; für denselben Zeitraum sprechen offizielle Schätzungen in China von 240 bis 260 Millionen (!) ohne Beschäftigung. Gerade in China bahnt sich, von der mehr nach Osteuropa blickenden westlichen Öffentlichkeit wenig bemerkt, eine gewaltige sozialökonomische Katastrophe mit unkontrollierbaren Folgen an. Schon jetzt sind die Verhältnisse verzweifelt:

> Von den zehn Millionen Menschen, die 1989 eine Stelle suchten, kam nur knapp die Hälfte unter. Experten halten die offiziellen Zahlen für geschönt und schätzen die Rate der Beschäftigungslosen auf

> mindestens zehn Prozent. In städtischen Ballungsräumen liegt sie noch darüber. Im nordwestchinesischen Xian beispielsweise waren im November sogar zwischen 20 und 30 Prozent der Bevölkerung ohne Lohn und Brot. Die Arbeitslosigkeit auf dem Lande wird von der Statistik gar nicht erfaßt — Millionen Bauern haben dort nur gelegentlich eine Stellung, bis zu 60 Millionen umherwandernder Chinesen sind ständig auf der Suche nach einem Job. (*Spiegel* vom 25.12.1989)

Tatsächlich hat eine Welle von Migrationsbewegungen aus dem chinesischen Norden in den höher entwickelten und von der perspektivischen Planung begünstigten Süden mit seinen Sonderwirtschaftszonen eingesetzt, die dort gar nicht bewältigt werden kann und die Städte unerträglichen Belastungen aussetzt: »Auf den öffentlichen Plätzen, in Anlagen und Parks haben sich Hunderttausende [...] niedergelassen (*Die Welt* vom 10.5.1989).

Nicht besser steht es in den osteuropäischen Reformländern. In der Tschechoslowakei wurden bis Ende 1990, spätestens im Lauf des Jahres 1991 durch Produktionsrückgang und Betriebsstillegungen 750000 bis 1000000 Arbeitslose erwartet. In Bulgarien stehen nach Angaben des Industrieverbandes »ganze Industriebereiche vor dem Zusammenbruch«. Polen, das seit dem 1. Januar 1990 mit dem Segen der Weltbank offiziell die »freie« Marktwirtschaft eingeführt hat, wobei Finanzminister Balcerowicz unter Assistenz des Harvard-Monetaristen Sachs einen harten *austerity*-Kurs verfolgt, hat binnen weniger Monate seine offizielle Arbeitslosigkeit von Null auf eine halbe Million hochgefahren; bis Mitte des Jahres waren es schon fast eine Million, bis Ende 1991 werden mindestens zwei Millionen erwartet.

Der Übergang in den freien Fall, und das ist der Witz an der Sache, ist ebensosehr den »marktwirtschaftlichen« Reformen geschuldet wie dem Zusammenbruch des alten Systems, teilweise auch den sozialen Reaktionen auf die Reformfolgen (Streiks, Unruhen und Aufständen). Die absurde monetaristische Idealwelt, das läßt sich schon jetzt sagen, wird mit der sozialökonomischen Realität noch viel weniger zu tun haben als im Westen. Der gesamte ehemalige Ostblock erweist seinen kapitalistischen Charakter gerade dadurch, daß er in die Zange von abstrakter Produktivitätslogik des Geldes und sozialer Reproduktionsnotwendigkeit gerät. Die Krise-Ost mischt sich auf diabolische Weise mit der Krise-West; und in diesem Dilemma zwischen Skylla und Charybdis zeigt sich exemplarisch die Ausweglosigkeit des warenproduzierenden Systems. Jeden Tag schreitet der Zusammenbruch der alten kommandoökonomischen Strukturen fort, wird die Lage unhaltbarer und schreit nach Veränderung; aber jeder Schritt an Veränderung und Reform hin zur »Freiheit« des Geldes bringt seinerseits neue Krisenerscheinungen, Katastrophen und unhaltbare Zustände hervor.

So ist es kein Wunder, daß die »Reformer«, ja selbst die frischgebackenen Monetaristen ständig marktwirtschaftliche Veränderungen anpacken, um gleich darauf die verbrannten Pfoten wieder zurückzuziehen. In China wurden die mit großem ideologischem Pomp zur neuen Lehre hochstilisierten Deng-Reformen (insbesondere des Preissystems) großenteils wieder zurückgenommen. Das geschah keineswegs nur, um den Machtanspruch der Partei zu retten, wie seit dem Massaker auf dem Platz des Himmlischen Friedens von den westlichen Medien kolportiert wurde, sondern weil die sozialökonomischen Folgen der marktwirtschaftlichen Reformen außer Kontrolle zu geraten drohten.

Dieser Rückzug hat freilich nur die Krisenform-Ost wieder auf den Marsch gebracht, was eine neue Kehrtwendung provozieren könnte und so fort, bis auch diese Spirale sich nicht mehr weiterdrehen kann.

Nicht anders in der Sowjetunion: Eine Flut von Konzepten und Programmen, Gesetzen und Gesetzentwürfen, Maßnahmen und deren Zurücknahme hat Verhältnisse geschaffen, die nur als chaotisch bezeichnet werden können. Die ersten Schritte zur Freigabe von Privateigentum im westlichen Sinne haben nur zur Gründung von Spekulanten- und Schieber-»Genossenschaften« geführt, die bei der Bevölkerung verhaßt sind und deren Mitglieder gelegentlich schon gelyncht wurden. Die von Ministerpräsident Ryshkow Mitte 1990 angekündigte Verdoppelung der Lebensmittelpreise, die durch ein unklares System von sozialen Ausgleichszahlungen gemildert werden sollte, brach sofort unter dem Druck von Panikkäufen zusammen. Der zweite Anlauf im April 1991 (ein Drittel der Rubelmenge wurde über Nacht wertlos) konnte nur um den Preis anhaltender schwerer Streiks und Unruhen in fast allen Landesteilen durchgezogen werden. Weinende Bürger standen nach Wellen von Panikkäufen vor leeren Brotläden, und in der *Komsomolskaja prawda* hieß es mit höhnischer Ironie: »Das Gespenst des Kommunismus verläßt heute unser Land zusammen mit den Resten von Lebensmitteln und Waren des täglichen Bedarfs«.

Während die Parlamente der Teilrepubliken ebenso wie der Oberste Sowjet feierlich die Einführung der Marktwirtschaft verkünden, erweist sich jeder Versuch konkreter Maßnahmen als Bumerang. Und obwohl auch hier die westlichen Medien für das Zögern den alten Apparat und seine Interessen verantwortlich machen, ist es in Wirklichkeit genau wie in China den unerträglichen Folgen geschuldet, die jeder praktische

Reformschritt mit sich bringt. Der »anhaltende Verfall der Vertragsdisziplin« (*Handelsblatt* vom 4. 4. 1990) bei den Betrieben kann immer nur durch Maßnahmen konterkariert werden, deren Konsequenzen auf Arbeitslosigkeit, Schrumpfung ganzer Branchen und neue Formen der Verelendung hinauslaufen.*

Das einstige Reform-Musterland Ungarn, inzwischen eingerückt in die erste Reihe der Staaten mit höchster Außenverschuldung, versumpft ebenfalls in einer zähen wirtschaftspolitischen Diskussion, wobei die neuen »demokratischen Parteien« vom Demokratischen Forum über den Bund der Freien Demokraten bis zur Kleinbürgerpartei sich allesamt möglichst wenig die eigenen Finger verbrennen wollen:

> Die Erhöhung der Arbeitslosigkeit wird für unvermeidbar gehalten. Gleichzeitig wird aber betont, daß die Schließung der kontinuierlich in rote Zahlen geratenen Betriebe nur stufenweise geschehen darf. Jegliche Schocktherapie müsse vermieden werden. (*Handelsblatt* vom 19. 4. 1990)

Aber selbst in Polen, wo Balcerowicz tatsächlich seine Schocktherapie durchzuziehen scheint, sind aus gutem Grund die Schleusen des Marktes noch keineswegs wirklich geöffnet worden. Die Preissubventionen wurden nicht abgeschafft, sondern lediglich halbiert;

* Die Paralyse in der Sowjetunion ist inzwischen so weit fortgeschritten, daß immer neue Gerüchte über einen bevorstehenden Militärputsch umlaufen. Nach der Art von Bananenrepubliken wird sich das Dilemma freilich erst recht nicht lösen lassen, wie das polnische Beispiel gezeigt haben sollte. Die Militärregierung von General Jaruzelski konnte sich nur kurze Zeit halten, weil die ökonomische Logik sich durch Waffengewalt nicht im geringsten beeindrucken läßt. Andererseits werden weder der neueste Reformplan von Ryshkow (ursprünglich als radikal gehandelt, inzwischen von Jelzin und anderen als halbherzig verworfen) noch der »radikalreformerische« sogenannte 500-Tage-Plan von Schatalin eine Umstellung auf das westliche Modell bringen können, die durchzuhalten wäre.

die Konvertibilität des Złoty bleibt für Unternehmen stark eingeschränkt; 80 Prozent der Industrie blieben weiter in Staatsbesitz, und das erst nach heftigen Debatten nachgereichte Privatisierungsgesetz wurde noch gar nicht umgesetzt. Von 7000 Unternehmen sollen bis Mitte 1991 erst 40 verkauft und weitere 200 bis 300 kleinere Industriebetriebe verpachtet werden. So ist es kaum verwunderlich, daß das Gros der Staatsbetriebe mühsam über die Runden gerettet werden muß, ohne jegliche Lösungsperspektive. Die staatlichen Unternehmen zögern die Krise teilweise ähnlich wie in der Ex-DDR durch Kurzarbeit und unbezahlte Zwangsurlaube hinaus, teilweise werden die Löhne aus früher gehorteten Deviseneinnahmen weitergezahlt, die eigentlich für dringende Investitionen vorgesehen waren.

Das nur aus den alten Verhältnissen erklärbare neue Paradoxon einer »monetaristischen Arbeiterbewegung«, wie es sich in Solidarność manifestiert hat, zerfällt unter dem Ansturm der neuen Widersprüche. Die sich wechselseitig ausschließenden Optionen von »privater Marktfreiheit« und sozialer Reproduktion auf dem Niveau eines Industrielandes, die sich nur ideologisch unter dem Dach katholischer Illusionen vereinigen ließen, beginnen sich zu feindseligen Konfrontationen zu entwickeln* — ohne daß freilich irgendeine Perspektive zu erkennen wäre, die mehr als den Versuch der Führer bringen könnte, sich durchzulavieren, solange es geht:

* Derselbe Spaltungsprozeß der zur Macht gelangten ehemaligen Systemopposition vollzieht sich in der ČSFR, wo das Bürgerforum in feindseligen Konfrontationen auseinanderfällt. Auch der Moralprediger, Friedens- und Freiheitsfreund Václav Havel hat als Präsident auf einem Pulverfaß explosiver Interessenantagonismen, irrationaler Zusammenstöße und auswegloser sozialer Konflikte Platz genommen, für deren Bewältigung er außer frommen Sprüchen nicht einmal die Spur eines Programms besitzt.

> Die Betriebsbelegschaften im postkommunistischen Osteuropa sind von der angekündigten Privatisierung der staatlichen Industrie bei weitem nicht begeistert. Wie das Beispiel einiger polnischer Betriebe zeigt, möchten sie so lange wie möglich im staatlichen Sektor bleiben. In Warschau wurden kürzlich Proteste laut, als die Belegschaft der bekannten Süßwarenfabrik E. Wedel erfuhr, daß die Geschäftsführung mit einem Schweizer Konzern Verhandlungen führt. Der örtliche Rat der Solidarnosc wünschte sich keine Modernisierung, die zum Verlust von Arbeitsplätzen führen würde. [...] Lech Walesa ist zwar theoretisch ein Anhänger der Privatisierung, als Politiker und Arbeiterführer ist er jedoch stark von den Gewerkschaften und Arbeiterräten abhängig. Das Tempo der Privatisierung ist also von vielen, jetzt noch unbekannten Faktoren abhängig. (*Handelsblatt* vom 16. 10. 1990)

Die neokapitalistischen Reformillusionen zerplatzen wie Seifenblasen: Das Realeinkommen der Polen ist nach Angaben von Wałęsas Beratern um 30 Prozent geringer als unter der alten KP-Regierung; jeder dritte Ungar lebt heute laut Sozialministerium »in bitterer Armut«; Obdachlosigkeit breitet sich aus wie in den Ballungszentren des Westens, während unbezahlbare Wohnungen zunehmend leer stehen:

> In manchen Stadtbezirken von Budapest können sich zwanzig, dreißig Prozent der Einwohner die Miete nicht mehr leisten. Ernst zu nehmende Leute behaupten, daß ein Drittel der ungarischen Bevölkerung *unter* dem Existenzminimum lebt; wie immer das unter den bescheidenen ungarischen Verhältnissen definiert sein mag. Überall in der Hauptstadt sind Suppenküchen eröffnet worden: Die Caritas,

die Malteser, das Rote Kreuz, indische Schwestern von Mutter Teresas Orden [!] teilen mittags Hunderte von Gratismahlzeiten aus. (*Frankfurter Allgemeine Zeitung* vom 20.3.1991)

Dieselbe Suppenküchenromantik breitet sich in Polen aus, unter Anleitung der katholischen Kirche, die sich das barmherzig zu betreuende Elend offenbar notfalls selbst schafft. Vor allem alte Menschen müssen buchstäblich hungern und sterben, weil sie die Preise für Grundnahrungsmittel und Arznei nach dem Wegfall der staatlichen Subventionen nicht mehr bezahlen können. Das alte System ist zusammengebrochen, das neue erweist sich nur als um so brutaler, obwohl es seine ganze Härte noch gar nicht zeigen darf. Aber auch in der neuen Konstellation halten alle Seiten verbissen an der unhaltbaren Logik der abstrakten Arbeitsgesellschaft fest: Die Arbeiter wollen nichts anderes als um jeden Preis in Lohn und Brot bleiben und die Regierungen und Geschäftsleitungen nichts anderes als »Rentabilität«. Niemand kann und will sich auf eine andere Perspektive radikaler Veränderung einlassen, und die zunehmend demagogischen Töne von Populisten wie Jelzin und Wałęsa verheißen nichts Gutes für die zukünftige Bewältigung des explosiven Konfliktstoffes.

Trotz aller offensichtlichen Ausweglosigkeit (und gerade deswegen) muß hektisch weitergebaut werden am ideologischen Wolkenkuckucksheim, das bloß den Namen gewechselt hat. Die früheren unglaubwürdigen Erfolgsmeldungen und Durchhalteparolen des kommandoökonomischen Apparats der Kriegswirtschaft werden abgelöst durch die mindestens ebenso orwellschen Phantasieprodukte der neuen marktwirtschaftlichen Politiker- und Ökonomengarde. Jeder unwesentliche Teilaspekt wird zur Erfolgsnachricht aufgeblasen, so etwa die vielleicht nur zeitweilige Dämpfung der Hyperinflation in Polen, obwohl dieser »Erfolg« nur die andere Seite der erzeugten Massenarbeitslosigkeit darstellt.

Vor allem aber ist es natürlich die mehr oder weniger weit entfernte Zukunft, die in den rosigsten Farben gemalt wird.* Genau wie die verhaßten alten Regimes, nur mit umgekehrtem Vorzeichen, propagieren auch die neuen unerträgliche Opfer in der Gegenwart um einer ebenso paradiesischen wie imaginären Zukunft willen, die jetzt eine neokapitalistisch prosperierende sein soll. Und genau wie die Finsterlinge des Stalinismus schieben auch die neuen Marktwirtschaftspropheten alle aktuellen Krisenerscheinungen, die in Wahrheit Ausdruck der zunehmenden Reproduktionsunfähigkeit des warenproduzierenden Systems sind, auf die bedauerlich schwere Erblast der »vorrevolutionären« Strukturen: »Sie weinen, halten aber durch« (*Spiegel* vom 9.4.1990).** Diese Geistesverfassung der offensichtlich masochistisch veranlagten polnischen Katholiken ist auch den neuen Herren die allerliebste.

Der ideologische Grundkonsens lautet also vorerst: Beim Übergang zum »richtigen« Modell der konkurrenzökonomischen Marktwirtschaft müsse es leider schmerzhafte Anpassungsprozesse beim Gang durch

* Und zwar sowohl von den neuen Ideologen selbst als auch von ihren westlichen Beifallspendern und Einpeitschern. So entblödete sich etwa, um nur ein Beispiel von vielen zu nennen, der schwedische Professor Aslund nicht, vorauszusagen, »Polen werde bald zu einem europäischen ›Wirtschaftstiger‹ heranwachsen, so wie Südkorea in Asien. Ein Karikaturist versah das Zitat des Professors mit der Bemerkung: ›Der Schwanz ist schon zu sehen‹ und zeichnete darüber die Schlange vor dem amerikanischen Konsulat in Warschau« (*Frankfurter Allgemeine Zeitung* vom 2.4.1990).

** So grotesk es klingt: Nicht einmal die alten stalinistischen Verschwörungstheorien dürfen in diesmal umgekehrter Richtung fehlen. Allen Ernstes wird die beschämende Erfolglosigkeit der *perestroika* und ihres demokratischen Heroen Gorbatschow auf die »Sabotage des alten stalinistischen Apparats« zurückgeführt.

ein Tal der Tränen geben, dem jedoch als Belohnung irgendwann kapitalistische Normalität nachfolgen werde (die wiederum blauäugig gleichgesetzt wird mit der bisherigen Normalität der »besseren« zwei Drittel des Weltmarktgewinners BRD). Diese Beziehung wird völlig kurzschlüssig hergestellt, die Bedingungen und Strukturen des vermeintlichen »Übergangs« bleiben eine *black box*. Es kann überhaupt nicht angegeben werden, wie denn dieser »Übergang« bewerkstelligt werden soll.

Der westliche Markt ist eben kein abstraktes Struktur-»Modell«, sondern der höchst konkrete Weltmarkt. Wie wollen sich die Zusammenbruchsökonomien des ehemaligen Realsozialismus auf diesem jemals behaupten? Für ihre armseligen Bekenntnisse zu *freedom and democracy* wird ihnen auf Dauer kein einziger Pfennig, kein einziger Cent und keine einzige Maschine geschenkt. Die ideologischen Sympathien der westlichen Markteliten tragen finanziell nicht weit. Auf inzwischen wesentlich höherer Entwicklungsstufe des Weltmarkts stehen die Länder des Ostens in Wahrheit ökonomisch vor fast demselben Problem wie nach der Oktoberrevolution. Zwar handelt es sich jetzt schon großenteils um Industriebevölkerungen, aber ihre Industrien sind eben niederkonkurriert worden, weil sie nicht »produktiv« genug waren und demzufolge in der Marktfähigkeit immer weiter zurückfielen. Die logische Schleife, daß dieses Zurückfallen seinen Grund gerade in jenen Strukturen besitzt, die andererseits überhaupt eine nachholende Industrialisierung ermöglicht hatten, wird sich jetzt aber erst recht nicht auflösen.

Denn gefordert ist nicht jenes Bekenntnis, sondern diese Produktivität. Das Problem hat zwei Aspekte. Erstens blamiert sich die Modellillusion am konkreten, wirklichen Weltmarkt dadurch, daß dieser als Grundvoraussetzung die Exportfähigkeit verlangt. Das »Modell« gibt nur die konkurrenzökonomische Struktur vor, die Realität fordert aber, daß sich diese Struktur *innerhalb des Weltmarkts* durchsetzen kann. Sonst ist sie wertlos. Ein Land, das auf dem Weltmarkt nicht konkurrenzfähig ist, bleibt mit oder ohne konkurrenzökonomische Marktstruktur bettelarm bzw. wird erst recht um so furchtbarer niederkonkurriert. Die bloße Freigabe der inneren Märkte würde nichts als Chaos erzeugen oder hat diese »Leistung« schon vollbracht. Die Öffnung dieser Märkte nach außen aber kann nur dazu führen, daß die wehrlosen eigenen Industrien durch westliche Konkurrenten und Eindringlinge abrasiert werden.

Zweitens aber, wenn dies erkannt ist, erfordert die eigene Exportfähigkeit eben auch das Produktivitätsniveau des wirklichen Weltmarkts. Dieses aber ist weder durch Fleiß noch durch ordnungspolitische Maßnahmen im westlichen Sinne zu haben, sondern allein durch gewaltige Kapitalinvestitionen, die ja aber jahrzehntelang gerade ausgeblieben sind aufgrund einer inneren Struktur, die nur für die groben, extensiven Produktionsformen des Mehrwerts tauglich war. Nicht Investitionen schlechthin oder »richtigere« Investitionen sind gefragt, sondern solche, die eine Produktion auf »Weltniveau« ermöglichen. Das bedeutet heute eine im höchsten Grade kapitalintensive Produktion mit großem Maschineneinsatz, hohen Aufwendungen für Forschung und Entwicklung, gewaltiger infrastruktureller Logistik, und das alles bei einem immer schnelleren moralischen Verschleiß* der Ausrüstungs-

* Der Ausdruck »moralischer Verschleiß« ist ein Terminus der Marxschen ökonomischen Analyse des Kapitals und meint das konkurrenzökonomische »Ungültigwerden« von Maschinenparks und Ausrüstungen, die zwar rein technisch noch völlig intakt sein können, jedoch trotzdem abgeschrieben werden müssen, weil sie nicht mehr dem neuesten, einem beschleunigten Wandel unterliegenden Produktivitätsniveau entsprechen, das der Markt bei Strafe des Verlustes von Markt-

aggregate. Es ist also eine derartige Kettenreaktion von Großinvestitionen erforderlich, daß den östlichen Ökonomen rasch die Augen übergehen werden.

Die frischgebackenen Marktwirtschaftsfreunde müßten auf einen Schlag ihren Völkern schier unvorstellbare Investitionsmittel aus den Rippen schneiden, und zwar auf Jahre und Jahrzehnte hinaus. Und selbst dann wäre angesichts des heutigen Produktivitätsniveaus, das ja auch im Westen schon die meisten Länder relativ in die Verliererzone gerückt hat, ein gelingender Weltmarktbezug nicht im geringsten garantiert. Die hoffnungsvollen Konkurrenzadepten des Ostens müßten bei stagnierenden Weltmärkten nicht nur die westlichen Konkurrenten, sondern auch die asiatischen Newcomer aus dem Feld schlagen.

Man überlege, was das bedeutet. Während die Massen des Ostens als nächsten, und zwar wirklich allernächsten Schritt eine Ankurbelung des Konsums verlangen und einzig und allein deshalb ihren Blick nach Westen richten, wird eine Orientierung auf den Weltmarkt das genaue Gegenteil mit sich bringen. Die munteren neodemokratischen Volksfreunde und Edelmoralisten, die allesamt von Ökonomie keine Ahnung haben, müßten sich in Stalins hoch drei verwandeln; und selbst dann noch wäre das Unterfangen nahezu unmöglich, weil die Bevölkerung fast verhungern müßte, damit die heute erforderlichen Investitionsmittel aufgebracht werden können. Die diktatorische und terroristische Struktur des stalinistischen Regimes erklärt sich eben nicht aus moralischen Defekten von einzelnen oder einer Herrschaftskaste, sondern aus

anteilen und schließlich des Bankrotts erzwingt. Dadurch beschleunigt sich auch die Kapitalintensität der Reproduktion, d.h., es werden immer schneller immer neue Investitionen in das konstante fixe Kapital (Maschinen, Roboter, Steuerungssysteme) notwendig, was immer mehr Firmen auch im Westen die Puste ausgehen läßt.

genau diesem Dilemma, das sich jetzt erst recht und sogar um ein Vielfaches potenziert stellt.

Daraus läßt sich ermessen, wie haltlos die Hoffnungen sind, daß sich die westliche Nachkriegsprosperität nun wunderbarerweise im Osten wiederholen möge. Tatsächlich wird auf diese Weise die *strukturelle* Illusion eines Modellwechsels ergänzt und befestigt durch die *historische* Illusion einer Neuauflage des Wirtschaftswunders. Aber die Geschichte wiederholt sich auch auf dieser Ebene nicht. Die wirklichen Ursachen der Nachkriegsprosperität sind nicht in der Wahl eines »richtigen« Modells zu suchen, wie es die aufklärerische Subjektillusion suggeriert, sondern in den subjektlosen Entwicklungen des warenproduzierenden Systems, die nicht wiederholbar sind, weil sie Stufen einer irreversiblen Progression darstellen.* Der Weltmarkt ist heute viel weiter entwickelt als in den Jahren nach dem Zweiten Weltkrieg, seine globale Produktivitätslogik ist in viel höherem Maße entfaltet, und ein Zurück in jene Ausgangssituation kann es nie mehr geben.

Dies dämmert auch allmählich den westlichen Experten, die sich noch in den Monaten der dramatischen Umbrüche 1989/90 zu haltlosen Versprechungen hatten hinreißen lassen, die ihnen heute schon peinlich sind. Die Euphorie über die politischen Veränderungen beginnt in Panik über die unkalkulierbaren Folge-

* Die Analogie zum naturwissenschaftlichen Experiment, das seine Wahrheit durch seine beliebige Wiederholbarkeit erweisen soll, versagt hier völlig. Die »Gesetze« der »zweiten Natur« von Fetischökonomien, deren Prozeßcharakter eine ganz andere Dimension hat als die Naturgeschichte, sind wesenhaft andere. Denn hier verändern sich die Grundlagen im Verlauf des Prozesses und heben sich schließlich sogar selbst auf. Die Subjektillusion des Aufklärungsdenkens hingegen setzt bewußtlos »erste« und »zweite« Natur gleich. Innerhalb der warenförmigen Vergesellschaftung gibt es aber kein durch empirische Experimente zu verifizierendes Modell von »Richtigkeit«, weil die Struktur im Unterschied zur »ersten Natur« selbst dem geschichtlichen Prozeß unterliegt und nicht in ihrer Binnengesetzlichkeit festgehalten werden kann.

kosten für das Weltsystem umzuschlagen. Schon wird offen gesagt, so von Wissenschaftlern des Berliner Instituts für angewandte Wirtschaftsforschung (IAW), daß die Sowjetunion in das westliche Marktsystem »nicht integrierbar« sei. Für die Reformländer Osteuropas stellt eine neue Studie der Weltbank (April 1991) ernüchternd fest, daß sie ihren Lebensstandard von 1989 bestenfalls im Jahr 2000 wieder erreichen könnten; eine Integration in die Weltmärkte müsse sogar »in Dekaden und nicht in Jahren« bemessen werden. Aber selbst dies ist zweifelhaft, weil Wachstumsbedingungen des Weltmarkts fortgeschrieben werden, die auch im Westen schon brüchig geworden sind. Die erhoffte kapitalistische Normalität und Prosperität kommt durch die Reformen nicht näher, sondern wird in eine immer nebelhaftere Zukunft entrückt.

DAS SCHEITERN DER MODERNISIERUNG

Der Opfergang der Dritten Welt als Menetekel

Betrachten wir das konkurrenzökonomische Marktsystem des Westens nicht als ein (erfolgreiches) Modell, sondern als Moment ein und desselben Geschichtsprozesses der Moderne, der auch die vermeintlich antipodische Arbeitsgesellschaft des »geplanten Marktes« hervorgebracht hat, dann signalisiert deren Zusammenbruch alles andere als eine neue Ära kapitalistischer Prosperität. Der bereits in sein Krisenstadium eingetretene Westen und der in seinem Zusammenbruch zum Adepten kapitalistischer Konkurrenzlogik avancierte Osten lügen sich gegenseitig in die Tasche. Erhofft sich der Osten eine Rettung aus seiner ausweglosen Situation, indem er auf die unwiederbringliche Vergangenheit des westlichen Nachkriegsbooms starrt, so erhofft sich der Westen umgekehrt vom östlichen Zusammenbruch, ohne dessen Gefährlichkeit für das globale Marktsystem als Ganzes zu begreifen, einen Ausweg aus der eigenen stagnierenden Kapitalakkumulation durch »neue Märkte«, die nur in der Phantasie existieren. Dabei könnten die realen Verlaufsformen von Zusammenbruchsgesellschaften bereits am lebenden Beispiel studiert werden, und zwar am Beispiel jener Dritten Welt, deren Schicksal der Osten sich anschickt nachzuvollziehen.

Denn wenn vom »Nachholbedarf« des Ostens und von »neuen Märkten« mit »Hunderten von Millionen Menschen« geschwärmt wird, dann erhebt sich doch zwangsläufig die Frage, warum eigentlich die »Hunderte von Millionen Menschen« in Afrika, Lateinamerika und Asien, von den wenigen asiatischen Schwellenländern abgesehen, nicht schon zu solchen neuen Märkten geführt haben, obwohl deren Nachholbedarf doch eher noch größer zu sein scheint. Aber sinnliche Bedürfnisse und menschliche Sehnsüchte machen eben noch lange keinen Markt, sprich: keine *produktive Kaufkraft*. Die nämlich kann allein aus der betriebswirtschaftlichen Vernutzung menschlicher Arbeitskraft auf der Höhe des Weltstandards der Produktivität entstehen. Gerade diese Voraussetzungen des eigenen Systems werden von den westlichen Experten und Ideologen bei ihren gönnerhaften Sonntagsreden aber systematisch ignoriert.

Dieselbe Ignoranz findet sich bei großen Teilen der Linken, nur mit umgekehrtem Vorzeichen. Die Vorstellungen von einer kapitalistischen »Kolonisierung« des Ostens sind erkennbar orientiert am alten linken Paradigma von der »neokolonialistischen Ausbeutung« des Südens; und in beiden Fällen wird das Aufsaugen »billiger Arbeitskraft« durch den Vampir Kapital als Hauptmotiv beschworen. Aber diese Vorstellungen hatten ihre reale Grundlage in der präfordistischen Durchsetzungsgeschichte des Kapitals, die längst versunken ist. Billige Arbeitskraft als Hauptmittel der Akkumulation, Sklaven- und Zwangsarbeit in Billigstproduktionen, bei der Gewinnung von Rohstoffen (Bergbau, Plantagenwirtschaft) oder bei gewaltigen Infrastrukturprojekten wie Bau von Eisenbahnen und Staudämmen gehörten (gerade auch in der Sowjetunion) zu den historischen Anschubkräften des Kapitals, d.h. zu seiner »ursprünglichen Akkumulation«. Wer diese Kräfte und Motive umstandslos auf das heutige globale System überträgt, lebt ideologisch in der Vergangenheit und übersieht die inzwischen hervorgebrachten Potentiale der Verwissenschaftlichung und den davon abgeleiteten Standard der Produktivität.

Die wirkliche Geschichte der Dritten Welt in den siebziger und achtziger Jahren straft diese Ideologien ebenso Lügen wie das Gerede der westlichen Experten von den wunderbaren neuen Märkten. Denn die Dritte Welt hat im wesentlichen ihren Zusammenbruch bereits hinter sich, auch wenn das Leben auf immer elenderem Niveau nach dem Ende der »Normalität« irgendwie weitergeht. Nachdem sich die Urkatastrophe der gesellschaftlichen Reproduktion vollzogen hat, haben wir es sozusagen mit »postkatastrophalen Gesellschaften«* zu tun, die nur noch durch wenige dünne Adern mit dem globalen Blutkreislauf des Geldes verbunden sind. Eine von Jahr zu Jahr wachsende Masse der Weltbevölkerung versinkt so in Hoffnungslosigkeit und vegetiert in jenen barbarisierten Zuständen, die dem Osten noch bevorstehen.

Die heute z. B. von Autonomen und Feministinnen (vgl. Werlhof u. a. 1986) kreierte und genährte Vorstellung eines in der Dritten Welt ungebrochen weitergehenden und sich als kapitalistische Vernutzung billiger Arbeitskraft durchsetzenden Prozesses der »ursprünglichen Akkumulation« bleibt insgesamt ebenso realitätsblind wie das verwandte akademische Theorem

* Der Ausdruck stammt von dem sowjetischen *perestroika*-Autor Wladimir Kostjušev, der damit freilich eine ganz andere (und illusionäre) Bedeutung verbindet. Für ihn war die Katastrophe nämlich der Stalinismus, der heute in der Sowjetunion nicht mehr als eine nachholende Form der ursprünglichen Akkumulation begriffen werden kann, sondern als bloß subjektives Verbrechen erscheint, so daß der Terminus »postkatastrophale Gesellschaft« aus dieser Sicht die mangelnde Bewältigung des Stalinismus in der Nachkriegsepoche bis Breshnew kennzeichnen soll. Daß gerade die *perestroika* selber Ausdruck der realsozialistischen Weltmarktkatastrophe sein und die Reformkrise den postkatastrophalen weiteren Verlauf bestimmen könnte, kommt den sowjetischen Neodemokraten nicht in den Sinn (vgl. Kostjušev 1990, S. 143 ff.). Es sollte ihnen jedoch ein Menetekel sein, wenn über Afrika heute gesagt werden muß: »Die Katastrophe wird noch Jahrzehnte andauern« (*Süddeutsche Zeitung* vom 12. 1. 1991).

der »neuen internationalen Arbeitsteilung« (Fröbel/Kreye u.a. 1977, 1986). Alle diese Ansätze beruhen nicht auf einer Analyse des Gesamtprozesses globaler Warenproduktion, sondern auf der Verallgemeinerung einiger partikularer Fall- und Feldstudien. Das gemeinsame Grundmuster dieser Argumentationen besteht immer darin, einen bereits gelungenen oder gelingenden Transfer von kapitalistischem Wachstum aus jener »billigen« Vernutzung menschlicher Arbeitskraft in der Dritten Welt herzuleiten, also in den alten Kategorien der »Ausbeutung«. Teils soll auf diese Weise die Massenarbeitslosigkeit in der westlichen Welt selber nicht etwa auf die Folgen der eigenen immanenten Verwissenschaftlichung und Produktivitätssteigerung über das Fassungsvermögen des warenproduzierenden Systems hinaus zurückzuführen sein, sondern auf eine schlichte Verlagerung der industriellen Arbeit in die »billigere« Dritte Welt; teils soll gar ein mystifizierter Werttransfer aus der folkloristischen Produktion von Webteppichen, Korbflechtereien usw. dem Wachstum des Weltkapitals Sporen geben: eine offenkundig ökonomisch nicht ganz ernst zu nehmende Legende.

Tatsächlich sind die empirischen Erscheinungen, auf die sich die These von der neuen internationalen Arbeitsteilung stützte, längst wieder rückläufig und hatten auch nie die unterstellte Bedeutung. Überall dort, wo sich in der Dritten Welt Ansätze einer eigenen oder von Auslandskapital installierten Industrialisierung entwickelten, gilt heute die Devise: »Von der arbeitsintensiven zur technologieorientierten Wirtschaft« (*Handelsblatt* vom 6.4.1987). Schon Anfang der achtziger Jahre klagte das Internationale Arbeitsamt (IAA) in Genf: »Technik macht die Dritte Welt arm«, womit es unbewußt die Paradoxien des modernen warenproduzierenden Systems illustrierte. Dieser Zusammenhang gilt auch für eine (zunehmend und notgedrungen) weltmarktorientierte Landwirtschaft in der Dritten Welt:

> Die IAA [...] habe erstmals Fragen der Armut und Grundbesitzlosigkeit im ländlichen Asien erforscht. Diese Untersuchung habe gezeigt, daß in Indien, Indonesien, Bangladesh, Sri Lanka und Malaysia, wo 70 Prozent der Landbevölkerung der nichtsozialistischen Länder der Dritten Welt lebten, die Armut wachse, obwohl in den letzten 25 Jahren dort ein noch nie dagewesenes wirtschaftliches Wachstum erreicht worden sei. So habe in den reichen Anbaugebieten des Punjab in Indien die neue Technik der »grünen Revolution« zwar zu einer Steigerung des Pro-Kopf-Realeinkommens um 26 Prozent geführt, der Anteil der Landbevölkerung, der unter der Armutsgrenze lebe, habe sich aber gleichzeitig von 18 auf 23 Prozent erhöht. Nach dem gleichen Muster verlaufe die Entwicklung in den Kautschukplantagen Malaysias. [...] Die Antwort auf die Frage, warum die Armut zugenommen habe, hänge mehr mit der Wirtschaftsstruktur als mit der Wachstumsrate zusammen. Angesichts der Tatsache, daß die technischen Verbesserungen in den meisten Fällen Arbeitskräfte einsparten statt Arbeitsplätze entstehen zu lassen, hätten nützliche Kapitalinvestitionen nicht die gewünschten Beschäftigungseffekte. So hätten in Pakistan Traktoren den Verlust von 200 000 Arbeitsplätzen verursacht. Neue Reismühlen in Indonesien könnten dazu führen, daß statt der bisher 400 000 Menschen nur noch 330 000 beschäftigt werden. (*Süddeutsche Zeitung* vom 17.5.1980)

Selbstverständlich hat sich diese Entwicklung die ganzen achtziger Jahre hindurch fortgesetzt, und zwar mit gesteigertem Tempo. Jeder Schritt an weltmarktorientiertem landwirtschaftlichen Wachstum mußte notwendig ein Schritt hin zur kapitalintensiven Agroindustrie sein, deren Produktivität wie diejenige in den Weltmarktzentren selbst am Gesamtwachstum des Weltkapitals nagt, statt es zu forcieren. So verschärfen sich Konkurrenz und Kapitalkonzentration national und international auch auf dem Agrarsektor.

Erst recht gilt dies für die Industrie und die industriellen Direktinvestitionen in der Dritten Welt. Die auf einer Verlagerung von Teilproduktionen nach Nordafrika, Südostasien und Lateinamerika beruhenden Investitionen blieben nicht nur immer hinter denjenigen in westliche kapitalistische Länder weit zurück, sondern sind im Laufe der achtziger Jahre sogar rapide geschrumpft: »Deutsche Investoren meiden die Entwicklungsländer« (*Süddeutsche Zeitung* vom 9. 4. 1987). Lag das Volumen der BRD-Direktinvestitionen in die Dritte Welt bis 1983 noch bei jährlich 2,3 Milliarden DM, so war es 1986 schon auf 0,7 Milliarden DM gesunken, mit weiter absteigender Tendenz. Dasselbe gilt für das Investitionsverhalten der übrigen kapitalistischen Länder. Die Gründe sind keineswegs primär politischer Natur, sondern liegen wie auf dem Agrarsektor in der höheren Kapitalintensität:

> Die Produzenten in Südostasien brauchten angesichts der neuen Technologien die gleichen Maschinen wie die Hersteller anderswo. Der Lohnanteil habe deswegen bei weitem nicht mehr die frühere Bedeutung, meint Wolfgang Kummer, der Vorstandsvorsitzende der Linotype AG, Eschborn. Sein Unternehmen habe 80 Prozent Materialaufwand, 12 Prozent Gemeinkosten und nur 8 bis 10 Prozent direkte Lohnaufwendungen. In Südostasien könne man nicht billiger produzieren als hier. Deswegen

> hat das Unternehmen schon vor gut einem Jahr den Löwenanteil der Fertigung in der Bundesrepublik konzentriert. (*Süddeutsche Zeitung* vom 10.8.1988)

Diese Logik zeigt sich natürlich nicht nur bei kleineren Industriezweigen wie Druck, Textil und Bekleidung, sondern erst recht bei den Schlüsselindustrien Elektronik und Straßenfahrzeugbau. Daniel Goeudevert, der ehemalige Vorstandsvorsitzende der Ford-Werke Köln, läßt daran keinen Zweifel:

> Die Produktionsverlagerung hin zu den billigeren Arbeitskräften habe [...] an Bedeutung verloren. Angesichts des Zwangs zur Rentabilität tendierten die Unternehmen zur Kostensenkung und damit zur Freisetzung von Arbeitskräften. (*Handelsblatt* vom 15.6.1989)

Der säkulare Trend zur Erhöhung der Kapitalintensität (die fetischistische Ausdrucksform für die Entfaltung der »Produktivkraft Wissenschaft«) hat das Angebot »billiger« Arbeitskraft der Dritten Welt längst wertlos gemacht, verschließt damit aber auch gleichzeitig dem Westen selbst einen externalisierenden Ausweg aus seiner eigenen Krise durch die Erschließung jener ominösen neuen Märkte. Je weniger die Dritte Welt im Wettlauf der Produktivität mithalten konnte, desto weniger konnte sie auch nur die nötigsten Investitionen für ihre eigene Entwicklung und ihre inneren Märkte »erwirtschaften«, und desto uninteressanter wurde sie auch für ausländische Direktinvestitionen westlichen Kapitals. Sie wurde abhängig von der Kreditaufnahme aus dem westlichen Bankensystem und von den internationalen Institutionen (IWF, Weltbank).

War in den siebziger Jahren mit diesen Krediten noch die Illusion verbunden gewesen, es könne auf diesem Wege innere Entwicklung, Industrialisierung und Weltmarktfähigkeit erreicht werden, so platzte diese Seifenblase spätestens 1982, als mit der Zahlungsunfähigkeit Mexikos die berüchtigte Schuldenkrise der Dritten Welt eingeläutet wurde, die einer Bewältigung bis heute um keinen Millimeter näher gekommen ist. Ein Teil der Kredite versickerte in den Staatsbürokratien der Dritten Welt und bei den Oberschichten, floß unproduktiv in den Konsum bzw. in unsinnige Prestige- und Rüstungsprojekte oder wurde für Zwecke privater Bereicherung als unproduktives zinstragendes Kapital in das westliche Bankensystem zurücktransferiert. Aber das ist noch nicht einmal die halbe Wahrheit. Denn es gibt weitaus objektivere und gewichtigere Gründe als die bloße Bereicherungssucht der traditionellen Oberschichtenclans in der Dritten Welt, die das Industrialisierungs- und Entwicklungsprojekt scheitern lassen mußten.

Das Problem besteht letztlich darin, daß die abstrakte Rentabilitätslogik, wie sie der modernen Ware und damit dem von dieser konstituierten Weltmarkt inhärent ist, so etwas wie eine politisch induzierte, d.h. von bloßen Willensentscheidungen getragene, Strategie gar nicht kennt und nicht zulassen kann. Unerbittlich muß sich früher oder später das Gesetz der Rentabilität durchsetzen, das besagt, daß nur diejenige Warenproduktion gültig und somit marktfähig ist, die dem Weltniveau der Produktivität entspricht. Da es sich hier um eine objektive Gesetzmäßigkeit innerhalb der Warenlogik handelt, kann dieser auch nicht mit Fairneß-Argumenten und Verweisen auf das Problem der nachholenden Entwicklung begegnet werden; überhaupt ist es sinnlos und absurd, mit den Strukturgesetzen der Warenproduktion rechten und argumentieren zu wollen, als hätte man es mit einem bewußten Subjekt zu tun.* Daß es für die Befriedigung der sinnlichen Bedürfnisse »vernünftig« wäre, anders zu verfahren, nicht nach dem abstrakten Gesichtspunkt der Rentabilität zu produzieren und im Namen der eigenen Entwicklung, Bedürfnissicherung und -erweiterung zunächst auch Produktionssektoren unterhalb des Weltstandards zu installieren, geht die Logik der Geldform gar nichts an, die sich daher über alle frommen Wünsche hinwegsetzen muß mit jener Unerbittlichkeit, wie sie »Gesetzmäßigkeiten« nun einmal an sich haben.**

Praktisch zeigt sich das Dilemma dieser Logik darin, daß sich die Schere zwischen der konkurrenzökonomisch erzwungenen Produktivitätssteigerung der entwickelten kapitalistischen Länder und der möglichen Produktivität in den rückständigen Regionen des Weltmarkts ständig weiter öffnet. Die Basis des gewaltigen westlichen Kapitalstocks, von der aus die weiteren Steigerungen erfolgen, kann innerhalb der Waren-

* Daß diese Denkfigur gerade bei der Linken weit verbreitet ist, liegt an deren aufklärerischer Subjektprojektion, d.h. daran, daß sie eben nur die »Kapitalisten« (und deren vermeintliche Machenschaften, Willensentscheidungen usw.) als Subjekte zu kritisieren imstande ist, nicht aber das Kapital als jenes »automatische Subjekt«, wie es der (verdrängte) Marx der *Kritik* der Politischen Ökonomie noch getan hat. Es erscheint dann trotz allen scharfsinnigen theoretischen Aufwands letztlich doch stets so, als könnten auf dem Boden des warenproduzierenden Systems durch guten Willen und politische Eingriffe auch ganz andere und weitaus menschenfreundlichere Entscheidungen getroffen werden als jene vermeintlich bloß »falschen« der »falschen Subjekte«. Diese Denkweise entspricht dem verkürzten, »soziologistischen« Marxismus der Oktoberrevolution und der Dritten Welt, der sich als immanentes Moment der bürgerlichen Modernisierung heute vollständig und unwiderruflich ausgelebt hat.

** Da es sich nicht um Naturgesetze handelt, sind diese Gesetzmäßigkeiten des warenproduzierenden Systems prinzipiell aufhebbar, aber eben nur zusammen mit den Grundlagen der Warenförmigkeit gesellschaftlicher Reproduktion selbst. Solange kein Bewußtsein dafür aufgebracht wird, muß sich die Geldlogik mit immer verheerenderen Konsequenzen blind gegen das Autonomiegebaren des bürgerlichen Subjekts durchsetzen.

logik in den anderen Weltteilen insgesamt nie mehr erreicht werden. Jeder Schritt der Entwicklung und Produktivitätssteigerung in den rückständigen Ländern wird durch zwei, drei und mehr Schritte in den fortgeschrittensten Regionen auf immer höherer Stufenleiter negativ überkompensiert. Es ist der Wettlauf zwischen dem Hasen und dem Igel, der nur mit dem Tod des Hasen enden kann.

Je höher das Weltniveau der Produktivität, desto höher die Kapitalintensität der Produktion, desto höher und für die meisten armen Länder unerschwinglicher die Investitionskosten, die oft schon in demselben Moment wieder entwertet sind, in dem sie marktfähige Produktionen induzieren sollen. Und je höher die Meßlatte der Verwissenschaftlichung, Technisierung und Automatisierung gelegt wird, desto größer wird auch über die unmittelbare Produktion hinaus der Bedarf an gewaltigen Investitionen in das System gesamtgesellschaftlicher Logistik und Infrastruktur, in Wissenschaft und Ausbildung, Verwaltung und Dienstleistungen, dem die rückständigen Länder erst recht nicht mehr folgen können.

Der Rückgriff auf Kredite aus den internationalen Finanzmärkten war daher schon eher ein verzweifelter Schritt als ein kalkulierter Entwicklungspfad. Weil die Verzinsung und Bedienung der Kredite für die meisten betroffenen Länder notwendig schneller expandierte als jeder denkbare Entwicklungserfolg auf den inneren und äußeren Märkten, mußte die »verschuldete Industrialisierung« objektiv scheitern, egal ob in der Form der »Importsubstitution« oder als »Exportindustrialisierung«:

> In der Regel zog der Versuch, Konsumgütereinfuhren durch Eigenproduktion zu ersetzen, umfangreiche Investitionsgüterimporte nach sich, die den

Effekt der Importsubstitution übertrafen; aus jeder Phase der Importsubstitution, durch die die Produktion technologisch zunehmend anspruchsvoller Waren ins Land geholt wurde, ergab sich ein erhöhter Importbedarf an technologisch immer komplexeren Investitionsgütern. Statt Devisenersparnissen und einer Entlastung der Zahlungsbilanz stellten sich zusätzliche Defizite ein, die mit ausländischen Mitteln finanziert werden mußten. Häufig ließ die Industrialisierung, weil sie inländische Ressourcen aus der Agrarwirtschaft in die Industrie umlenkte, die Nahrungsmittelproduktion stagnieren oder gar sinken. Die notwendigen Nahrungsmittelimporte belasteten die Zahlungsbilanz in manchen Fällen beträchtlich. [. . .] Nach der Phase der Importsubstitution gingen daher einige Länder zur Exportindustrialisierung über, um über die Ausfuhr industrieller Fertigwaren doch noch die Schuldenspirale aufhalten und den Schuldendienst sicherstellen zu können. Das Beispiel Brasilien indessen, das auf Teufel-komm-raus alle Industriewaren bis hin zu Waffen zu exportieren trachtet, um des Problems der Auslandsverschuldung Herr zu werden, verdeutlicht, daß der Verschuldungsfalle auch damit nicht zu entgehen ist — vor allem, wenn Weltwirtschaftskrise und Protektionismus der Industrieländer die Absatzmöglichkeiten stark beschränken. *(Körner, Maaß, Siebold, Tetzlaff 1984, S. 50f.)*

Tatsächlich hat bis auf wenige Ausnahmen heute die vermeintliche »Exportindustrialisierung« nur zur Verschärfung der Schuldenkrise beigetragen, statt als mögliche Alternative wirksam zu werden. Nur wenige Waren aus Ländern der Dritten Welt konnten der Weltmarktkonkurrenz standhalten, so etwa in den Sektoren der Montanindustrie (u. a. qualitätsschwacher

Billigstahl), des Schiffbaus, der Rüstungsindustrie (vor allem Brasiliens), der Textilindustrie und natürlich der Landwirtschaft und der Lebensmittelindustrie. Da aber der Weltmarkt gerade aufgrund des seiner eigenen Logik entsprechend »zu hohen« Produktivitätsniveaus insgesamt immer weniger produktive Kaufkraft erzeugen kann, da die Expansionsbewegung substantiell also als Ganzes längst in Stagnation übergegangen ist und da sich die Konkurrenz auf den »enger« gewordenen Märkten verschärft, mußten sogar die wenigen bescheidenen Exporterfolge der Dritten Welt auf Kosten der entsprechenden Sektoren in den westlichen Ländern selbst gehen und dort Abwehrmaßnahmen in Form von Subventionen und Protektionismus hervorrufen.*

Gleichzeitig aber drückt die sich auftürmende Last der Zinsen und Tilgungen für die längst verpulverten Kredite, so daß die industriellen und agrarischen Exporte zu immer wahnwitzigeren Konditionen verschleudert werden müssen: die Länder des Südens bluten so regelrecht aus, mit immer neuen Schüben von Verelendung und schließlicher Deindustrialisierung dort, wo die mühsam gepäppelten, aber auf Sand gebauten Industriestrukturen unter dem Konkurrenzdruck wieder zerfallen, wie das negative Paradebeispiel Argentinien schon früh gezeigt hat:

* Der krasseste Fall in dieser Hinsicht, der den eigenen ideologischen Bekenntnissen zu Marktfreiheit nnd Konkurrenz direkt ins Gesicht schlägt, ist wohl das ungeheure und ungeheuerliche System der EG-Agrarsubventionen. Gegenwärtig gerät dieses protektionistische System durch die immer heftiger werdenden Auseinandersetzungen im Rahmen des internationalen Zoll- und Handelsabkommens (GATT) schwer unter Druck. Ein Nachgeben hätte die weitgehende Vernichtung der europäischen Landwirtschaft mit unabsehbaren sozialen und politischen Friktionen zur Folge; Unnachgiebigkeit dagegen den offenen Handelskrieg, der ohnehin seit Jahren schwelt. Das wäre freilich auch das endgültige Todesurteil für die vielen nur noch dahinvegetierenden Gesellschaften der Dritten Welt, die einem solchen Krieg niemals standhalten könnten.

Argentinien wurde zum Modellfall einer schonungslos betriebenen Strategie der De-Industrialisierung. Zwischen 1975 und 1982 sank die industrielle Produktion um 20 %, die Beschäftigung in der Industrie ging um 40 % zurück. Krise und Massenarbeitslosigkeit ließen den Anteil der Löhne am Volkseinkommen von 49 % auf 32,5 % absinken. Der wirtschaftliche Niedergang hinterließ eine hoffnungslos ruinierte Industriestruktur, deren technologischer Rückstand gegenüber der internationalen Konkurrenz sich noch vergrößert hatte. *(Simon 1987, S. 158)*

Diesen von Argentinien vorexerzierten Weg der »verschuldeten Deindustrialisierung« sind inzwischen die meisten Länder der Dritten Welt gegangen, in denen überhaupt Ansätze einer Industriestruktur aufgebaut worden waren.* Der Absturz in den Status des »Weltsozialfalls« ist damit für die überwiegende Mehrheit dieser Regionen programmiert, mit allen Konsequenzen der inneren Destabilisierung.

Die wenigen Ausnahmen, vor allem die asiatischen Schwellenländer im pazifischen Raum, deren »Exportindustrialisierung« vordergründig gelungen scheint (so vor allem die vier »kleinen Tiger« Südkorea, Hongkong, Taiwan und Singapur), sind in Wirklichkeit der Schuldenfalle noch keineswegs entronnen, bleiben in prekärer Abhängigkeit von den westlichen Ländern und waren bisher nicht in der Lage, dem Vorstoß in die Exportmärkte eine entsprechende innere Moderni-

* Die ärmsten Länder vor allem Afrikas, aber auch Asiens und Lateinamerikas hatten von vornherein nie eine Chance, auch nur einen Ansatz eigener Industrialisierung und gesellschaftlicher Weiterentwicklung zu versuchen. Die stetige Verschlechterung der *terms of trade* für ihre Rohstoffe und Agrarprodukte hat sie heute bereits zu hoffnungslosen »Weltsozialfällen« gemacht, die sich nicht einmal mehr aus eigener Kraft ernähren können. Die inneren Verteilungskämpfe haben dort zu blutigen Gemetzeln, Stammes- und Bürgerkriegen, Hungerkatastrophen und Seuchen geführt.

sierung und Durchstrukturierung folgen zu lassen (dies gilt ja bis zu einem gewissen Grade sogar noch für Japan). Da eben billige Arbeitskraft als Faktor zunehmend an Gewicht verloren hat und weiter verlieren wird, können die Exporterfolge nur auf dem Weltniveau der Technisierung und Produktivität mit hohem Kapitaleinsatz gehalten werden; das bedeutet aber, daß diese Produktionen für den Weltmarkt gesellschaftlich insular bleiben und nicht die Masse an Arbeitskraft beschäftigen können, die für eine innere Entwicklung nötig wäre.

Dies mag für Klein- und Stadtstaaten wie Hongkong oder Singapur tragbar sein, schon für Südkorea resultiert daraus eine auf Dauer unhaltbare innere Zerreißprobe. Die insulare weltmarktfähige Industriestruktur ist einseitig exportorientiert, und der innere Markt kann nicht ausreichend entwickelt werden, weil die scheinbar gelingende Exportindustrialisierung wegen ihrer hohen Kapitalintensität nicht genügend innere Massenkaufkraft erzeugen kann; nicht der Billiglohn ist dabei der entscheidende Faktor, sondern die mangelnde Fähigkeit dieser High-Tech-Produktionen, genügende Massen von Arbeitskraft anzusaugen.

Die geradezu merkantilistisch einseitigen Exportströme fordern aber auch den Protektionismus der Importländer heraus, was Japan längst zu spüren bekommt und seit Jahren mit allerlei Tricks zu umgehen versucht. Schon hat Südkorea durch Importrestriktionen der EG und der USA schwere Einbrüche seines Exports erlebt, während die sozialen Spannungen und Konflikte im Inneren zunehmen und sich gewalttätig entladen. Die totale Abhängigkeit von den überseeischen Auslandsmärkten und von westlichen bzw. japanischen Investitionsgütern (Chips, Werkzeugmaschinen, Automatisierungstechnik) bei gleichzeitig noch keineswegs abgeschlossener Entschuldung (die jederzeit wieder in neue Verschuldungsprozesse umschlagen kann) machen diese Länder überempfindlich für die Schwankungen der Weltkonjunktur: ein auch nur moderater rezessiver Schnupfen der USA könnte ihren Tod bedeuten.

Es zeigt sich so, daß die Dritte Welt an ihren Versuchen der Modernisierung entweder bereits zerschellt ist — und das gilt für die Mehrheit dieser Länder, die seit dem Abschluß der Entkolonisierung so hoffnungsvoll aufgebrochen waren — oder daß sie bestenfalls einen prekären Status in Gestalt von Schwellenländern gefunden hat, der dem Damoklesschwert des Weltmarkts ausgesetzt bleibt und trotzdem keine innere Entwicklung der Gesamtgesellschaft mehr erlaubt. Dieser Opfergang der Dritten Welt ist in Wahrheit das Menetekel für die ehemals realsozialistischen Länder, die ihre wirkliche Lage noch nicht begriffen haben, weil sie in die falsche Richtung starren: nach Westen, und hier wieder nur auf den vorläufigen Weltmarktgewinner BRD, statt nach Süden, wo ihre wirkliche Zukunft in der einen Weltgesellschaft des Marktes und des Geldes liegt.

Der historische Gesamtzusammenbruch nachholender Modernisierung

Aber während die Massen und die Wirtschaftsstrategen des Ostens noch ihre hoffnungsvollen Blicke westwärts gerichtet haben und sich einbilden, daß der »Anpassungsschock« und der Marsch durch das Tal der Tränen schon bald zu marktwirtschaftlicher Prosperität führen müßten, ist die Reformkrise nichts als der Ausruck dafür, daß sie real bereits nach Süden unterwegs sind. Daß die Dritte Welt den Prozeß des Zusammenbruchs schon zum großen Teil durchlaufen hat und insofern das wahre Modell der nachholenden Modernisierung für den Rest des Jahrhunderts und den Beginn des nächsten abgibt, wird einfach nicht zur Kenntnis genommen.

Tatsächlich erweisen sich die Binnenstrukturen der Modernisierung in der Dritten Welt und im Realsozialismus im nachhinein als erstaunlich verwandt, wenn man einmal von den ideologischen und politischen Einkleidungen absieht. Nachdem sich der ideologische Staub aber gesetzt hat, weil die historische Bewegung, die ihn aufgewirbelt hatte, zum Stillstand gekommen ist, tritt die identische Grundproblematik dieser nachholenden Modernisierung deutlich hervor. Auch in den nachkolonialen Entwicklungsgesellschaften der Dritten Welt mußte sich das etatistische Moment der Moderne gegenüber dem monetaristischen stärker als im Westen durchsetzen, um überhaupt Industrialisierungsprozesse in Gang zu bringen. Die Regimes der Modernisierung auf der südlichen Halbkugel, gleichgültig ob unter dem Stern des Marxismus und in Gestalt »nationaler Befreiungsbewegungen« (Kuba, Vietnam, Angola) oder ob als prowestliche Militärdiktaturen und Regimes der »weißen Revolution« (Brasilien, Iran), hatten ebenso wie im Osten etatistische Strukturen des warenproduzierenden Systems hervorgebracht und somit Fünfjahrpläne, Plan- und Staatsbürokratien.

Trotz kraß gegensätzlicher und bis aufs Messer feindseliger Ideologien standen alle diese Regimes vor demselben Problem: Jede nachholende Modernisierung im 20. Jahrhundert, nicht nur diejenige des Ostens, war in der einen oder anderen Weise zur Wiederholung merkantilistischer Strukturen des 17. und 18. Jahrhunderts gezwungen, freilich auf viel höherer Entwicklungsstufe. Überall in der Dritten Welt wurde der Staat, weit über die produktive Basis hinaus, zu einer gewaltigen bürokratischen Maschine. Die Kommandohöhen wurden von parasitären Clans besetzt, während der Apparat als Ganzes einen erheblichen Teil der Mittelklasse ernährte und unproduktive Kaufkraft in großem Maßstab schöpfte.

Der Staat trat entweder wie im Realsozialismus als Besitzer und Betreiber der Schlüsselindustrien auf, oder er subventionierte diese zumindest in einem weit über das konkurrenzökonomische System des Westens hinausgehenden Maße. Auf diese Weise entstand eine verstaatlichte oder am staatlichen Tropf hängende Industriearbeiterklasse, die in den meisten Ländern der Dritten Welt zum Bestandteil der Mittelklasse wurde, während die Masse der Bevölkerung außerhalb des Staatsapparats und außerhalb der insularen Industrieproduktion für den Weltmarkt in die Verelendung getrieben wurde.

Und genau wie später im Realsozialismus wurde diese Reproduktionsstruktur nachholender Modernisierung schon ein Jahrzehnt früher von zwei Seiten her in die Zange genommen. Zum einen brach die inflationäre Tendenz dieses Systems mit voller Wucht an die Oberfläche des Marktes durch. Die permanente Subventionierung der Industrien und des aufgeblähten Staatsapparats (ebenso wie die Subventionierung von Grundnahrungsmitteln, mit der die Lazarusschichten der Modernisierung halbwegs befriedet werden sollten) konnte nicht mehr durchgehalten werden. Sie wurde nur noch über die Notenpresse scheinfinanziert. Die Folge waren Hyperinflationen, die bis heute in immer neuen Schüben diese Gesellschaften durchschütteln. Zum andern aber konnten die meisten subventionierten Industrien auf dem Weltmarkt wegen der rapide steigenden Produktivität und Kapitalintensität nicht mehr mithalten, mit allen beschriebenen Folgen der Außenverschuldung und Deindustrialisierung.

Die Ähnlichkeit mit dem realsozialistischen Zusammenbruchsprozeß ist zu evident, als daß sie ignoriert werden könnte. Das fällt im nachhinein auch den im westlichen Sinne marktwirtschaftlich orientierten internationalen Kreditinstitutionen wie der Weltbank und dem IWF (Internationaler Währungsfond) auf, die zu Großgläubigern der Zusammenbruchsökonomien geworden sind. Plötzlich entdecken sie gerade bei den früher gehätschelten prowestlichen Regimes überall die vermeintlichen Sünden wider die Marktwirtschaft und vergleichen die Strukturen von Ländern wie Brasilien ohne Rücksicht auf den ideologischen Lack, der eben hüben wie drüben ab ist, mit denjenigen der DDR, der Sowjetunion, Polens oder Rumäniens.

Freilich wird auch hier Ursache und Wirkung verwechselt, genau wie bei den neuen marktwirtschaftlichen Reformen im Osten. Die etatistischen Sünden der Kommando- und Subventionswirtschaft waren auch hier kein »Fehler«, sondern sich aufdrängende Notwendigkeit, um wenigstens eine Zeitlang in der Hülle des warenproduzierenden Weltsystems überleben zu können. Werden diese Strukturen abgebaut, so können nur noch weitere und immer schlimmere Zusammenbruchsprozesse folgen, wie lange und qualvoll sich diese auch hinziehen mögen. Genau dies verlangt aber der IWF, indem er der blinden Logik des Geldes folgt. Aber jeder Schritt im Abbau der Staatsbürokratie und der Subventionierung kann den Prozeß der Deindustrialisierung, Außenverschuldung und Verelendung nur weiter beschleunigen.

IWF, Weltbank und die übrigen westlichen Großgläubiger haben die Dritte Welt längst in die innere soziale und politische Destabilisierung getrieben. Es geht dort nicht mehr um eine alternative und konkurrierende (»sozialistische«) Strategie der Entwicklung, Modernisierung und Industrialisierung, sondern nur noch um die Verlaufsformen des Zerfalls von postkatastrophalen Gesellschaften. Das Gegenbild ist leer, weil es innerhalb der Formen des warenproduzierenden Systems keine Alternative mehr geben kann. Wie die prowestlichen, so zerfallen auch die prosowjetischen Entwicklungsgesellschaften auf ein und demselben Boden abstrakter Arbeit. Die »Befreiungsbewegungen«, die sich nur innerhalb dieses Bezugssystems bewegen konnten, verlieren Ziel und Glaubwürdigkeit; teils legen sie die Waffen nieder, teils degenerieren sie zur bewaffneten partikularen Interessenklientel in barbarisierten Verteilungskämpfen — in Lateinamerika scheinen sie sogar mit der Drogenmafia zu verschmelzen.

Dennoch kann es nicht so bleiben, wie es ist. Gewaltsame Gegenreaktionen, und seien sie eruptiv und ziellos, sind unvermeidlich und beginnen sich zu häufen. Davon zeugen nicht nur die immer gewalttätigeren Brotunruhen gegen den vom IWF erzwungenen Abbau der Lebensmittelsubventionierung. Auch die bisherigen Mittelschichten in der Dritten Welt werden von der erbarmungslosen Logik des Geldes überrollt. Um so verzweifelter muß die Revolte ausfallen, um so angestrengter sucht sie nach irgendeiner intellektuellen Legitimation.

In Teilen Asiens, in Arabien und Nordafrika wurde die Reislamisierung zur militanten Ersatzideologie gegen den Westen, der sich dort hinter seinem Rücken ganz neuartige Totengräber heranzüchtet, die zwar keine transzendierende Zielsetzung besitzen, aber auch vor nichts mehr zurückschrecken. Der islamische Fundamentalismus hat freilich kaum mehr als den Namen mit der alten islamischen Kultur der Vormoderne gemein. Diese Kultur ist ja nicht zu trennen von jenen vorkapitalistischen, agrargesellschaftlich fundierten, traditionellen Reproduktionsstrukturen, die heute in allen Teilen der Welt längst versunken sind.

So bildet der Islam eigentlich nur eine ideologische Hülle für Entwicklungstendenzen der sekundären Barbarei, in denen die entwurzelten und verelendeten Massen blind und perspektivlos gegen die ebenso blinde Logik des Weltmarkts zurückschlagen und dieser zu entkommen versuchen. Je mehr aber dieser Fundamentalismus über die verslumten Massen der Hungerrevolten hinausgreift und jene Mittelschichten erfaßt, die von den Gesetzen des Geldes und deren IWF-Exekutoren aus ihrem bisherigen Leben verjagt und ins Elend gestürzt werden, desto gefährlicher und pseudostrategischer wird er. Dies hat schon die iranische Entwicklung gezeigt, die kaum das letzte Wort der antiwestlichen Islamisierung gewesen sein dürfte.

Auch wenn dieser Fundamentalismus barbarische Züge zeigt, so sind sie doch nicht barbarischer als alles, was die »zivilisierten« Herren der internationalen Finanzinstitutionen ohne Wimpernzucken von einem immer größeren Teil der Menschheit verlangen. Die Barbarei des »offiziellen« Geldes ist für die wachsende Masse der »Herausgefallenen« wahrscheinlich subjektiv immer noch schrecklicher als selbst die offene Herrschaft der Mafia,* die als illegale Untergrundform der Geldlogik wenigstens gelegentlich noch die Karikatur eines faßbaren menschlichen Gesichts erkennen läßt.

* Tatsächlich haben z.B. im Libanon nach dem Zusammenbruch der Staatsgewalt die Clanmilizen eine gewisse Ordnungsfunktion übernommen und erhalten Reste von Normalität aufrecht; in den *favelas* von Lateinamerika sind es oft die Drogenbarone, die als einzige Kraft gewisse zivilisatorische Bedingungen garantieren und mehr als der Weltmarktstaat unter IWF-Fuchtel Trinkwasser, Schulen, Wohnungsbau finanzieren, um sich dafür als eine Art Robin Hoods feiern zu lassen. Schon jetzt sind ähnliche Tendenzen auch in einigen Ländern des ehemaligen Ostblocks zu beobachten. Nicht IWF und westliches Demokratiegesäusel, sondern die Mafia ist für viele Menschen die letzte Erinnerung an die Zivilisation.

Wenn die islamische Sekundärideologie auch nur eine reaktive Regressionsbildung ist und keine alternative Vergesellschaftung auf der Höhe moderner Produktivkraftentwicklung zu legitimieren vermag, so taugt sie den desorientierten Massen doch dazu, ihr Leiden an der zusammenbrechenden Modernisierung überhaupt auszudrücken. Womöglich gebiert der Fundamentalismus aggressive Kamikaze- und Kommandounternehmen bis hin zu größeren militärischen Verzweiflungsschlägen gegen die Zentren des Weltmarkts. Schon ist die gesamte nordafrikanische Mittelmeerküste von der fundamentalistischen Strömung erfaßt, schon beginnen die moslemischen Republiken der Sowjetunion in dieses Fahrwasser einzuschwenken. Vielleicht werden sich die europäischen Anrainer des Mittelmeers in nicht allzu ferner Zukunft die Finger lecken nach einem so moderaten Politiker wie Gaddafi (der jetzt noch als Buhmann herhalten muß), wenn die weitaus rücksichtslosere Aggressivität des islamischen Fundamentalismus erst einmal die gesamte Region bedroht.*

Aber auch die Gesellschaften in anderen Regionen des Modernisierungsdesasters sind immer weniger bereit, den leeren Versprechungen einer prosperierenden marktwirtschaftlichen Zukunft Glauben zu schenken. Im Unterschied zum erst jetzt zusammenbrechenden Realsozialismus haben große Teile der Dritten Welt ja bereits zu viel an einschlägigen Erfahrungen hinter sich, als daß selbst ihre gemäßigten, eher prowestlichen Vertreter und Publizisten noch in die naive

* Die Ziellosigkeit und scheinbare Zufälligkeit, mit der die US-Administration und die westlichen Medien ihre »Bösewichter« auswechseln und in immer neue und immer unhaltbarere Koalitionen in der Dritten Welt hineinschlittern, zeigt nicht nur die allgemeine Desorientierung nach dem Zusammenbruch des bisherigen Feindbildes an, sondern auch das schiere Nichtbegreifen jener Weltmarktlogik, als deren Protagonist man sich geriert, ohne doch ihre Wirkungen im mindesten voraussagen, geschweige denn auffangen zu können.

marktwirtschaftliche Euphorie der östlichen Reformer einstimmen könnten:

> Während der frühere »Ostblock« stark auf die marktwirtschaftlich-privatkapitalistische Linie einschwenkt, distanzieren sich viele Länder der Dritten Welt davon. Der neue ideologische »eiserne Vorhang« verrutscht in Richtung Äquator. Für den Ersten Sekretär der ständigen polnischen UNO-Mission in Genf, Maciej Lebkowski, wird »die dominierende Wachstums- und Entwicklungsdoktrin der 90er Jahre auf dem Prinzip der Marktwirtschaft beruhen. Sie wird dem nichtstaatlichen Sektor die Funktion des Wachstumsmotors übergeben«. Nach Meinung des Brasilianers Marcos Arruda »sollte die Welt die Gesetze der Marktwirtschaft aufgeben [!], desgleichen die Logik des Kapitals [!] als dem hauptsächlichen Lenkungsmechanismus der wirtschaftlichen Aktivität, der Verteilung der Macht und des Wissens, denn deren logische Endstation ist die Entmenschlichung und der Tod«. (*Handelsblatt* vom 5.10.1989)

Nichts könnte die Lage treffender charakterisieren als diese merkwürdige Kontroverse anläßlich des 25. Geburtstags der UNO-Konferenz für Handel und Entwicklung (UNCTAD) im Herbst 1989. Während zumindest Teile der Ideologen und der politischen Klasse in der Dritten Welt die neomarktwirtschaftlichen Illusionen aufgrund bitterster Erfahrungen schon wieder aufzugeben beginnen, müssen die exrealsozialistischen Gesellschaften offenbar erst noch ein zweites Mal in ihr Verderben rennen, bevor sie erkennen, daß die ideologische Umpolung sie praktisch keinen Schritt weiterbringt.

Tatsächlich sind nahezu sämtliche Staaten des ehemaligen Ostblocks, und zwar gleichgültig, in welchem Stadium der marktwirtschaftlichen Reformen sie sich befanden, Ende der achtziger Jahre genau wie die Dritte Welt in das Stadium der galoppierenden Außenverschuldung eingetreten. Zunächst waren fast zeitgleich mit den Problemländern der Dritten Welt vor allem Polen und Rumänien in den Strudel »verschuldeter Industrialisierung« geraten; wie in der Dritten Welt hatten die jeweiligen Regierungen in einer Mischung aus Importsubstitution und Exportindustrialisierung ehrgeizige Mega-Industrieprojekte (die insgesamt niemals weltmarktfähig wurden) mit Krediten aus den internationalen Finanzmärkten finanziert und waren in dieselbe Schuldenfalle geraten wie Brasilien und die meisten anderen Staaten der Dritten Welt.

Es war von vornherein ein grandioses Mißverständnis, wenn die polnische Arbeiter- und Oppositionsbewegung als Vorreiter der sogenannten Revolutionen im Osten gegen eine vermeintliche sozialistische Mißwirtschaft anrannte (was sich später zur Illusion des »falschen Modells« verfestigte), während sich hinter der ideologischen Maske des Regimes in Wirklichkeit dasselbe Grundproblem der Modernisierung verbarg, dem auch die prowestlichen Staaten der Dritten Welt unterlagen. Und mit denselben Konsequenzen wie in der Dritten Welt wurden für den Zusammenbruch der Modernisierungsstrategien die Massen haftbar gemacht und schwersten Restriktionen unterworfen, besonders brutal im diktatorisch regierten Rumänien, das bis zum Sturz des »Conducators« Ceauşescu mehrere Hungerwinter durchmachen mußte.*

* Das grausige Ende des Diktators, der samt seiner Ehefrau niedergeschossen wurde wie ein Hund, ist von der westlichen Presse genüßlich ausgemalt worden als Schreckensbeispiel dafür, wohin »der Kommunismus« führe; in Wirklichkeit ist es eine Warnung für sämtliche Regierungschefs der Länder in der Schulden-

Es wird so die beißende Ironie der Geschichte sichtbar, daß in den vergangenen beiden Jahrzehnten die meisten Völker des Ostens im Namen westlicher, marktwirtschaftlicher und viele Völker des Südens im Namen östlicher, sozialistischer »Ideale« gegen ein und dieselbe Logik der zum Scheitern verurteilten nachholenden Modernisierung anrannten. Erst heute enthüllt sich im gemeinsamen Zusammenbruch auch die heimliche Identität der konkurrierenden Ideologien innerhalb dieser historischen Konstellation.

Mochte es zunächst den Anschein haben, daß Problemfälle wie Polen und Rumänien, im Vergleich zur Dritten Welt höher industrialisierte Länder, auf bloße strategische Fehler des Managements zurückgeführt werden könnten, so hat sich diese Einschätzung spätestens zu Beginn der neunziger Jahre als Irrtum erwiesen. Heute ist kein Land des ehemaligen Realsozialismus mehr von der Schuldenfalle verschont, auch die einstige Windschatten-Weltmacht Sowjetunion nicht.

Weit davon entfernt, »neue riesige Märkte« darzustellen, werden die Ostländer »als Handelspartner auch künftig an Bedeutung verlieren«, wie nicht nur das Wiener Institut für Internationale Wirtschaftsvergleiche in einer Studie feststellte (*Handelsblatt* vom 7.6.1988). In demselben Maße, wie der Westen »siegt« und die Produktionen des Ostens an Weltmarktfähigkeit verlieren und stillgestellt werden, geht auch die

falle. Das gilt gerade für die prowestlichen und sich zur Demokratie bekennenden Regimes, die willfährig den Forderungen des IWF nachkommen, obwohl deren Konsequenzen kaum weniger brutal als die Eingriffe des »Conducators« sind. Hungernden, frierenden, von der Logik des Geldes gedemütigten Menschen wird es am Ende völlig egal sein, zu welchen Idealen sich ihre Peiniger bekennen. Das im Westen noch übliche und mögliche Gestammel der Politiker hört dort auf, wo die in Wirklichkeit hilflosen sogenannten Verantwortlichen in die akute Gefahr geraten, schlicht aufgehängt oder erschossen zu werden, auch wenn hinter den Putschen, Aufständen oder Verzweiflungsausbrüchen gar keine kohärente Idee mehr steht.

Zahlungsfähigkeit für Importe von Investitions- und Konsumgütern verloren. Was aber die »äußere« Ursache für den Zusammenbruch der realsozialistischen Strukturen war, kann erst recht nicht durch Kredite aus den internationalen Finanzmärkten und Kreditinstitutionen verbessert oder gar überwunden werden. Das hat die Erfahrung der Dritten Welt bereits praktisch bewiesen.

Wenn das Todesurteil des Weltmarkts grundsätzlich gefällt ist und die Investitionen für den Erhalt oder gar den Ausbau der Exportmärkte aus eigener Kraft nicht mehr erbracht werden können, sind die notwendigen Geldkapitalien erst recht nicht durch Auslandskredite zu gewinnen. Diese müssen ja getilgt bzw. verzinst werden und führen somit geradewegs in die Schuldenfalle, die zuschnappt, sobald die Kreditkosten die Erträge der kreditfinanzierten Investitionen zu übersteigen beginnen.

Die *goodwill tours* eines Lech Wałęsa, der durch aller Herren Länder tingelt und um Kredite fleht, sind also ganz und gar vergebens, selbst wenn neue Kredite zeitweise fließen mögen. Polen ist ja heute schon ein Problemfall des IWF. Mit dem Pfund seines ideologischen Richtungswechsels kann es kaum mehr allzu lange wuchern, um so weniger, da mit dem Zusammenbruch der Sowjetunion auch das Motiv der Systemkonkurrenz für die westlichen Kreditgeber an Zugkraft verloren hat. Im Prinzip handelt es sich um denselben Verzweiflungsschritt, an dem die Dritte Welt längst gescheitert ist. Das Desaster hat sich nur noch beschleunigt, die osteuropäischen Länder werden eines nach dem anderen zahlungsunfähig:

> Ende März erhielten Bulgariens westliche Gläubigerbanken von der Außenhandelsbank in Sofia per Telex eine Hiobsbotschaft: Wegen der sich ver-

schlechternden Wirtschafts- und Devisenlage werde Bulgarien fürs erste keine Tilgungen mehr aufbringen können. Man werde jedoch bemüht sein, die fälligen Zinsen auf die internationalen Bankschulden zu zahlen. Für dieses SOS aus Sofia sollten die westlichen Banker eigentlich dankbar sein. Denn die nun offiziell erklärte Zahlungsunfähigkeit der Bulgaren kann als Warnsignal einer sich deutlich verschlechternden Kreditwürdigkeit der meisten reformwilligen Länder Osteuropas dienen. Die Bulgaren können sehr wohl der Vorbote ähnlicher Hiobsbotschaften aus Ungarn sein, das relativ unter noch höheren kommerziellen westlichen Bankschulden zu ächzen hat. (*Handelsblatt* vom 9.4.1990)

Die Sowjetunion selber, die noch bis weit in die achtziger Jahre hinein als erstklassiger Schuldner galt, ist durch ihre gewaltsamen Zusammenbruchsschübe, ebensosehr aber durch ihre ersten Reformschritte zu einem Land der Schuldenkrise geworden, da die Kreditaufnahme der Unternehmen im westlichen Ausland nun nicht mehr generell staatlich abgesichert ist:

Meldungen über Zahlungsschwierigkeiten der sowjetischen Unternehmen haben die deutschen Banken aufhorchen lassen. Noch sind es vorwiegend Exporteure aus der Bundesrepublik, die auf ihr Geld warten. Doch die Banken überprüfen bereits ihre Engagements in der UdSSR. Das Kreditstanding der Sowjetunion ist deutlich gesunken. Ursache sind die negativen Auswirkungen der im Westen mit viel Sympathie bedachten Liberalisierung der sowjetischen Wirtschaft. Sie brachte den Unternehmen der UdSSR eine begrenzte Souveränität im Außenhandel. [...] Die Folge: Die Kombinate geraten zunehmend in Zahlungsverzug. [...] Es kommt der Verdacht auf, daß die Sowjetunion akute Devisenprobleme hat. [...] Die veränderte Situation hat bereits kräftige Auswirkungen auf das Kreditstanding der Sowjetunion gezeigt. Als es vor einigen Jahren darum ging, der UdSSR Kredite zu gewähren, rissen sich die Banken förmlich darum, mit von der Partie zu sein. Die Sowjetunion galt als erstklassige Adresse, die Kredite wurden ohne größere Sicherheiten gegeben. Inzwischen hat sich das Blatt gründlich gewendet. Die Kredite werden teurer. (*Handelsblatt* vom 11.5.1990)

Auf diese Weise wird ein durchaus prekärer Zusammenhang zwischen Devisenproblemen und Liberalisierung deutlich: In Wirklichkeit ist letztere nämlich auch durch die zunehmende Zahlungsunfähigkeit des Staates erzwungen. Wenn die Devisenzufuhr stockt, weil der Export zusammenbricht, kann der Staat die äußere Verschuldung nicht mehr pauschal garantieren. Er wälzt das Problem auf die einzelnen Unternehmen ab, die bei der Bedienung der Auslandskredite sich selbst überlassen bleiben. Ganz ähnliche Zahlungsschwierigkeiten werden aus China gemeldet, wo die »Selbstverantwortung« der Unternehmen im Zuge der steckengebliebenen Dengschen Reformen sofort das internationale Kreditstanding schwer geschädigt hat.

Wo aber die alte, staatlich zentralisierte Außenhandelsstruktur bestehenbleibt, muß der Staat schlicht die Bedienung der Auslandskredite einstellen. Das zeigt sich exemplarisch an dem »sozialistischen« Großschuldner Asiens, nämlich Nordkorea, das auf den letzten Platz in der internationalen Hitliste der Kreditwürdigkeit noch hinter Bangladesh abgerutscht ist und somit aus dem internationalen Warenverkehr nahezu ausgeschaltet wurde. Die Konsequenzen können nicht ausbleiben. Auch das Kim-Il-Sung-Regime wird wohl ein Ende mit Schrecken nehmen.

Die innere Reformkrise als Reaktion auf den Zusammenbruch der etatistischen Kommandowirtschaft, angeblich nur ein vorübergehender Anpassungsschock, mündet geradewegs in die nächste und noch viel ausweglosere zweite Schuldenkrise, die derjenigen der Dritten Welt nicht im geringsten nachstehen wird. Die Ankurbelung des Exports um jeden Preis, um die Schuldenfalle nicht endgültig zuschnappen zu lassen, führt in noch rascherem Tempo zu demselben Ausblutungsprozeß wie in Afrika und Lateinamerika und muß in dieselbe »verschuldete Deindustrialisierung« übergehen. Schon jetzt kommt es zu Umschuldungen, die nur immer weitere Schulden auftürmen.

Vielleicht aber werden die vor kurzem noch stolzen Industriegesellschaften des Ostens den Status von Weltsozialfällen, wie ihn bereits Bangladesh, Äthiopien oder der Tschad besitzen, noch schneller erreichen, als es sich auch die kühnsten Pessimisten hätten träumen lassen. Dieser Verdacht drängt sich auf, wenn die erwirtschafteten Devisen ebenso wie die Auslandskredite immer weniger für den Schuldendienst oder gar für Investitionen verwendet werden können, sondern für den notdürftigsten Massenkonsum (bei Strafe des offenen Aufstands und Bürgerkriegs) verpulvert werden müssen.

Da die Formen des warenproduzierenden Systems ungebrochen weiterbestehen, aber von Monat zu Monat an »produktiver« Substanz im Weltmaßstab verlieren, entwickelt sich ein unstillbarer Hunger nach Zufluß von Geldkapital, der nicht mehr durch Wertsubstanz gedeckt werden kann. Die Geschäftsbanken ziehen sich, genau wie gegenüber den Großschuldnern der Dritten Welt, aus der Rolle der Kreditgeber zurück und versuchen, in mühsamen und zähen Abschreibungsverhandlungen zu holen, was noch zu holen ist. Immer mehr Länder zuerst des Südens und jetzt auch des Ostens stehen auf der Kippe. Wenn sie erst zu Weltsozialfällen geworden sind, wird das Problem zum Weltpolitikum.

Die versiegenden kommerziellen Kredite müssen mehr und mehr durch Zuflüsse von Geldkapital aus den großen internationalen Institutionen (IWF, Weltbank, UNO) ersetzt werden, die auf diese Weise zu »Nebenregierungen« werden und die Souveränität der Schuldnerstaaten aushöhlen. Da diese Institutionen aber demselben Gesetz des Geldes unterliegen und auf Verzinsung bzw. Tilgung bestehen müssen, legen auch sie unerbittlich die Daumenschrauben an und machen ihre berüchtigten Auflagen (Deregulierung, Privatisierung, Subventionsabbau), und zwar um so kaltblütiger, da sie die möglichen Folgen nicht selbst ausbaden müssen. Dies überlassen sie den einheimischen Regierungschefs, deren Job auf diese Weise mehr und mehr zum Himmelfahrtskommando wird.*

Das letzte Stadium ist erreicht, wenn ein Weltsozialfall ganz vom globalen Blutkreislauf des Geldes abgeschnitten wird, seine eigenen Ressourcen wegen mangelnder Rentabilität stillgelegt sind und die Masse der Bevölkerung nur noch über die mildtätigen Spenden internationaler Hilfsorganisationen am Leben erhalten werden kann. Erschreckenderweise taucht dieses Moment heute sogar für die Sowjetunion selbst auf, bereits ganz am Anfang ihrer Karriere als Koloß

* Es könnte sich in diesem Zusammenhang herausstellen, daß der Ehrgeiz des polnischen »Arbeiterführers« und Friedensnobelpreisträgers Lech Wałesa, sich zum Präsidenten wählen zu lassen, vielleicht ein wenig übereilt und unvorsichtig war. Er könnte in eine Lage geraten, in der er sich nur noch durch Identifizierung irgendeines kollektiven Sündenbocks und die Organisierung von Pogromen halten kann. Darauf deuten jetzt schon seine ebenso schwammigen wie gefährlichen populistischen Sprüche hin, hinter denen in den Schmutzfalten des Massenbewußtseins bereits antisemitische Züge sichtbar werden.

einer »verschuldeten Deindustrialisierung«. Wie zum Hohn organisieren *Bild* und andere Organe und Institutionen des verblichenen Kalten Krieges inzwischen Care-Pakete für die darbende Bevölkerung in Moskau und Leningrad (»Ein Herz für Rußland«). Dies zeigt, mit welcher Dynamik und Beschleunigung unter dem doppelten Druck von Systemzusammenbruch und Reformkrise die östlichen Karrieren postkatastrophaler Gesellschaften verlaufen.

Die Stufenfolge und Typologie der ursprünglichen Akkumulation

Im historischen Rückblick kann man sowohl für die Dritte Welt als auch für den Realsozialismus sowjetischer Prägung tatsächlich von Gesellschaften einer *ursprünglichen Akkumulation* sprechen, und zwar eben einer nachholenden. Diese Gesellschaftstypen unterscheiden sich zwar untereinander sowohl im historischen Ablauf als auch in der sozialökonomischen Akzentsetzung, aber noch mehr unterscheiden sie sich von den früheren westlichen Prozessen der ursprünglichen Akkumulation in Europa seit dem 17. Jahrhundert.

Gemeinsam ist allen drei Typen der ursprünglichen Akkumulation nur das eine: nämlich die gewaltsame, in barbarischen Formen sich vollziehende Vertreibung der traditionellen »unmittelbaren Produzenten« vor allem bäuerlicher Provenienz von ihren Produktionsmitteln und ihr »Hineinfoltern« in den Status moderner Lohnabhängigkeit, den das System der modernen Ware als Massenstatus verlangt. Aus Subsistenzproduzenten im weitesten Sinne werden wirkliche oder potentielle Lohnarbeiter und somit moderne Ware-Geld-Subjekte, wenn auch zunächst in äußerst roher Gestalt, noch behaftet mit den Resten und Schlakken der traditionellen, ständischen, vorkapitalistischen Strukturen. Was Marx für das England des 16. und 17. Jahrhunderts beschrieben hat, ließe sich analog auch für das Rußland des frühen und das Brasilien oder das Indien des späten 20. Jahrhunderts beschreiben. In dieser Hinsicht unterscheidet die verschiedenen Weltregionen nur der zeitliche Abstand im historischen Prozeß der Moderne.

Aber dieser Prozeß hat ja auf wachsender Stufenleiter immer mehr wissenschaftliche Produktivkräfte hervorgebracht, bis an die heute erreichte Schwelle einer Aufhebung der produktiven »Arbeits«-Substanz des Kapitals durch das Kapital selbst. Und genau in dieser Entwicklung und Steigerung der Produktivität, von der die Latte der Rentabilität in immer schwindelndere Höhen gelegt wird, sind auch die wesentlichen Unterschiede in der Typologie ursprünglicher Akkumulation zu erkennen.

In Europa blieb der arbeitszuchthäuslerische Etatismus auf die merkantilistische Frühphase beschränkt, weil die riesige träge Masse der Subsistenzwirtschaft mangels äußeren Drucks nicht so schnell umgewälzt werden konnte. Das war auch gar nicht nötig. Mehr als drei Jahrhunderte hatte das warenproduzierende System alias Kapital Zeit, die von agrarischen und handwerklichen Produktionen mehr oder weniger gewaltsam entbundenen Massen in sich aufzusaugen. Dies gelang auch, von kurzen »Durchsetzungskrisen« unterbrochen, in immer rascher aufeinanderfolgenden Entwicklungsstadien.

Der damalige Stand der Produktivkraftentwicklung, bei dem die Verwissenschaftlichung noch in den Kinderschuhen steckte, erzeugte sogar, wie Marx sagte, einen »Heißhunger« des Kapitals nach lebendiger Arbeitskraft. Nur sehr langsam wurde die Produktion des »absoluten Mehrwerts« (Verlängerung des Arbeitstages bis zur Erschöpfung, Kinderarbeit usw.) von der Produktion des »relativen Mehrwerts« (Verringerung der Reproduktionskosten des Arbeiters durch höhere Produktivität und dadurch Vergrößerung des relativen Anteils von Mehrwert an der gesamten Wertproduktion) überlagert. Das Problem war nicht der Mangel an Arbeitsplätzen innerhalb des Kapitals, sondern vielmehr die rohe Art dieser Arbeitsplätze selbst.

Im Zusammenspiel von etatistischer Sozialreform (etwa der Bismarckschen Sozialgesetzgebung) und Kampf der Arbeiterbewegung konnten die Massen sich zu »zivilisierten« und in hohem Grade sozial befriedeten abstrakten Geld- und demokratischen Staatsbürgersubjekten entwickeln. In den Massenschlächtereien der Weltkriege wurden zwar noch einmal ständische Schlacken und vorkapitalistische Restbestände verdampft. Aber darin ging die Gewaltsamkeit dieses Zeitalters schon nicht mehr auf, im Unterschied zu den bürgerlichen Revolutionen und Kriegen des 18. und 19. Jahrhunderts. Der gewaltige Blutzoll der Weltkriege war bereits ebenso den eigenen inneren Widersprüchen der Modernisierung geschuldet wie ihrer Durchsetzung gegen vormoderne Überbleibsel. Denn die Kriegswirtschaften der Weltkriegsepoche fanden die modernisierte westliche Massensubjektivität in Grundzügen schon vor und konnten mit dieser operieren. Am Ende des Ersten Weltkriegs genügten daher einige nicht sehr tiefgehende gesellschaftliche Eingriffe (z.B. Abschaffung der Monarchie und des preußischen Dreiklassenwahlrechts), um die nächste Stufe der Modernisierung zu erklimmen.

Aufgrund dieses historischen Vorsprungs konnte der westliche Teil des warenproduzierenden Weltsystems trotz des schweren Einbruchs der Weltwirtschaftskrise von 1929–1933 seinen globalen Status halten und mit dem fordistischen Nachkriegsboom sogar noch ausbauen. Dieser Boom, der die letzten Poren der gesellschaftlichen Reproduktion kapitalisierte und die bis dahin auch in den westlichen Ländern noch vorhandenen traditionellen Sektoren verschluckte (vgl. Lutz 1984) und der gleichzeitig den totalen Weltmarkt als verbindlichen Bezugsrahmen für alle Länder unter dem Dach der *Pax Americana* herstellte, schien noch einmal die abstrakte Arbeitskraft der ganzen Welt aufsaugen zu können. Aber mit dem Erlöschen des fordistischen Booms und der Entwicklung völlig neuartiger Produktivkräfte der Rationalisierung und Automatisierung wurden auch neue, irreversible Bedingungen der Rentabilität gesetzt, in denen zum erstenmal die logische innere Schranke der abstrakten Vernutzungsbewegung von Arbeitskraft manifest zu werden begann.

Massenarbeitslosigkeit, in der Weltwirtschaftskrise schon einmal vorübergehend aufgetreten, wurde zum weltgesellschaftlichen Dauerproblem. Zumindest teilweise konnten die westlichen Länder dieses Problem durch ihren historischen Vorsprung und ihre immer weiter davoneilende Produktivität »exportieren«; aber die Situation des warenproduzierenden Weltsystems insgesamt ist dadurch prekär geworden. Diese stets zunehmende und über das Fassungsvermögen der Warenproduktion hinauswachsende Produktivität konnte nicht ohne katastrophale Rückwirkung auf die nachholenden Prozesse der ursprünglichen Akkumulation bleiben.

Schon der sowjetische Typus dieser ursprünglichen Akkumulation zu Beginn des 20. Jahrhunderts war nicht mehr in der Lage, die vergleichsweise gemächliche Gangart der westeuropäischen Entwicklung des warenproduzierenden Systems einzuschlagen. Die Sowjetunion mußte das etatistische Moment überbetonen, d.h. die gesamte Gesellschaft in eine quasimilitärisch kommandierte Maschine abstrakter Arbeit verwandeln, um die Logik des Kapitals durchzusetzen. Dieser Versuch erschien dem auf derselben Basis schon höher entwickelten Westen als feindliches Gegenbild und gar als »Reich des Bösen«. Damit nahm er allerdings die sowjetische Ideologie im Interesse seiner Selbstlegitimation für bare Münze. Auch die westlichen Massen fühlten sich abgestoßen und angewidert vom keineswegs unrealistischen Bild der »blauen Ameisen«, der Arbeitssoldaten eines entsetzlich grauen Kasernenalltags, dem die westliche Freiheit golden gegenüberzustehen schien.

Aber die »blauen Ameisen« waren in Wirklichkeit historisch nichts anderes als eine Verpuppungsform desselben abstrakten Geldsubjekts, das im Westen längst aufgebrochen und als »freie« Monade des totalen Marktes in die Geschichte entlassen worden war. Auf diese Weise läßt sich der zu Ende gegangene Ost-West-Konflikt, zumindest, was seine ideologische Seite betrifft, als eine Art Mißverständnis lesen, als Auseinandersetzung zweier ungleichzeitiger historischer Stufen ein und desselben warenproduzierenden Systems. Der reelle Kern dieser Auseinandersetzung war nichts anderes als die Konkurrenz zwischen rückständigen und fortgeschrittenen bürgerlichen Nationalökonomien.

Dann aber unterliegt auch die Auflösung dieser Konfliktkonstellation einer mißverständlichen Deutung, wie sie in den »Modell«-Illusionen erscheint. Nicht der westliche Kapitalismus hat den »Sozialismus« besiegt, sondern die nachholende Modernisierung des sowjetischen Typs ist gescheitert. Immerhin hatte es dieser zweite Typus der ursprünglichen Akkumulation noch historisch zu einer zwar äußerlich abgeschotteten, aber flächendeckenden Industrialisierung und Durchstrukturierung der Gesellschaft gebracht. Aber dieses Niveau kann unter dem Druck des Weltmarkts heute nicht mehr gehalten werden.

Die Massen des Ostens denken und handeln zwar nur folgerichtig, wenn sie danach streben, ihre eigene Verpuppung als »blaue Ameisen«, als Arbeitssoldaten einer warenproduzierenden Kommandowirtschaft, endlich zu sprengen und als »freie« abstrakte Geld-, Meinungs- und Abstimmungssubjekte nach westlichem Muster ins vermeintliche Marlboro-Leben von »Freiheit und Abenteuer« zu treten. Aber dieses Abenteuer ist schon längst als ihre zweite gesellschaftliche Katastrophe programmiert. Denn sie begreifen nicht, daß die Kommandowirtschaft mit allen ihren ätzenden Begleiterscheinungen in Wirklichkeit der historische Preis dafür war, daß sie überhaupt eine Zeitlang in den Strukturen einer modernen Industriegesellschaft und in deren Bedürfnishorizont existieren konnten. Jetzt aber wird zusammen mit den kommandoökonomischen Strukturen auch deren industriegesellschaftlicher Inhalt niedergewalzt. Die entpuppten »blauen Ameisen« finden sich wieder als abstrakt freie Geldsubjekte — aber ohne Geld. Sie wissen nicht, wie ihnen geschieht, während sie die Straße ihrer zweiten Verelendung durchmessen, an deren Ende nichts als die sekundäre Barbarei zu finden ist.

Diesen Weg hat die Dritte Welt als historisch spätester Typus der Modernisierung bereits hinter sich. Die ursprüngliche Akkumulation fand hier großenteils erst nach dem Zweiten Weltkrieg statt, d.h. auf noch weit höherem Niveau der Weltmarktentwicklung und Produktivität als diejenige des sowjetischen Typs. Deswegen war eine äußere Abschottung gegen die übermächtige Produktivitäts- und Rentabilitätslogik des Weltmarkts hier von vornherein nicht mehr möglich. Die Entwicklung zum warenproduzierenden System mußte sich daher in den Gesellschaften der Dritten

Welt grundsätzlich aufspalten in zwei ganz verschiedene Tendenzen.

Gesamtgesellschaftlich griff der Prozeß der ursprünglichen Akkumulation nur in einer Hinsicht: Die traditionelle Subsistenzwirtschaft, die in der Kolonialzeit noch weitgehend überdauert hatte, wurde binnen weniger Jahrzehnte mit derselben Brutalität zerstört wie vorher in der Sowjetunion und noch früher in Westeuropa, teils durch dieselben Wildwestmethoden von Großgrundbesitzern wie einst in England,* teils durch den indirekten Druck des Weltmarkts auf die Einkommen und durch die Zerstörung ökologischer Binnensysteme. Aber weil die erzwungene Öffnung zum Weltmarkt und der höhere Produktivitätsdruck eine abgeschlossene und flächendeckende nachholende Industrialisierung verhinderten, konnte die ursprüngliche Akkumulation ihr Werk nicht mehr vollenden. Sie blieb auf halbem Wege stecken, d.h., sie hat die Massen zwar entwurzelt, kann sie aber nicht mehr in die moderne betriebswirtschaftliche Vernutzungsmaschine integrieren.

Die Industrialisierung war von vornherein bloß *selektiv,* beschränkt auf insulare Weltmarktfabriken. Der moderne Sektor mit entsprechender Infrastruktur existierte immer nur als Fremdkörper in einer Gesellschaft, die er als ganze nicht mehr erfassen konnte. Nur nach der negativen Seite hin wurde der größere

* In seinen letzten Ausläufern setzt sich dieser Prozeß noch immer fort. Es mag den durchschnittlichen Westeuropäer verwundern, daß sich im Jahr 1991, etwa in Brasilien oder Mexiko, in Indien oder auf den Philippinen, Großgrundbesitzer und Agrokapital leibhaftige Pistoleros halten, die einen Pächter oder Gewerkschaftsfunktionär der Landarbeiter mit derselben Selbstverständlichkeit abknallen, wie sie sich zum Frühstück setzen. Riesige Ländereien werden ganz klassisch in menschenarme Viehweiden oder kapitalintensive Agroindustriebetriebe für die *fast-food*-Ketten des Westens verwandelt, während die Bevölkerung in die Elendsgürtel der Monstermetropolen flüchtet. Es soll auch nicht verschwiegen werden, daß neben einheimischen Clans in Brasilien z.B. der VW-Konzern zu diesen Großgrundbesitzern zählt.

Teil der Gesellschaft modernisiert, nämlich durch die Zerstörung der traditionellen Strukturen, an deren Stelle aber nichts Neues trat. Diese in der nachkolonialen Dritten Welt von vornherein angelegte Entwicklung hat sich seit den siebziger Jahren noch ungeheuer verstärkt.

Nicht an der guten alten kapitalistischen Ausbeutung ihrer produktiven Arbeiten, wie die Linke immer noch traditionell vermutet, leiden die Massen der Dritten Welt heute, sondern im Gegenteil an deren Ausbleiben. Somit kann es in diesen Ländern auch keine bürgerlich-sozialdemokratische Sozialreform mehr geben. Die überwältigende Mehrheit dieser entwurzelten Massen wird nicht »gebraucht« und vegetiert unproduktiv außerhalb jeder kohärenten Reproduktionsstruktur. Sogar das zeitweise prosperierende und auf den Exportmärkten erfolgreiche Schwellenland Südkorea ließ anläßlich der Olympischen Spiele 1988 in seiner Hauptstadt Seoul ganze Slumviertel von Bulldozern niederwalzen und ihre unglücklichen Bewohner vertreiben, um die Lepraseite seines Gesichts der Weltöffentlichkeit nicht zeigen zu müssen.

Die Mehrheit der Weltbevölkerung besteht also heute schon aus Geldsubjekten ohne Geld, aus gesellschaftlichen Unpersonen, die, weder vorkapitalistisch noch kapitalistisch, geschweige denn nachkapitalistisch organisiert, gewaltsam auf einer sozialen Seucheninsel festgehalten werden, die bereits den größeren Teil des Planeten bedeckt. Es spricht nicht für die Einsicht der Welt, daß sie diesem grauenvollen Schauspiel seit gut zwei Jahrzehnten zusieht und ungerührt gerade jenen Geschäften kritiklos nachgeht, deren Gang das Verhängnis nur immer weiter beschleunigt, das zuletzt niemanden verschonen wird.

Wenn sich jetzt die Massen des Ostens zu den Geldsubjekten ohne Geld gesellen, wenn weitere riesige

Teile des warenproduzierenden Systems ins Nichts wegbrechen, sollte eigentlich eine Grenze des Erträglichen erreicht sein. Aber solange es überhaupt noch Weltmarktgewinner gibt, hält sich offenbar auch die Illusion, die Menschheit könne sich in diesem System weiter reproduzieren und zu neuen Ufern gelangen. Die Eliten und Oberschichten der Dritten Welt, die in ihren besseren Wohnungen bereits hinter Stacheldraht leben, weite Teile ihres eigenen Landes nicht mehr betreten und sich nur noch bewaffnet auf die Straße wagen können, haben offenbar die Mehrheit ihrer sogenannten Mitbürger bereits als menschliche Wesen abgeschrieben.

Teile dieser Minderheit klammern sich immer noch an die Deregulierungs- und Privatisierungsstrategien des IWF. Dieser Illusion verdanken schillernde und windige Figuren wie Collor de Mello in Brasilien, Carlos Menem in Argentinien oder Alberto Fujimori in Peru und ähnliche politische Schauspieler in Afrika und Asien ihren Aufstieg.* Dieselben Illusionen wuchern in Osteuropa, allerdings nicht nur bei einer Minderheit. Die Massen können sich einfach nicht vorstellen, daß sie aus der Bedürfnisstruktur von vollindustrialisierten Ländern herauskatapultiert und in die Verslumung getrieben werden.

Der Verlierer des Südens und des Ostens wollen nicht begreifen, daß der von ihnen bekämpfte, in die Krise geratene Zustand der jüngeren Vergangenheit

* Wenn sich auch in Polen bei der Präsidentenwahl im Dezember 1990 der populistische »Arbeiterführer« Lech Wałesa einer Stichwahl stellen mußte gegen den aus dem Nichts aufgetauchten Auslandspolen Stanisław Tymiński (er ist gleichzeitig Staatsbürger von Kanada, Peru und Polen), der mit wüsten Versprechungen und einer schrillen Version der IWF-Ideologie operierte, so spricht dieses beklommen aufgenommene Ereignis Bände über die historische Situation. Die offensichtlichen Gaunerkandidaten, die auch noch zur politischen Kraft aufsteigen, sind wohl die letzte Version der »Demokratisierung«, die das zerbrechende System der modernen Ware noch zu bieten hat.

bereits *die Modernisierung war,* und zwar die einzige, die es für sie im Bezugsrahmen des warenproduzierenden Weltsystems historisch überhaupt geben konnte. Ihr folgt keine »Metamodernisierung« mehr, sondern nur noch das endlose Grauen der postkatastrophalen Gesellschaften. Das Aktionsprogramm der UNO von 1981 ist kläglich gescheitert, wie im Herbst 1990 die Pariser Konferenz zu Problemen der am wenigsten entwickelten Staaten (mit böser Ironie auch »Klub der Ärmsten« genannt) feststellen mußte:

> Neun Jahre nach der stolzen Verkündung des ersten weltweiten Entwicklungsprogramms für die ärmsten Staaten der Erde kann die UNO auf der seit gestern in Paris laufenden Konferenz nur eines feststellen: das völlige Scheitern des ehrgeizigen Vorhabens. Schlimmer noch: Die 80er Jahre müssen nicht nur als »verlorenes Jahrzehnt« für die Ärmsten der Armen verbucht werden. Sie brachten sogar eine erhebliche Verschlimmerung des Elends. (*Nürnberger Nachrichten* vom 4. 9. 1990)

Diese Feststellung wurde gleichzeitig zur Kapitulationserklärung, denn es konnte noch nicht einmal mehr ein neues kosmetisches Programm verabschiedet werden. Die Pariser Konferenz ist gescheitert. Die Fronten zwischen den westlichen Ländern und den Armenhäusern der Dritten Welt standen von Anfang an fest. So blieb das einzige Resultat ein trauriges:

> Schon gilt als sicher, daß Liberia von der UNO-Vollversammlung als 42. Land in den »Klub« der elendesten Staaten aufgenommen wird, nachdem sein Erzbergbau vom Bürgerkrieg völlig zerstört wurde. Seit 1970 wird dieser »Klub« jedes Jahr um ein weiteres Land größer. Doch kein einziger Staat hat

es seitdem geschafft, den Kreis der Elenden wieder zu verlassen. (*Nürnberger Nachrichten* vom 15.9.1990)

Je mehr Länder dieses Schicksal teilen, je ferner die Fata Morgana des Aufschwungs und der marktwirtschaftlichen Prosperität für immer größere Menschenmassen rückt, desto klarer und unausweichlicher stellt sich die negative Perspektive: Das System der modernen Ware ist am Ende, und mit ihm die bürgerliche Geldsubjektivität, weil dieses System in seiner Produktivität über sich selbst hinausgeschossen ist und die Mehrheit der Weltbevölkerung nicht mehr in seine Logik zu integrieren vermag. Damit die Krise der Warenform aber ins gesellschaftliche Bewußtsein treten kann und die letzten Illusionen verfliegen, bedarf es noch eines Verlierers, des letzten: und das kann nur der urkapitalistische Westen selbst sein, der an seinen eigenen Siegen ersticken muß.

DIE KRISE DES WARENPRODUZIERENDEN WELTSYSTEMS

Weltbürgerkrieg statt »Ewigen Friedens«?

Obwohl der Westen selbst schon seit mehr als einem Jahrzehnt sein eigenes Armutsdrittel beklagt, obwohl der Nachkriegsboom längst der Vergangenheit angehört, obwohl also die westliche Krise genauso real ist wie die des Südens und Ostens, wird sie nicht in ihrer Tiefe erkannt und ernst genommen, weil der Massenkonsum im Vergleich zum Süden und zum Osten selbst die westlichen Verliererschichten noch an die ungebrochene kapitalistische Normalität glauben läßt.

Dennoch kommen auch hier böse Ahnungen auf, daß der Westen von den Zusammenbrüchen in den anderen Weltteilen nicht unbeeinflußt bleiben kann. Diese Ahnungen werden beschwichtigt durch die Hoffnung auf neue Wunder der Modernisierung und auf eine zukünftige Prosperitäts- und Wachstumsära. Nicht nur den Völkern des Ostens und des Südens und nicht nur der inneren Minderheit der Verlierer, sondern auch dem eigenen Gewinnerbewußtsein muß also eine Fata Morgana vorgegaukelt werden.

Selbst wenn die Krise des warenproduzierenden Weltsystems nicht mehr weiter über die Grenzen hinausdringen sollte, die sie bis jetzt schon erreicht hat, wird das westliche Teilsystem den globalen Zusammenbruch nicht überleben können. Es ist undenkbar, daß ein partikulares Moment des sterbenden Weltsystems sich auf Dauer gegen die Mehrheit der Weltbevölkerung und gegen eine wachsende Minderheit in seinem eigenen Inneren behaupten kann. Die Geduld der »Herausgefallenen« ist nicht unbegrenzt.

Schon jetzt ist klar, daß der Zerfall des Systemkonflikts der Nachkriegsära trotz aller Friedensnobelpreise für diverse Verliererchefs und wohlmeinende staatsmännische Vermittler nicht den Kantschen »Ewigen Frieden« bringen wird, sondern viel eher das schiere Gegenteil. Die endlich als solche verwirklichte und anerkannte *Eine Welt,* gebannt in die krisenhaft sich auflösende Fetischform des warenproduzierenden Systems, enthüllt sich als Horror- und Terrorvision eines beginnenden Weltbürgerkriegs, in dem es keine festen Fronten mehr gibt, sondern nur noch blinde Gewaltausbrüche auf allen Ebenen.

Das Spiel des Weltmarkts, der alle anderen Formen aufgesaugt und sich anverwandelt hat, läßt die Verlierer anschließend nicht mehr gemütlich nach Hause gehen, sondern vernichtet sukzessive jede menschenwürdige Existenz für sie. Wenn diese Menschen, Völker, Regionen und Staaten bemerken, daß sie nie wieder eine Gewinnerchance haben werden und daß das unaufhaltsame weitere Verlieren ihnen jede Lebensmöglichkeit rauben muß, werden sie früher oder später das Spielbrett vom Tisch werfen und auf alle »Spielregeln« der sogenannten Weltzivilisation pfeifen. Diese demokratischen Spielregeln der bürgerlichen, aufklärerischen »Weltvernunft« sind ihrem innersten Wesen nach abstrakt und unsinnlich, weil ihre wahre Grundlage die abstrakte und entsinnlichte Selbstbewegung des Geldes ist, die ihre destruktive historische Gesetzlichkeit gebiert und sie bis zum schrecklichen Ende mechanisch vollstreckt.

Es sieht aber nicht so aus, als wollten die Institutionen, Gewalten und Repräsentanten (oder politischen Galionsfiguren) dieser *Einen Welt* den Automatismus der Weltmarktbewegung in Frage stellen. Statt dessen wollen sie mit der *ultima ratio* militärischer Gewalt die Aufrechterhaltung jener Spielregeln durchsetzen. Dabei sind sie freilich nicht mehr legitimiert durch den alten Systemkonflikt mit dem vermeintlichen »Reich des Bösen«. Sie müssen jetzt als *internationale Polizeigewalt* gegen die Hungerrevolten, Verzweiflungsausbrüche, Rachefeldzüge und Terroranschläge des Milliardenheers der Verlierer vorgehen, damit aber auch gegen jene keineswegs menschenfreundlichen Mächte und Figuren, die im globalen Verteilungskampf um die schrumpfende Wertmasse um eigener Vorteile willen als Rächer der Enterbten auftreten.

Schon die erste solche Aktion einer selbsternannten Planetenpolizei mit UNO-Emblem gegen den irakischen Diktator Saddam Hussein, heuchlerisch gefeiert als Pazifizierungsstrategie einer glücklichen »Völkerfamilie« (ein Wort, das angesichts der Tatsachen nichts als blanken Hohn ausdrückt), könnte sich trotz militärischer Siege als politisches Desaster erweisen. Aber selbst wenn dieser eine Unruheherd um den Preis von womöglich Zehntausenden von Menschenleben beseitigt wird, so wäre das doch nur ein Pyrrhussieg, weil die Unruhe trotzdem zunehmen und nicht abnehmen wird. Eine internationale mobile Eingreiftruppe gegen »Friedensstörer« (auch dies wieder ein Heuchelwort aus dem Wörterbuch der bürgerlichen »Weltvernunft«) ist auf die Dauer zum Scheitern verurteilt, weil es einfach zu viele Unruheherde und »Friedensstörer« geben wird. Schon vom bloß militärtechnischen Standpunkt aus sind die logistischen Probleme auf Dauer nicht zu bewältigen, ganz zu schweigen von den unproduktiven Kosten, die auf der Sollseite der ohnehin schrumpfenden globalen Wertakkumulation zu Buche schlagen.

Der islamische Fundamentalismus wird mittelfristig in weiteren Ländern die Macht übernehmen; er wird von Atombomben und Trägerwaffen nicht absolut fernzuhalten sein und diese auch irgendwann, seiner barbarischen Selbstmord- und Racheideologie folgend, gegen westliche Zentren einsetzen. Südamerika und Osteuropa sind erst recht waffenstarrende postkatastrophale Gesellschaften. Auch wenn jede alternative Zielideologie sich aufgelöst hat, könnten dort bei weitergehender Verelendung und zunehmender Hoffnungslosigkeit Putschgenerale oder Mafiahäuptlinge ganz oder partiell die Macht übernehmen, Interkontinentalwaffen in die Hände bekommen und damit Erpressungsmanöver starten. Sie könnten schlicht und zynisch damit argumentieren, daß Raketen und Atombomben das einzige sind, was bei ihnen noch funktioniert. Auch China besitzt längst Massenvernichtungsmittel, die bei einem postkatastrophalen Zerfall der chinesischen Gesellschaft in die Hände skrupelloser *warlords* (die dort eine alte Tradition in Zeiten untergehender Staatsordnung haben) gelangen und den Westen bedrohen können.

Gleichzeitig werden die Pogrome und Bürgerkriege auf der Basis eines verzweifelten Verteilungskampfes in den postkatastrophalen Gesellschaften, die in Lateinamerika seit langem unvermindert anhalten und in Osteuropa bzw. der Sowjetunion bereits mit äußerster Brutalität begonnen haben, immer neue und größere Flüchtlingsströme erzeugen, die schon jetzt kaum noch eingedämmt werden können. Fast könnte das Bild des untergehenden Römischen Reiches mit seinen von der Völkerwanderung überfluteten Ost- und Nordgrenzen beschworen werden, um die Lage am Rio Grande (Südgrenze der USA) und an der Oder bzw. der Donau

(Ostgrenze der EG) zu beschreiben, ganz zu schweigen von den asiatischen, nahöstlichen und afrikanischen Krisenregionen.

Bald wird es kein Großgebiet der Erde mehr geben, das nicht Flüchtlingsgebiet ist mit allen daraus erwachsenden Konsequenzen. Auch in dieser Hinsicht hat die kapitalistische Normalität längst aufgehört zu bestehen. Allem Berufsoptimismus über die Perspektiven der angeblichen neuen Märkte zum Trotz hat sich diese katastrophische Tendenz sogar schon beim Münchner Ifo-Wirtschaftsinstitut bemerkbar gemacht:

> Falls die Länder Osteuropas den Anpassungsschock jedoch nicht verkraften, werden der Reichtum und Glanz des Westens und die Trostlosigkeit der Wirtschaftsperspektiven in Osteuropa »eine Völkerwanderung [!] von Ost nach West in Gang setzen«. Diese könne durch behördliche Maßnahmen »vielleicht dosiert, aber kaum gestoppt werden«, schreibt Ifo in seinem Bericht für das Bundeswirtschaftsministerium. (*Süddeutsche Zeitung* vom 12.10.1990)

Es ist evident: Der globale Vernichtungs- und Verteilungskampf wird nirgendwo eine marktwirtschaftliche Insel der Seligen aussparen. Bedroht von allen Verliererregionen her, überflutet von Flüchtlingen und Illegalen und gleichzeitig belastet mit einer wachsenden Minderheit von eigenen Armen, kann der Westen die brüchige Normalität an seiner Oberfläche nicht mehr aufrechterhalten.

Selbst wenn eine kapitalistische Planetenpolizei mit barbarischen Mitteln die barbarischen Reaktionen der Mehrheit von Verlierern für längere Zeit niederzuzwingen vermöchte, so würde sie doch nichts ausrichten können gegen die eigene innere Massenkriminalität, gegen den sich ausbreitenden individuellen Mordterror* und gegen massenhafte Sabotageaktionen von technisch und wissenschaftlich qualifizierten Unzufriedenen, für die das hochvernetzte System verwissenschaftlichter Reproduktion anfällig ist wie kein früheres System der Geschichte. Nie ist jene antike Sage vom Diktator, dessen äußeres Bollwerk unüberwindbar schien, jedoch durch ein einziges geflüstertes Wort im Inneren zum Einsturz gebracht werden konnte, so wahr gewesen wie heute.**

* In demselben Maße, wie der politische Terrorismus seine vermeintliche Sinngebung und damit seine Kraft verliert, treten pathologische einzelne und psychisch Gestörte oder schlicht Verzweifelte auf den Plan. In der BRD haben das die Attentate gegen den sozialdemokratischen Kanzlerkandidaten Lafontaine und den Innenminister Schäuble im historischen Jubeljahr 1990 gezeigt. An die Stelle des politisch kalkulierten Terrorismus ist der ziellose Prominentenmord getreten, mit dem bewußtlose und in die Verstörung getriebene »Herausfallende« blind gegen eine von ihnen nicht mehr definierbare Objektivität losschlagen. Hans Magnus Enzensberger hat diese »Leere im Zentrum des Terrors« hellsichtig beschrieben: »Wir sähen uns mit einem Schrecken konfrontiert, der zugibt, daß er um seiner selbst willen existiert, mit einem Schrecken ohne Ritual, ohne Ziel, ohne Warum, einem Terror, der von jedem ausgeübt werden und der jeden treffen kann [...] dann werden wir nicht umhin können, den Terrorismus als eine strukturelle Eigenschaft unserer Zivilisation zu begreifen, als ein *endemisches* Phänomen, das gewissermaßen naturwüchsig auftritt und sich immer nur von Fall zu Fall mit Absichten, Forderungen, Rechtfertigungen maskiert. Wir müßten uns dann auch eingestehen, daß der Terror politisch leer ist, und daß er, wie die Massaker auf den Straßen und in den Fußballstadien, wie Gewaltpornographie und Drogensucht, wie die massenhafte Mißhandlung von Frauen und Kindern, seinen letzten Grund in der psychischen Verfassung des Ganzen hat.« (Enzensberger 1991, S. 248f.) Wo aber die »Gewinner« und ihre Repräsentanten auf Schritt und Tritt von ausrastenden Menschen jeden Alters, jeder Herkunft und Tätigkeit, die den gesellschaftlichen Veitstanz einfach nicht mehr mitmachen können, jederzeit mit dem Küchenmesser durchbohrt werden können, erübrigt sich tendenziell auch jede Beschreibung einer »Sicherheitslage«. Ganz zu schweigen von den tödlichen Konsequenzen einer verfallenden, weil unhaltbar gewordenen »politischen Kultur« auf der Basis des Marktsystems im Innern der Machtsubjekte selbst, wie sie etwa der Fall Barschel sichtbar gemacht hat.

** Die technologische Entwicklung bringt auch ungeahnte Störpotentiale hervor, die fast schon jedes Kind einsetzen kann. Wie will ein System sich mit traditionellen Mitteln der Staatsgewalt schützen, wenn jeder perfekte Farbkopierer zur potentiellen Falschmünzerwerkstatt wird und jugendliche Computerfans aus purem Übermut in die innersten Machtzentren eindringen und deren Kommunikation und Funktionsfähigkeit lahmlegen können?

Schließlich schaufeln sich die westlichen Gewinnersektoren auch durch die ökologische Zerstörungspotenz des warenproduzierenden Systems ihr eigenes Grab. Die abstrakte Vernutzung menschlicher Arbeitskraft wendet dieselbe Abstraktion gegen die dabei vernutzten Naturstoffe. Die abstrakte Arbeit als Ausgangs- und Endpunkt der modernen Ware zerstört, seitdem sie flächendeckendes Prinzip der globalen Reproduktion geworden ist, mit wachsender Geschwindigkeit die gemeinsamen Naturgrundlagen der Menschheit. Auch diese Destruktionskraft ist längst im Inneren der Weltmarktgewinner selbst virulent geworden.

Können aber schon in ökonomischer Hinsicht Massenarbeitslosigkeit und Kapitalvernichtung kaum mehr »exportiert« und externalisiert werden — sie schlagen als Massenflucht und Terror auf den Westen zurück —, so gilt dies erst recht für die Externalisierung der ökologischen Kosten. Der in die devisenarmen Länder zynisch exportierte Giftmüll kehrt über die ökologischen Kreisläufe zurück. Die Zerstörung riesiger ökologischer Binnensysteme in den verarmten Schuldnerstaaten droht Klima- und Naturkatastrophen für die gesamte Menschheit auszulösen, vor denen die »Reichen« kein Geld der Welt bewahren kann. Auch in der ökologischen Seite seiner Krise hat das warenproduzierende System unausweichlich die *Eine Welt* hergestellt, deren Vernetzung nicht zu ignorieren ist.

In jeder Hinsicht also trifft zu, was die erwähnte Pariser Konferenz der UNO ebenso warnend wie unverbindlich über den unvermeidlichen Rückschlag der Zerstörungs- und Verelendungsprozesse in der wachsenden Zahl der Verliererländer auf die vermeintlichen Gewinnerzonen prognostiziert:

> Wenn nicht genügend getan wird, um die extreme Armut, das Elend und die Verzweiflung in der Welt

> schnell auszuradieren, dann werden demographische Entgleisungen und ökologische Katastrophen Spannungen und Gewalt, Kriege und Terrorismus hervorrufen, vor deren Übergreifen kein Land der Erde sicher wäre. (*Nürnberger Nachrichten* vom 4.9.1990)

Aber alle Warnungen bleiben folgenlos, solange die Zustände und ihr Gefahrenpotential bloß beschrieben werden und die eigentlichen Ursachen, d.h. die Fetisch-»Gesetze« des warenproduzierenden Systems und sein abstrakter, destruktiver Anspruch der Rentabilität, nicht radikal kritisch zum Thema gemacht werden. Das Gegenteil ist der Fall, genau dieser Anspruch wird beschworen und als Maßstab angelegt. Auch die demoralisierte Linke macht nun ihren Kotau vor diesem menschenfressenden Götzen, weil sie nicht über den Fetischismus der Warenform hinauszudenken wagt.

Eines läßt sich jetzt schon sagen: Ganz im Gegensatz zur gegenwärtig noch vorherrschenden Ideologie und Erwartungshaltung wird die Krise auch im Westen einen neuen historischen Wechselsprung vom monetaristischen zum etatistischen Pol hervorrufen. Jetzt aber nicht mehr als abermaligen Modernisierungsschub, sondern als zunehmende etatistische Notstandsverwaltung des zusammenbrechenden globalen Systems, als staatsterroristischen Endzeit-Etatismus, der stur die leere Hülle der Ware-Geld-Beziehungen aufrechtzuerhalten sucht, selbst um den Preis einer gewaltsamen Elendsverwaltung, die in Schreckensherrschaft und schließlich absolute Selbstvernichtung umschlägt.

Das Gerüst der kriegswirtschaftlichen Strukturen der Weltkriegsepoche ist auch im Westen nie gänzlich abgebaut worden. Der Etatismus hat sich als verschuldeter Sozial- und Rüstungsstaat im Hintergrund gehalten und dem monetaristischen Prinzip der Konkurrenzökonomie die Bühne überlassen. Auf dem Höhepunkt der Krise aber wird sich das etatistische Moment erneut ungeahnt entfalten.

Die eigene innere Armutsverwaltung, der Ausbau einer kapitalistischen Planetenpolizei,* der binnengesellschaftliche Staatsterror gegen blinde Ausbrüche der »Herausgefallenen«, die ökologische Katastrophenbürokratie (Tschernobyl gab einen Vorgeschmack), die Kontrolle der Massenflucht und Völkerwanderung aus dem Osten und Süden, der sich anbahnende protektionistische Handelskrieg: all dies erfordert kapitalistisch unproduktiven monetären Transfer, behördliche Maßnahmen größten Stils und wachsende statt sich vermindernde staatsökonomische Strukturen. Ein Ironiker und Liebhaber des schwarzen Humors könnte so vermuten, daß der Realsozialismus posthum doch noch siegt, und zwar gerade dadurch, daß er zusammengebrochen ist. Sowenig allerdings das etatistische Moment als Gegenpol des monetaristischen jemals in der Geschichte über die »Sachzwänge« des warenproduzierenden Systems hinauskonnte, sondern diese im Gegenteil auf seine Weise zu exekutieren gezwungen war, sowenig wird die etatistische Notstandsverwal-

* Die USA als Möchtegern-Weltpolizist Nr. 1 haben schon in der Reagan-Ära in krassem Gegensatz zu ihrer monetaristischen Doktrin parallel einen etatistischen Hyperkeynesianismus betrieben und über riesige, historisch beispiellose innere und äußere Verschuldungsprozesse die unproduktive Rüstungswirtschaft und damit den verkappten staatswirtschaftlichen Anteil ihrer Reproduktion unaufhaltsam vergrößert und sich dabei derart ruiniert, daß sie heute für ihre abermalige militärische Intervention am Golf mit dem Hut in der Hand bei ihren Verbündeten herumgehen müssen. Gleichzeitig hat die monetaristische Politik sowohl in den USA als auch in Großbritannien die sozialen und ökonomischen Binnenstrukturen so über das allgemeine und durchschnittliche Maß westlicher Länder hinaus herunterkommen lassen, daß auch in dieser Hinsicht im Rückschlag der Krise genau jene Gewalt wieder das Ruder an sich reißen muß, die der Monetarismus für immer bannen wollte: nämlich Gevatter Leviathan, das staatsökonomische Ungeheuer, das sich immer dann wie Phönix aus der Asche erhebt, wenn der Markt mit seinem Latein am Ende ist. Die *visible hand* des Staates vollstreckt dabei jedoch kein anderes Basisprinzip als die *invisible hand* des Marktes, »bis alles in Scherben fällt«.

tung am »Ende der Geschichte« auch nur den kleinsten emanzipatorischen Funken versprühen.

Der letzte Amoklauf des Rentabilitätsprinzips

Der äußere Rückschlag aus den globalen Krisen- und Zusammenbruchsregionen auf die westlichen Zentren wird aber ebensowenig wie die schwelende Unzufriedenheit des inneren Armutsdrittels die letzte Stufe des Weltkrisenprozesses bleiben. Die Verheißung zukünftiger neuer Prosperität muß sich vielmehr auch an den westlichen Ökonomien selber blamieren, deren Normalitätszonen ebenfalls zu schrumpfen beginnen. Die Logik der Krise rückt von der Peripherie her in die Zentren vor. Nach den Zusammenbrüchen der Dritten Welt in den achtziger und des Realsozialismus Anfang der neunziger Jahre ist nun der Westen selber reif. Das Prinzip der Rentabilität hat noch einen letzten Amoklauf vor sich, bevor es endgültig seinen Doppelweg von »negativer Emanzipation« und sozialökologischer Zerstörung bis zu Ende durchmessen hat.

Jedes Unternehmen, das auf dem Weltmarkt zu den Gewinnern gehört, eignet sich ein bestimmtes Quantum des globalen Mehrwerts in seiner flüssigen Geldform an, nimmt an der Realisierung des Gesamtmehrwerts teil, und zwar weit über seine eigene tatsächliche Wertproduktion hinaus. Der Anteil der Gewinner geht also auf Kosten der Verlierer. Ist nun aber das globale Produktivitäts- und damit das entsprechende Rentabilitätsniveau derart hochgeschraubt (und dieses Stadium ist heute erreicht), daß »Verlieren« für immer mehr betriebswirtschaftliche Einheiten die Eliminierung aus dem Markt bedeutet, also Kapitalvernichtung, so wird bei jeder neuen Runde des Konkurrenzprozesses die

Gesamtmasse des flüssigen, aneignungsfähigen Mehrwerts relativ kleiner werden zur Gesamtmasse des angewandten Geldkapitals, das sich ja »vermehrt« wieder in die Geldform zurückverwandeln muß.

Wenn nun der Werttransfer aus den produktivitätsschwachen Regionen der Großverlierer in die Zentren des Weltmarkts nicht mehr auf dem Effekt des Billiglohns und auf der massenhaften »Ausbeutung« menschlicher Arbeitskraft beruht, sondern auf der *indirekten* Abschöpfung anderswo erzeugten Mehrwerts durch die überlegene und nicht mehr einholbare Produktivität, dann läßt sich dieser Transfer von den Verlierern zu den Gewinnern logischerweise nicht beliebig fortsetzen. Im Gegenteil, mit jeder neuen Stillegung von Ressourcen in einer Verliererregion, die unter das geforderte Rentabilitätsniveau fällt, schrumpft auch der Spielraum für weitere Transfers dieser Art.

Was muß also notwendig passieren? Wenn immer mehr Großregionen des Südens und Ostens als Quelle für den Werttransfer in die Länder der OECD ausfallen, weil ihre Produktion stillgelegt wurde oder weil sie gar keinen gültigen Wert mehr produzieren, wird sich der Verteilungskampf auf die OECD-Länder selber verlagern. Gewiß findet dies nicht in idealtypischer Reinheit statt, sondern in einer widersprüchlichen und teilweise auch wieder rückläufigen Gesamtbewegung. So können etwa die postkatastrophalen Verlierergesellschaften noch lange Zeit Reste von Wert transferieren, indem sie ihre Produkte auf dem Weltmarkt verschleudern, um mit dem Ertrag ihre Schulden zu bedienen. Aber diese Quelle fließt in dem Maße immer spärlicher, wie die Ausblutung die Grenzen des Möglichen übersteigt und die Deindustrialisierung vorangeschritten ist.

Die westlichen Weltmarktkonzerne samt ihren gewaltigen Aggregaten von Zulieferern bekommen dieses Problem an der Marktoberfläche in der Weise zu spüren, daß in den postkatastrophalen Gesellschaften immer weniger produktive Kaufkraft erzeugt wird, die Zahlungsfähigkeit weitgehend verlorengeht und die staatlichen Kredit- und Subventionsstrukturen zusammenbrechen. Praktisch heißt das für die Gewinner, daß ihr glorreiches Auskonkurrieren der einheimischen Produktionen bei den Verlierern zu einem höchst unerwünschten Resultat führt: Die dortigen Märkte trocknen nämlich nach und nach auch für sie selbst aus. Mit ihren »Siegen« haben sie auch die Kaufkraft in diesen Ländern zerstört. Nur eine schrumpfende Minderheit in den postkatastrophalen Gesellschaften kann sich die westlichen Produkte noch leisten, während gleichzeitig die eigenen immer mehr auch vom einheimischen Markt verschwinden.

Dieser Prozeß mag sich lange hinziehen. Er hat aber schon von einem relativ frühen Stadium an krisenhafte Konsequenzen auch für den Westen selber. Wenn die Massenkaufkraft in immer mehr Ländern schwindet und sich auf immer kleinere Sektoren zurückzieht, müssen die produktivitätsstärkeren Produktionen in demselben Maße zunehmend auf allen Märkten der Erde gleichzeitig präsent sein und um Marktanteile kämpfen. Ihre Konkurrenz untereinander muß sich also erheblich verschärfen, und damit setzt sich dieselbe Verlierer- und Stillegungslogik auch innerhalb des Westens durch. Dieser Prozeß hat fast gleichzeitig mit den ersten Zusammenbruchsschüben der Dritten Welt in den späten siebziger Jahren begonnen und heute bereits, wenn auch übertönt vom Lärm der zerbrechenden Strukturen des Exrealsozialismus, ein gefährliches Stadium erreicht: »Der Kapitalismus wurde von der Kette gelassen und ist über sich selbst hergefallen«, wie es mit unnachahmlicher Treffsicherheit der deutsche Bankanalyst Winfried Hutmann für die Situation der US-Ökonomie formuliert (zit. nach: *Die Zeit* vom 7.12.1990).

Tatsächlich weist die Weltmarktpyramide längst auch relative Verlierersektoren innerhalb der westlichen OECD-Länder auf, die denselben Weg gehen wie die südlichen und östlichen Verliererregionen, nur relativ langsamer, zeitversetzt und von einem höheren Ausgangsniveau der Produktivität aus. Man kann diesen Prozeß mit der Ausbreitung eines Krebsgeschwürs über einen anscheinend gesunden Körper durch Metastasen vergleichen. Zunächst ist es die äußerlich fast unsichtbare, nur durch die Statistik feststellbare Arbeitslosigkeit und Armut der aufsummierten einzelnen, in der sich die Kaufkraftvernichtung durch ein innerhalb der Warenlogik »zu hohes« Produktivitätsniveau ausdrückt.

Bald aber wird das Geschwür auch äußerlich sichtbar durch ghettoartige Armutszonen in den Ballungsgebieten. Oft sind es zunächst nur einzelne Stadtteile, die das Stigma des »Herausgefallenseins« tragen und zu potentiellen Unruheherden werden. Dieses Stadium haben in mehr oder minder großem Ausmaß bereits alle westlichen Gesellschaften ohne Ausnahme erreicht, auch die »absoluten« Weltmarktgewinner Japan und BRD. Aber der Prozeß geht unaufhaltsam weiter. Das nächste Stadium ist durch das »Herausfallen« ganzer Binnenregionen gekennzeichnet, die als Industriegebiete sterben, weil ihre Industrien auf den Weltmärkten niederkonkurriert worden sind und das Geldkapital für den weiteren Produktivitätswettlauf nicht mehr aufbringen können.

Auf diese Weise sind selbst Japan und die BRD in einigen Sektoren der Montanindustrie, im Schiffbau und in einigen kleineren Industrien von der Deindustrialisierung betroffen. In der BRD hat dies zu Stillegungsprozessen und sogar zu andauernden Regionalkrisen (Ruhrgebiet, Küstenregionen) geführt. Noch viel schlimmer zeigen sich diese Regionalkrisen in Nordengland und an der südlichen Peripherie Europas, wo ganze Industrien abgewrackt oder nach gewaltigen Schrumpfungsprozessen von den Gewinnerkonzernen aufgekauft wurden (z. B. Seat, das Herz der spanischen Automobilindustrie, das VW sich einverleibte). Dasselbe gilt für große Regionen der USA, die allerdings aufgrund des riesigen, auch heute noch nicht vollständig in die Weltmarktbewegung integrierten Binnenmarktes auch unterhalb des international gültigen Produktivitätsniveaus eine Zeitlang weitervegetieren können.

Nur dann, wenn solche Verliererregionen einer ansonsten noch lebenskräftigen Gewinner-Nationalökonomie angehören, können sie über einen gewissen Zeitraum hinweg durchgeschleppt werden und äußerlich vorübergehend sogar als »geheilt« erscheinen. Dies geschieht entweder dadurch, daß sie zu Dienstleistungsregionen der noch vorhandenen Gewinnerzonen avancieren und auf den tertiären Sektor umsatteln, was allerdings meistens nur teilweise gelingt und die Region selten als ganze sanieren kann.* Oder die Verliererindustrien werden vom Staat, der sich noch auf andere Gewinnerzonen stützt, durch Subventionen künstlich beatmet und am Leben erhalten

* Zumindest indirekt kommt hier der im Sinne kapitalistischer Gesamtreproduktion unproduktive Charakter der meisten Dienstleistungen zum Vorschein. Es handelt sich nämlich nicht um Sektoren eigenständiger Kapitalakkumulation; der Servicesektor bleibt vielmehr abhängig von der eigentlichen industriellen Akkumulation und somit der Mehrwert-Realisationsfähigkeit der jeweiligen Industrie auf den Weltmärkten. Nur wenn diese Fähigkeit für die jeweilige Nationalökonomie insgesamt erhalten bleibt, können die industriellen und nichtindustriellen (personenbezogenen) Dienste überleben bzw. sich ausdehnen. Reine Dienstleistungsstaaten sind nicht oder höchstens als Klein- bzw. Stadtstaaten mit benachbarter Gewinnerindustrie denkbar. In allen industriell nicht mehr weltmarktfähigen Nationalökonomien muß daher auch der Dienstleistungssektor zusammenbrechen, weil ihm die monetäre Zufuhr abgeschnitten wird.

(dies gilt in der EG auch für die gesamte Landwirtschaft).

Wo solche direkten und indirekten Hilfen bzw. Teilsanierungen ausfallen, werden diese Regionen zur großen Armutszone, zur offenen Dritten Welt in der Ersten Welt, die eine postkatastrophale Binnenkarriere mit riesigen Arbeitslosenraten, Verfall der Infrastruktur usw. durchmacht. Dieser Zustand ist in großen Teilen Nordenglands bereits erreicht; ebenso in den europäischen Mittelmeeranrainern, wo er allein durch den Massentourismus aus dem europäischen Norden und den damit verbundenen monetären Transfer aus den relativen Gewinnerregionen Europas gemildert wird.*

Es fehlt in den OECD-Gebieten des Weltmarkts bis jetzt nur noch das letzte Stadium, nämlich das Herausbrechen ganzer Nationalökonomien aus der Weltmarktfähigkeit nach südlichem und östlichem Muster. Aber die wachsende Unfähigkeit einzelner Länder, ihre internen Verliererregionen in demselben Maße wie Japan oder die BRD tertiär zu sanieren oder zu subventionieren, zeigt schon an, daß dieses Stadium nicht mehr fern ist. Der europäische Süden und die gesamte angelsächsische Welt mit den USA an der Spitze haben sich in abstürzende Defizitökonomien verwandelt, die nur noch durch äußerlichen monetären Transfer auf dem Niveau der OECD gehalten werden können. Dabei hat sich auf internationaler Ebene zwischen den westlichen kapitalistischen Ökonomien selber ein prekärer Zusammenhang von künstlicher »Krisenverschiebung« herausgebildet, dessen unvermeidliche Auf-

* In diesem Zusammenhang zeigt sich am deutlichsten die Abhängigkeit der tertiären Sektoren von den industriellen Zentren der Mehrwertproduktion. Würden die Industriegebiete Mittel- und Nordeuropas von der Krise mit voller Wucht erfaßt, dann könnten die Mittelmeeranrainer auch ihre landschaftliche und kulturelle Erbschaft nicht mehr verkaufen, und riesige Dienstleistungssektoren des Massentourismus müßten binnen kurzem zusammenbrechen.

lösung schließlich auch den »siegreichen« Westen als Ganzes in den postkatastrophalen Strudel reißen wird.

Der Westen steht letztlich vor demselben Problem, das schon den Süden und Osten auf den Status von Großverlierern heruntergezogen hat. Je mehr sich die globale reelle oder produktive Kaufkraft durch die konkurrenzvermittelte Ressourcen- und Kapitalvernichtung vermindert, je mehr sich der Kampf unter den verbliebenen Gewinnern verschärft, desto rascher müssen auch innerhalb der OECD ganze Nationalökonomien im Produktivitätswettlauf zurückbleiben und unter das inzwischen erreichte globale Rentabilitätsniveau fallen. Die Gründe dafür mögen verschieden sein. So rückt die Peripherie der OECD nach dem weitgehenden Herausbrechen der Dritten Welt und des Exrealsozialismus an deren Stelle. Diese Länder geraten in ihrer gesamten Reproduktion unter einen mit eigenen Mitteln nicht mehr bewältigbaren Kostendruck. Die Kapitalintensität steigt so schnell an, daß ihre Investitionen das Weltmarktniveau nicht mehr halten können.

Derselbe Effekt ergibt sich modifiziert für die kapitalistische Weltmacht Nr. 1, die USA, und für die längst abgewirtschaftete Ex-Weltmacht Großbritannien. Beide verpulvern ihre eigenen Mittel an Geldkapital für einen *unproduktiven Weltmachtkonsum,* den sie sich eigentlich schon lange nicht mehr leisten können: für Rüstung, politische Auslandshilfe, Truppenstationierung im Ausland, globale Interventionen aller Art, aber auch für den anspruchsvollen Binnenkonsum der Mittelklassen ohne ausreichende Ersparnisse.

Das Absacken all dieser OECD-Länder in der Weltmarktposition, ihr Zurückbleiben hinter dem globalen Produktivitätsstandard, führt nicht nur zur Ausbreitung von postkatastrophalen Binnenregionen als »Schandflecken«, sondern macht sie (wie früher schon die Dritte Welt) immer abhängiger von einer künstlichen monetären Beatmung durch ausländisches Geldkapital. Der Verlauf der darin angelegten Schuldenkrise ist allerdings ein anderer als im Süden und Osten.

Dies zeigt sich an der Entwicklung des Außenhandels. Innerhalb der OECD verwandelten sich binnen eines Jahrzehnts die internationalen Handelsströme in Einbahnstraßen. Zwar hat es sogenannte Handelsungleichgewichte auf dem Weltmarkt (Überschüsse der einen und Defizite der anderen) auch früher schon gegeben; einzelne Länder, so das Deutsche Reich, hatten schon seit der Jahrhundertwende aufgrund ihrer besonderen geographischen Lage und Reproduktionsstruktur (vorwiegend Importe von Rohstoffen und Exporte von Fertigwaren) über längere Zeiträume einen Exportüberschuß. Aber niemals zuvor haben diese Ungleichgewichte einen derartigen sowohl absoluten als auch relativen Umfang angenommen wie in der Weltmarktbewegung der achtziger Jahre.

Die gesamte angelsächsische Welt und der größte Teil Südeuropas importieren dauerhaft und in großem Umfang mehr Güter, als sie exportieren können, und haben auf diese Weise ungeheure Handelsdefizite aufgehäuft. In diesem Tatbestand drückt sich der Verlust dieser Länder an Produktivität, Rentabilität und damit Wettbewerbsfähigkeit aus. Wenn sie trotzdem zumindest teilweise und in den Kernregionen westlichen Lebensstandard aufrechterhalten und als Nationalökonomien noch nicht jene Schwelle überschritten haben, hinter der die postkatastrophale Karriere für den Gesamtstaat beginnt, so verdanken sie das nicht mehr ihrer eigenen Kraft. Ihre gewaltigen Handelsdefizite sind nur der »stoffliche«, güterwirtschaftliche Pol eines Verhältnisses, dessen andere Seite sich als entsprechendes Defizit der Kapitalbilanz darstellt. Die Handelsdefizite wurden zunehmend nicht mehr aus eigenen Ersparnissen finanziert, sondern durch den Zufluß ausländischen Geldkapitals, das natürlich verzinst werden muß.

Auf diese Weise haben sich innerhalb der OECD binnen eines Jahrzehnts zwei Mega-Defizitkreisläufe herausgebildet: ein europäischer und ein pazifischer. In Westeuropa ist es die wunderbare BRD, die ihre EG-Partner mit Waren überschwemmt, die jeweiligen einheimischen Produktionen zunehmend niederkonkurriert und die dadurch zerstörte produktive Kaufkraft zu Teilen wieder künstlich substituiert, indem sie ihre monetären Gewinne an die relativen Verlierer ausleiht. Dasselbe Spiel treiben Japan und die kleinen südostasiatischen Schwellenländer über die pazifische Handelsstraße mit den USA und Kanada. Ein erheblicher Teil der erzielten Überschußerlöse aus den Exporten fließt als zinstragendes Geldkapital in die Defizitländer zurück und hält so indirekt die eigene Exportmaschine am Laufen.*

Mit anderen Worten: Die Überschußländer, inzwischen praktisch nur noch Japan, die BRD und nebenher die »vier kleinen Tiger«, finanzieren seit Jahren in unvorstellbaren Größenordnungen ihre Exporterfolge auf den Weltmärkten selbst, indem sie den faktisch bereits niederkonkurrierten Ökonomien der OECD die nötigen Mittel für eine weitere Überflutung mit Importen ausleihen. Allein deswegen sind die Ver-

* Das Mißverhältnis ist bei den asiatischen Überschußländern noch weit krasser als bei der BRD, weil sie aufgrund ihrer relativ schwachen Binnenmärkte und ihrer zurückgebliebenen Infrastruktur außerhalb der High-Tech-Weltmarktproduktionen einen geringeren Teil ihrer Überschüsse im eigenen Land reinvestieren und so einen größeren Teil vor allem an ihren hauptsächlichen »Defizitpartner« USA ausleihen konnten. Dies dürfte allerdings auch ein nicht unerheblicher Grund dafür werden, daß der pazifische Defizitkreislauf schneller prekär wird, was sich im Lauf des Jahres 1990 bereits deutlich abgezeichnet hat (vor allem durch eine beginnende Krisensituation des japanischen Finanzmarktes).

liererökonomien innerhalb der OECD noch nicht den Weg der südlichen und östlichen postkatastrophalen Gesellschaften gegangen, allerdings um den Preis, daß sie unbewältigbare Schuldenberge anhäufen. Das absolut und relativ beispiellose globale Schuldengebirge ist ein klares Indiz dafür, daß die erreichte Produktivität auf Weltebene den Formzusammenhang der abstrakten Arbeit und des gesamten Fetischsystems der Moderne zu sprengen beginnt. Dieser Zusammenhang kann offenbar nur noch mühsam durch künstliche Substitution von Wert aufrechterhalten werden, und auch das nur auf dem globalen Minderheitsgebiet der OECD.

Dabei stellen sich die internationalen Verschuldungsprozesse zwischen der OECD und den postkatastrophalen Gesellschaften einerseits und innerhalb der OECD andererseits seitenverkehrt und in dieser Verkehrung miteinander verschlungen dar. Die Außenverschuldung des Südens und des Ostens geschah von einem jeweils »unterentwickelten« einheimischen Kapitalstock aus, der ja mit Hilfe des westlichen Geldkapitals erst durch Investitionen hochgebracht werden sollte. Das Scheitern dieses Versuchs führte rasch zum Zusammenbruch der Kreditwürdigkeit dieser Länder, die nun durch die Bedienung ihrer Schulden langsam ausbluten, bis sie als Weltsozialfälle im grausigen Klub der Armen landen. Ist dies geschehen, sobald sie ihre Exportfähigkeit durch Deindustrialisierung weitgehend verloren haben, dann können sie weitere Importe nur noch in Form von Spenden entgegennehmen. Die Exportüberschüsse liegen also, solange der indirekte Werttransfer noch Reste von Funktionsfähigkeit aufweist, auf Seiten der *Schuldner* und fließen als langsam versiegende Schuldenbedienung zu den *Gläubigern*.

Gerade umgekehrt verhält es sich innerhalb der OECD und bei deren Defizitkreisläufen. Der Kapitalstock besitzt hier bei den Verlierern ein größeres und stärkeres historisches Fundament. Er wird daher über einen größeren Zeitraum hinweg abgetragen, und der daraus resultierende indirekte Werttransfer erlaubt es, die Schuldenkrise hinauszuzögern und die Kreditwürdigkeit zu prolongieren. Das führt aber zu einem seitenverkehrten Gläubiger-Schuldner-Verhältnis: Innerhalb der OECD sind es die *Gläubiger,* die Exportüberschüsse anhäufen, und diese fließen zu den *Schuldnern,* die ihre Schuldenbedienung viel länger als die Länder des Südens und Ostens durch neue Schulden auf den internationalen Kreditmärkten bestreiten und ihren Kollaps hinauszögern können.

Vermittelt sind die beiden gegenläufigen Defizitformen dadurch, daß ein erheblicher Teil der Exportüberschüsse des ausblutenden Südens und Ostens ebenso wie die Überschüsse Japans und der BRD in die großen Defizitländer der OECD fließt, an deren Spitze die USA stehen. Mit den Exporterlösen der wenigen Gewinner in der OECD werden also nicht nur die westlichen Defizitkreisläufe am Leben erhalten, sondern indirekt auch die Schuldenbedienung des Südens und Ostens; mit dem von Japan und der BRD geliehenen Geld zahlen die USA und Westeuropa nicht nur ihre Importüberschüsse aus Japan und der BRD selbst, sondern auch aus Brasilien, Polen und den übrigen Ländern der »verschuldeten Deindustrialisierung«. Mit japanischen und deutschen Krediten, vermittelt über die internationalen Finanzmärkte, wird also direkt die *Verschuldung* der westlichen Defizitstaaten und indirekt die *Schuldenbedienung* der südlichen und östlichen Schuldenkrise finanziert.

Die Absurdität dieser Weltmarktbeziehungen am Ende des 20. Jahrhunderts ist so offensichtlich, daß es als eine große und fast schon bewundernswerte Leistung gelten kann, sie gründlich zu verdrängen. Die Ausweglosigkeit dieser Konstellation ist bis jetzt nirgendwo thematisiert oder auch nur wahrgenommen worden. Im Gegenteil, sämtliche »Experten«, nationale wie internationale Institutionen und Regierungen überbieten sich in Verheißungen, Prognosen und Hoffnungen, die von Monat zu Monat abenteuerlicher werden. Als hätte die gesamte Menschheit Halluzinogene eingenommen, wird allen Tatsachen zum Hohn das unheilbar kranke westliche Marktsystem, das lediglich als letzter Teil des globalen Gesamtsystems zusammenbrechen wird, weiterhin als Sieger ausgerufen, obwohl dieser »Sieger« selber schon blaue Lippen hat und dabei ist, torkelnd aus dem Ring der globalen Konkurrenzschlacht zu fallen. Es muß also wohl die dritte und letzte Schuldenkrise kommen, diejenige der westlichen Defizitökonomien selbst, die dann auch die letzten vermeintlichen Sieger Japan und BRD in den Abgrund reißen und eine Weltwirtschaftskrise bisher nicht gekannten Ausmaßes auslösen wird.

Wären es freilich die japanischen und deutschen Exporterlöse allein, die das globale Schuldengebirge finanzieren, dann hätte es längst einstürzen müssen. Die künstliche Beatmung des substantiell bereits ins Koma gesunkenen Weltmarkts speist sich aber seit Mitte der achtziger Jahre noch aus einer anderen Quelle: nämlich aus dem internationalen *Spekulationsüberbau*, der aus dem prekär gewordenen *Kreditüberbau* hervorgewachsen ist und diesen an Abenteuerlichkeit noch überbietet.

Je mehr Staaten, Regionen, betriebswirtschaftliche Einheiten und Individuen in den Status von Verlierern einrücken, desto mehr internationale produktive Kaufkraft wird zerstört. Diese verschwundene Kaufkraft kann aber niemals insgesamt durch Kredite künstlich substituiert und revitalisiert werden. Einerseits dehnen sich Kredit und Verschuldung aus, andererseits schrumpft das globale Kaufkraftpotential. Diese beiden gegenläufigen Bewegungen überlagern sich dergestalt, daß aus jedem Zyklus von Mehrwertrealisierung der Gewinner ein größerer Rest zurückbleibt, der weder produktiv angelegt noch direkt als zinstragendes Geldkapital ausgeliehen werden kann. Parallel zu den globalen Defizitstrukturen entwickelte sich daher seit den siebziger Jahren ein scheinbarer Überfluß von Geldkapital, das verzweifelt nach profitabler Anlage suchte; die Konkurrenz unter den Ausleihern war zunächst groß, und Kredite wurden »billig« vergeben, ohne daß der internationale Kreditüberbau den angestauten, in der Geldform realisierten Mehrwert völlig absorbieren konnte.

In dieser Zeit wurden folgerichtig nicht nur eilfertig Kredite der damals noch etwas zahlreicheren Gewinner an die Verlierer verschleudert und damit die Grundlagen für die spätere Schuldenkrise des Südens und Ostens gelegt, sondern ein Teil dieses Geldkapitals floß in einen anderen Sektor, den letzten und gefährlichsten des westlichen Marktsystems, nämlich in die *Spekulation.* Parallel zum Verschuldungsprozeß über die internationalen Handelsströme entwickelte sich daher in den achtziger Jahren eine historisch nicht weniger beispiellose globale Immobilien- und Aktienspekulation mit einem Primärzentrum in Japan und Sekundärzentren in den USA und Großbritannien. Von da aus überflutete die Spekulationswelle mehr oder minder stark die gesamte westliche Welt.

Vor allem in Japan als Aufsteiger Nr. 1 des Weltmarkts flossen nicht mehr reinvestierbare Erträge aus Exportüberschüssen und zurückfließenden Zinsen in den massenhaften Ankauf von Immobilien durch die allzu erfolgreichen Weltmarktkonzerne. Die Folge war eine alle bisherigen Vergleichsfälle der Geschichte übertreffende Explosion der Immobilienpreise. Ein Parkplatz in Tokio kostet heute so viel wie eine ganze

Großregion in Kalifornien. Natürlich haben diese durch Übernachfrage hochgetriebenen Preise gar nichts mehr mit dem tatsächlichen Wert dieser Gebäude und Grundstücke als Standorte oder als Nutzungsform von Fabriken, Büros und Mietwohnungen zu tun. Die Spekulation aber nährt die Spekulation, und so wurden die Ankäufe von Immobilien durch die permanenten Preissteigerungen immer lukrativer, wobei durch das steigende Preisniveau den jeweiligen Besitzern ein immer höherer Wert vorgegaukelt wurde.

Von den Immobilien sprang die Spekulation auf die Aktienmärkte über. Teilweise mit Spekulationserlösen aus dem wahnwitzigen Immobilienboom wurden die Aktienkurse in schwindelnde Höhen getrieben. Binnen weniger Jahre spielte die (in Japan praktisch auf Null zurückgeführte) Realrendite in Form von Dividenden kaum noch eine Rolle gegenüber dem Preis und damit dem scheinbaren Wert der astronomisch über ihre Nennwerte hinausgetriebenen Aktien. Von Konzernen wie Nissan hieß es ironisch, daß sie ihre erheblich gestiegenen produktiven Investitionen inzwischen aus der Portokasse bezahlten. Und schon bald wurden ähnliche Spekulationsprozesse in den USA und Großbritannien vom »machtvoll« über die Grenzen drängenden japanischen Spekulationskapital bis zum hellen Auflodern genährt.*

* Neben der klassischen Immobilien- und Aktienspekulation im Megamaßstab entwickelte sich dabei die eigentümliche Form der Übernahmespekulationen. Wurde in den realwirtschaftlichen Konkurrenzprozessen teilweise niederkonkurriertes Kapital von den Gewinnern aus marktstrategischen Gründen aufgekauft (wie etwa das schon erwähnte Beispiel des von VW übernommenen Seat-Konzerns zeigt), so mußten nun zunehmend auch auf dem realwirtschaftlichen Sektor gewinnende Firmen und selbst Großkonzerne fürchten, von dem ins Unermeßliche gewucherten Spekulationskapital aus rein spekulativen Gründen übernommen und anschließend durch lukrative Verkäufe von Teilbereichen ausgeschlachtet zu werden. Die Übernahmespekulationen erwiesen sich so als Metaform der gewöhnlichen Aktienspekulation, was auf die haarsträubenden Dimensionen dieses Prozesses verweist.

Der auf die nationalen und internationalen Defizitkreisläufe aufgesattelte absurde, rein fiktionale Boom des Spekulationskapitals* ließ bis zum Ende der achtziger Jahre die Illusion aufkommen, die Liquidität des Westens sei praktisch unerschöpflich, die Verschuldungsprozesse könnten bis ins Unendliche ausgedehnt und die diversen Schuldenkrisen locker gemanagt werden. Ein immer größerer Teil sowohl der Verschuldung als auch ihrer Bedienung wurde direkt oder indirekt aus dem globalen Spekulationsüberbau gespeist. Auf diese Weise verwandelten sich die ursprünglich realen Exportüberschüsse der schrumpfenden Gewinnersektoren immer mehr in letztlich fiktive Zusammenhänge und wurden selber zum Bestandteil des Spekulationsüberbaus.

Aber der Basisprozeß der globalen Kaufkraftvernichtung durch die »zu hohe« Produktivität des verwissenschaftlichten Weltsystems läßt sich auf diese Weise nicht überlisten. Das Verschwinden der niederkonkurrierten Kaufkraft und damit der entsprechenden

* Im dritten Band seines Hauptwerkes analysierte Marx die Grundzüge dieses im 19. Jahrhundert noch embryonalen Prozesses und prägte dafür den Terminus »fiktives Kapital«. Diese Fiktionalität enthüllt sich jedoch jeweils erst am Ende eines längeren oder kürzeren Verlaufs der Spekulation. Solange sie noch andauert, muß das fiktive Kapital, das substantiell völlig leer ist, dem Marktteilnehmer profitträchtiger als das wirklich produktive Kapital erscheinen. Gerade deswegen kann aber das fiktive Kapital auf die reale Güterproduktion zurückschlagen und stoffliche Produktionsprozesse induzieren, deren Ungültigkeit sich erst im nachhinein beim unvermeidlichen Zusammenbruch der Spekulation herausstellt. Diesen Zusammenhang ignorieren auch linke akademische Theoretiker völlig, die das fiktive Kapital nur im unmittelbaren Bereich der Spekulationssektoren selber sehen und jede scheinbar reale Produktion für ein Moment der Realakkumulation halten. Aber die Profite des fiktiven Spekulationskapitals werden auch ständig scheinproduktiv realisiert. Wenn ein Spekulant aus seinen für ihn realen, für die gesellschaftliche Reproduktion des Kapitals jedoch fiktiven Spekulationserlösen sich einen dicken Benz gönnt, dann besitzt die scheinbar höchst reelle Produktion dieses Automobils in Wirklichkeit keine Grundlage in produktiver Kaufkraft. Dasselbe gilt aber im großen und internationalen Maßstab. Es ist daher reichlich naiv, wenn geglaubt wird, der spekulative Sektor und die vermeintliche Realakkumulation ließen sich fein säuberlich auseinanderdividieren.

reellen Märkte schlägt schließlich gegen die spekulativ aufgeblasenen fiktionalen Märkte durch. Wenn der letzte hauchfeine Faden zwischen Realakkumulation und Kreditüberbau reißt, muß auch die gesamte Spekulation krachend zusammenbrechen, weil der riesige Kometenschweif von Verzinsung, den die gesamte Reproduktion inzwischen hinter sich herschleift, zu schwer wird und die warenproduzierende Welt auf den Boden ihrer eigenen Tatsachen herunterdrückt.

Eines Tages sind die Grenzen der Verzinsung erreicht. Dann schlägt der zeitweilige, scheinbare Überfluß von Geldkapital in Knappheit um. Die Verschuldung und deren Bedienen ist absolut ausgereizt. Der Crash muß nunmehr mit aller Härte in Erscheinung treten, und zwar als Kettenreaktion. Je mehr Schulden uneinbringlich werden, und jetzt auch innerhalb der OECD-Länder, desto mehr müssen Aktien- und Immobilienverkäufe zur Deckung herangezogen werden, desto rascher aber bricht die Spekulation zusammen. Teilweise ist dies schon bei den amerikanischen und britischen Immobilienmärkten seit 1988/89 geschehen. Der Übernahme-Spekulationsmarkt in den USA gilt als tot und hat eine phantastische Überschuldung ganzer Branchen hinterlassen. Im Verlauf des Jahres 1990 brach der japanische Aktienmarkt um fast 50 Prozent ein.

Sobald aber die globale Spekulation endgültig zusammenbricht, wird auch dem internationalen Kreditsystem das Rückgrat gebrochen. Die ungeheure Pleite des amerikanischen Sparkassensystems (der *savings and loan association*) und die sich anbahnende Krise des amerikanischen ebenso wie des japanischen Geschäftsbankensystems signalisieren ein kommendes Zusammenbruchsfeuerwerk der internationalen Finanzmärkte, das auch die bisherigen Gewinner innerhalb der OECD nicht mehr verschonen kann. Die Schuldenkrise der USA, Großbritanniens, Kanadas, Australiens und Südeuropas (Griechenland ist so gut wie bankrott, Italien dürfte bald folgen) führt dann zwangsläufig auch zur Krise der Gläubiger Japan und BRD, die sich auf dem Papier reichgerechnet hatten.

Im Grunde genommen ist der Verschuldungsmechanismus innerhalb der OECD derselbe wie in der Dritten Welt und im Exrealsozialismus. Er folgt derselben Logik: Überall versucht man, die Krise durch künstlich geschaffenes, eigentlich substanzloses Kreditgeld hinauszuzögern, in der Hoffnung, daß der Motor der Realakkumulation wieder anspringen möge. Wegen ihres schwächeren Kapitalstocks und ihres geringeren Grades an Verwissenschaftlichung, also ihrer Unfähigkeit, im Wettlauf der Produktivität mitzuhalten, konnten sich die Länder des Südens und Ostens auch nur in geringerem Maße in den internationalen Waren- und Geldverkehr einbinden. Fiktives Kapital konnten sie daher nur in den Grenzen ihres jeweiligen nationalen Binnenkredits bilden, so daß die unvermeidlich folgende Außenverschuldung um so schneller zum Schuldencrash und Zusammenbruch führen mußte. Innerhalb der OECD dagegen konnte das fiktive Kapital durch seine Internationalisierung und das Anwachsen eines phantastischen Spekulationsüberbaus länger gestreckt und damit die Krise länger hinausgeschoben werden.

Der Krisengrund aber ist für das gesamte warenproduzierende Weltsystem in *allen* seinen Teilen ein und derselbe: der historische Rückgang der abstrakten »Arbeits«-Substanz infolge der konkurrenzvermittelt erreichten Produktivität (»Produktivkraft Wissenschaft«). Das warenproduzierende System ist jedoch an seinen tautologischen Selbstzweck gebunden und auf ein ewiges Weiterwachsen dieser »Arbeits«-Substanz im Weltmaßstab angewiesen. Die Krise des westlichen Subsystems, die für die neunziger Jahre zu erwarten ist, wird diesen historischen Sachverhalt unbarmherzig ans Licht bringen. Der Anlaß oder unmittelbare Auslöser dieser Krise, die mit dem globalen Finanzkrach beginnt, mag dabei ziemlich beliebig sein. Schließlich ist das Spektrum der sozialen, ökonomischen und politischen Friktionen und aufgehäuften Risikofaktoren breit genug. Die besten Chancen haben gegenwärtig die chaotischen Verhältnisse im Nahen Osten und der bevorstehende nächste Zusammenbruchsschub der Sowjetunion mit Putsch- und Bürgerkriegsrisiken.

Freilich wird der Zusammenbruch des Westens und damit der letzten Insel von scheinbarer Normalität nicht einfach die Krisen und Zusammenbrüche des Südens und Ostens wiederholen, so grausam diese auch sein mögen. Denn die künstlich prolongierte kapitalistische Normalität innerhalb der OECD hat ja ihren Abglanz auch auf die bisherigen postkatastrophalen Gesellschaften geworfen, nicht nur ideologisch in den irrationalen Prosperitätshoffnungen und Modellwechsel-Ambitionen, sondern auch real in Form monetärer Infusionen und »Blutkonserven«, die trotz der gewaltsamen Abkoppelung vom globalen Kreislauf des Geldes einen freilich immer schwächer zuckenden Rest von Leben und Normalität des bürgerlichen Daseins in diesen Gesellschaften aufrechterhalten hatten.

So konnte trotz des Zusammenbruchs der nationalen Binnen-Geldsysteme in den postkatastrophalen Gesellschaften die Form der Ware-Geld-Beziehungen, wenn auch unter gewaltigen Friktionen, weitergeschleppt werden, z.B. indem Dollar und D-Mark die verlorengegangene innere Geldfunktion übernahmen. Als Vermittlungsinstanzen dienten teilweise die wenigen, immer weiter zurückgehenden insularen Produktionen für den Weltmarkt, an deren Tropf direkt und indirekt ganze Bevölkerungssegmente hingen, bis hin zu den Schuhputzern und scheibenwischenden Jugendlichen an den Straßenkreuzungen, von der massenhaften Prostitution ganz abgesehen. Auch die Devisenüberweisungen von »Gastarbeitern« aus den noch funktionsfähigen Weltmarktzentren, in die sie seit den sechziger und siebziger Jahren durch reguläre Arbeitsimmigration gelangt waren, gehören in diese Kategorie. Aber diese Instanzen werden bei einer neuen Krise des Weltmarkts, die den Westen einschließt, spurlos verdampfen. Schon jetzt gefährden die Deindustrialisierungsprozesse diese Vermittlungsfunktionen. Die Ströme der Arbeitsimmigration gehen in regellose Bewegungen über, so bei der Massenflucht asiatischer Fremdarbeiter aus der Golfregion. Damit versiegen auch die Ströme der Devisenüberweisungen.

Als letzte »zivilisatorische« Instanz des Geldes erfüllt die Schwarzmarkt- und Drogenmafia solche Vermittlungsfunktionen. Allein über das organisierte Verbrechen werden noch Gelder in viele Zusammenbruchsregionen gepumpt, was einen Schatten von »Ordnung« der Ware-Geld-Beziehungen aufrechterhält.* Freilich ist auch die Mafia mit ihrem Latein am Ende, wenn die letzten Formen von scheinbar noch

* Es wäre einer Untersuchung wert, ob nicht die Mafia schon immer diese gesellschaftliche Funktion erfüllt hat, allerdings unter ganz anderen Bedingungen. Jedenfalls ist es mit Sicherheit kein Zufall, daß die Mafia stets ein Phänomen unterentwickelter Regionen war und sich auch heute sofort kräftig in allen abgekoppelten Krisengebieten entwickelt (auch in Ostdeutschland, wo sie nicht zuletzt aus den Resten des alten Staats- und Sicherheitsapparats hervorgehen dürfte). Es wäre billig, dieses augenscheinlich objektive gesellschaftliche Phänomen einzig und allein auf das Hervorbrechen subjektiver krimineller Energie in Regionen relativer »Staatsferne« bzw. in der »Anarchie« von Krisenprozessen zurückzuführen. Wenn nämlich die organisierte Kriminalität das einzige Vermittlungsglied zum Blutkreislauf des Geldes darstellt, dann wird die Mafia zu einer *notwendigen* Instanz der gesellschaftlichen Reproduktion innerhalb der Logik des Geldes. Es ist dann nur folgerichtig, daß sie unter diesen Bedingungen auch die intelligentere und tatkräftigere Personage stellt gegenüber den Gestalten und Repräsentanten der funktionslos gewordenen offiziellen Gesellschaft, die zu ihren

»reellem« Geld sich im globalen Krisenfeuer auflösen und Dollars oder D-Mark genauso wertlos werden wie Rubel oder Pesetas. Die bloßen Naturalsubstitute des Geldes in primitiven Tauschformen können den Vergesellschaftungszusammenhang auf der heutigen zivilisatorischen Höhe nicht aufrechterhalten; soweit sie in Krisengebieten oder auf dem Weltmarkt (z. B. in Form von Bartergeschäften) zu beobachten sind, setzen sie immer ein noch leidlich funktionierendes Weltwährungs- und Geld- bzw. Kreditsystem voraus.

So seltsam und unglaubwürdig dies für die westlichen Apostel kapitalistischer Normalität auch klingen mag (weniger unglaubwürdig vielleicht schon für die Mehrheit der Menschen in den postkatastrophalen Gesellschaften): Es ist also zu erwarten, daß die bürgerliche Welt des totalen Geldes und der modernen Ware, deren Logik die sogenannte Neuzeit mit immer aufsteigender Dynamik konstituiert hat, noch vor dem Ende des 20. Jahrhunderts in ein *dunkles Zeitalter* von Chaos und Zerfall gesellschaftlicher Strukturen eintritt, wie es noch niemals in der Weltgeschichte dagewesen ist. Der singuläre Charakter dieses den Westen als eigentlichen Urheber zuletzt einschließenden Modernisierungs-GAUs liegt zum einen in seiner weltgesellschaftlichen Dimension, zum andern in der ungeheuren Dynamik dieses Systems. Niemand kann Dauer und Verlaufsformen dieses größten historischen Krisenzeitalters voraussagen. Sicher ist jedoch, daß es kein Zurück mehr geben kann in die heute vertrauten Formen des warenproduzierenden Systems, in die die moderne Subjektivität auf allen Ebenen ihres Daseins eingeschlossen ist.

Kreaturen herabsinken. Insofern kann der militärische und polizeiliche Krieg gegen die lateinamerikanische Drogenmafia gar nicht gewonnen werden. Er kann die Krise, deren Ursachen hier wie auch sonst im Westen selbst liegen, nur beschleunigen.

KRISENBEWÄLTIGUNG UND »UTOPIE«

Das Trägheitsmoment des menschlichen Lebens und Denkens scheint unermeßlich, und die Leidensfähigkeit der Individuen ist vielleicht fast so groß wie die der Tiere. Trotzdem gibt es eine absolute Grenze, und sei es die Schwelle zur »Weltvernichtung«, auch wenn niemand sagen kann, wie weit wir noch von ihr entfernt sind. Möglicherweise wird das *dunkle Zeitalter* der Krise des warenproduzierenden Systems in seinen katastrophischen Verlaufsformen und Ereignissen bis weit ins 21. Jahrhundert hineinreichen.

Auch kann jedes noch so schreckenerregende Ereignis, abgelöst von der weltökonomischen Gesamtlogik, willkürlich interpretiert und subjektiv in die bizarrsten Zusammenhänge gestellt werden. Das hat zur Folge, daß in jeder spezifischen Situation und jeder partikularen Katastrophe *systemkonforme* Reaktionen möglich sind. Diese werden freilich in Zukunft weniger »reformerisch« als vielmehr staatsterroristisch und krisenverwaltend aussehen. Deswegen haben diese Optionen auch nichts Tröstliches an sich. Sie werden zu Momenten der Katastrophenprozesse selbst. Um so verzweifelter und ignoranter muß jene akademische Stammtischweisheit erscheinen, die heute immer noch in aller Gemütsruhe über eine verfehlte Eschatologie der Marxschen Ökonomiekritik räsoniert und sich einbildet, über jede weitergehende Krisenprognose als vermeintlich irrationales Weltuntergangsszenario spotten zu können. Als würden die bisherigen Weltuntergänge für die globale Mehrheit der Menschen nicht schon reichen. Diese abgeklärte Selbstzufriedenheit rechnet einfach nicht mit der globalen Vernetzung des Geldes, die eine ebenso globale Dimension der Krise impliziert. Damit aber werden verniedlichende Vergleiche mit früheren Weltuntergangsstimmungen (etwa zu Beginn der Neuzeit), nach denen »es« ja auch weitergegangen sei, von vornherein hinfällig. Man sollte sich sehr genau ansehen, aus welchen Sesseln heraus so gespottet wird und welche Lunte unter diesen Sesseln bereits glimmt.

Am allerwenigsten ist zu erwarten, daß die immanente Zerstörungslogik durch die etatistischen Krisen- und Notstandsverwaltungen gebrochen und bewältigt werden kann. Die Krise wäre nur zu überwinden, wenn der bloßen Krisenverwaltung eine bewußte gesellschaftliche Aufhebungsbewegung entgegenträte, die diese Apparate wohl auch mehr oder weniger gewaltsam überrennen müßte.* Insofern ist die allgemeinste *Form* der bisherigen bürgerlichen Revolutionen, die

* Es ist auch keineswegs so, daß »Kompetenz« (z.B. in naturwissenschaftlicher Hinsicht oder als Versorgungskompetenz für die Bedürfnisse der Bevölkerung) das Wesen dieser Notstandsverwaltungen ausmachen würde. Solche Kompetenzen werden ja auch jetzt schon instrumentalisiert, sei es nach der etatistischen oder nach der monetaristischen Seite hin, und ihre Träger werden durch Zwangsmotivation eingebunden, nämlich durch monetäre und materielle Abhängigkeiten ebenso wie durch juristische Verpflichtungen und Strafandrohungen. Was aber die eigentliche organisatorische Substanz der Notstandsverwaltungen angeht, so braucht man sich über sie keinerlei Illusionen zu machen. Schon im bisherigen Aufglimmen der Notstandslogik, sogar beim Weltmarktgewinner BRD (etwa beim Einsatz gegen die Anti-AKW-Demonstrationen, anläßlich der Tschernobyl-Katastrophe oder beim Umgang mit den Hausbesetzungen), konnte die steinerne anonyme Behördenfratze besichtigt werden. Der Verwaltungsapparat ist so bedürfnisintelligent wie ein Rechenzentrum, der Justizapparat nicht weniger positivistisch als derjenige des Dritten Reiches, und der Kern des Polizei- und berufsmäßigen Militärapparats ist zu blinder Gewalt prinzipiell bereit. Noch die dünnste Ruhe-und-Ordnungs-Ideologie und ein korporatistisches Wir-Gefühl des verselbständigten Apparats dürften als Legitimationsgrundlage für die scheußlichsten Brutalitäten ausreichen. Diese Tendenz zeigte sich schon jetzt überall dort, wo die Notstandslogik entfesselt wurde, ob in Peking oder in Litauen, in London oder Paris, in Nordindien oder Südamerika.

Oktoberrevolution eingeschlossen, trotz aller aus dem höheren Vergesellschaftungsniveau resultierenden Unterschiede durchaus nicht gegenstandslos geworden.

Die Kritik an der jakobinischen »Kopf ab«-Ideologie bedeutet nämlich keineswegs, daß die Menschheit sich dem Automatismus einer friedlichen Transformation des warenproduzierenden Systems anzuvertrauen hätte. Das wäre angesichts der katastrophischen Ereignisse eine weltfremde Vorstellung. Natürlich kann das Töten von Personen, die bloße Charaktermasken von Verhältnissen sind, diese Verhältnisse nicht beseitigen. Diese Einsicht setzt aber nicht die Notwendigkeit außer Kraft, daß die subjektlose Herrschaft des abstrakten ökonomischen Werts auch empirisch *gebrochen* werden muß, was das Zerbrechen der Apparate verlangt,* die mit Sicherheit den Wert *als Wert* erhalten wollen, selbst um den Preis, daß (wie jetzt schon) Millionen von Menschen bei dieser sinnlos gewordenen Konservierung der Basisform untergehen müssen.

Es besteht sogar die Gefahr, daß eine praktisch wie theoretisch orientierungslos gewordene Gesellschaftskritik sich zuletzt auch noch den Notstandsapparaten als Legitimationslieferant andient und damit statt der Fetischökonomie sich selbst als Gesellschaftskritik aufhebt. Diese paradoxe Intervention wird dann möglich und sogar wahrscheinlich, wenn hinter den wankenden Staatsapparaten die Anarchie im negativen Sinne, d.h. die Anarchie der in ihrer unbegriffenen Krise ziellos zuschlagenden Warensubjekte, sichtbar wird. Die tendenzielle Aufhebung des Etatismus in die sekun-

* Voraussetzung dafür ist allerdings, daß ein solches Zerbrechen nur das Resultat einer gelingenden Massenmobilisierung für eine neue und bewußt formulierte gesellschaftliche Alternative sein kann, die erst einmal erarbeitet werden muß. Dies macht einen solchen Gedanken völlig inkompatibel mit der »symbolischen« Terrorlogik etwa der RAF, die dabei noch hinter den Jakobinismus zurückfiel und deshalb auch in völliger Perspektivlosigkeit verenden mußte.

däre Barbarei könnte noch einmal eine Scheinlegitimation des modernen Staates und seiner inzwischen erloschenen zivilisatorischen Mission erzeugen, gerade im Bewußtsein derer, die eine Spur von Einsicht in diesen Prozeß besitzen.

Wie der Absolutismus einstmals eine gewisse Befriedung gebracht hatte gegenüber der ihm *vorhergehenden* blutigen und friedlosen Situation der ewig sich befehdenden Partikulargewalten, so könnte der Notstandsapparat als letzte Bastion der Normalität erscheinen gegenüber der ihm zunächst *nachfolgenden* ziellosen und barbarischen Rebellion der von der Geldlogik »Gehenkten«. Statt sich der gefährlichen Mission zu stellen, dieser Rebellion einen bewußten Inhalt und ein neues Ziel zu geben, könnten gerade die dafür nötigen intellektuellen Kompetenzen der Versuchung erliegen, hinter dem Notstandsapparat verschanzt, das eigene Überleben in der dennoch untergehenden alten Welt des Geldes zu proben.*

Freilich müßte eine erneuerte radikale Gesellschaftskritik auf der Krisenhöhe des warenproduzierenden Systems sich gänzlich von ihren bisherigen, obsolet gewordenen Vorstellungen emanzipieren. Die Krise kann aufgrund der völlig veränderten weltgesellschaftlichen Situation mit den alten Mitteln der Kritik nicht einmal mehr identifiziert werden. Zusammenfassend läßt sich diese fundamentale Veränderung folgendermaßen kennzeichnen:

a) Der Kapitalismus ist tendenziell »ausbeutungsunfähig« geworden, d.h., die globale Gesamtmasse der

* Gerade in der vor kurzem noch kritischen oder sogar radikalen Intelligenz vom akademischen Mittelbau aufwärts haben sich besonders bei den in die Jahre gekommenen 68er-Intellektuellen verspätet mittelständische »Normalitäts«-Programmierungen abgespult, die unausgesprochen das Verlangen signalisieren, es sich mitten in der Krise »der anderen« noch einmal richtig bequem und gemütlich zu machen; eine für das kritische theoretische Denken eher verheerende Haltung, ganz abgesehen von ihrem illusionären Charakter.

produktiv vernutzten abstrakten Arbeit sinkt aufgrund der permanent gesteigerten Produktivkraft erstmals in der kapitalistischen Geschichte auch absolut, und das bedeutet: unabhängig von der konjunkturellen Bewegung.

b) Da betriebswirtschaftliche Rentabilität nur auf der jeweils erreichten Höhe der Produktivität hergestellt werden kann, und zwar nur noch im weltgesellschaftlichen Maßstab, und da dieses Niveau wegen der zunehmenden Kapitalintensität für immer mehr Unternehmen ins Unerreichbare steigt, werden auch immer mehr materielle Ressourcen in immer mehr Ländern stillgelegt; die entsprechende Kaufkraft und die daraus resultierenden Märkte verschwinden, und die Menschen werden von den kapitalistischen Bedingungen ihrer Bedürfnisbefriedigung abgeschnitten.

c) Die vom Kapitalismus selbst blind hervorgetriebene »Produktivkraft Wissenschaft« hat daher auf der inhaltlich-stofflichen Ebene Potenzen geschaffen, die nicht mehr mit den Basisformen kapitalistischer Reproduktion vereinbar sind, aber dennoch gewaltsam weiter in diese Formen gepreßt werden. Der Preis dafür ist die Verwandlung der Produktivkräfte in Destruktionspotentiale, die ökologische und sozialökonomische Katastrophen erzeugen.

d) Da diese Krise gerade in der tendenziellen Eliminierung produktiver Arbeit und somit der negativen Aufhebung der abstrakten Arbeit durch das Kapital und innerhalb des Kapitals selber besteht, kann sie auch nicht mehr von einem ontologischen Standpunkt der »Arbeit«, der »Arbeiterklasse« oder des »Arbeiterklassenkampfes« aus kritisiert oder gar überwunden werden. Der gesamte bisherige Marxismus erweist sich in dieser Krise und durch sie als integraler Bestandteil der bürgerlichen Welt der modernen Ware und gerät dadurch selber in die Krise.

Erst aus diesem Zusammenhang heraus kann die ganze Gefährlichkeit der historischen Situation ermessen werden. Die Krise bricht sukzessive mit voller Wucht herein, aber sie wird falsch interpretiert: zuerst als scheinbar partikulare Krise der Entwicklungsländer der Dritten Welt, dann als Krise des »falschen« Modells der realsozialistischen Reproduktion, während das eigentliche *Krisenzentrum,* die westliche Konkurrenzökonomie selbst, als »Sieger« erscheint, wenn auch vermutlich nur eine historische Sekunde lang. Diese falsche Interpretation der Krise, d.h. die Unfähigkeit, sie in ihrem wahren globalen Ausmaß zu erkennen und ihre wirkliche innere Logik zu dechiffrieren, rührt offenbar daher, daß alle Interpretationsraster selber noch warenförmig sind und eine Krise des warenproduzierenden Systems durch sie hindurch gar nicht erkennbar ist.

Besonders die Linke in allen ihren Schattierungen erweist sich als vollkommen unfähig, auf die Krise zu antworten. Sie besitzt dafür nicht einmal den Schimmer eines Programms, weil ihr Denken vollkommen in den Kategorien des Arbeiterbewegungs-Marxismus gefesselt ist und somit warenförmig verblendet bleibt. Der »andere«, viel weiter gehende Marx der Kritik der Politischen Ökonomie wurde längst ins theoretische Jenseits abgeschoben oder eben bloß für die unverbindlich »philosophische« Sonntagspredigt benützt. Jede Erinnerung an die wahren Konsequenzen ruft bei den Linken fast schon Furien der Abwehr und der theoretischen Heuchelei aus schlechtem Gewissen hervor. Und so zieht gerade die Linke den Schluß verkehrt herum: Statt sich nach dem Debakel der »geplanten Märkte« nachholender Modernisierung auf der Krisenhöhe der eigenen Zeit endlich gegen die Marktlogik als solche zu radikalisieren, wird genau umgekehrt eine stärkere Annäherung an die originär kapitalistischen westlichen Marktformen vollzogen, teils auf leisen Pfoten, teils aber auch offen die eigene, frühere Opposition niedertrampelnd. Es ist kaum zu hoffen, daß dieses Denken die Kraft zu einem nochmaligen Richtungswechsel aufbringen kann, wenn die Krise endgültig auf den Westen überschlägt und die Haltlosigkeit sämtlicher Marktwirtschaftsprogramme unbarmherzig enthüllt.

Aber gleichgültig, ob sie die Tatsache erkennt und akzeptiert oder nicht: Die Menschheit ist damit konfrontiert, daß sie durch die selbstgeschaffenen Produktivkräfte hinter ihrem Rücken auf der inhaltlich-stofflichen und »technischen« Ebene *kommunistisch* vergesellschaftet wurde. Dieser objektive Zustand ist mit den konträren Subjektformen an der gesellschaftlichen Oberfläche unvereinbar. Der vermeintlich gescheiterte Kommunismus, mit dem die Zusammenbruchsgesellschaften nachholender Modernisierung verwechselt wurden, ist weder Utopie noch ein fernes, nie zu erreichendes Ziel weit jenseits der Realität, sondern *er ist schon da,* er ist das Allernächstliegende in der Wirklichkeit selbst, freilich *in verkehrter, negativer Form* innerhalb der kapitalistischen Hülle des warenproduzierenden Weltsystems: nämlich als verkehrter *Kommunismus der Sachen,* als globale Vernetzung des Inhalts der menschlichen Reproduktion; gesteuert jedoch durch die blinde und tautologische Selbstbewegungsstruktur des Geldes, die keinerlei sinnlicher Bedürfnislogik folgen kann, während die menschlichen Subjekte selber ihren eigenen Zusammenhang als ihnen äußerliche objektivierte Dinglichkeit erleben, deren Eigengesetzlichkeit man nur beobachten und erforschen kann wie diejenige von Naturprozessen (z. B. in der Konjunkturtheorie).

So springt das bürgerliche Bewußtsein in allen seinen Ausdrucksformen und von der Geschichte der Moderne hinterlassenen Abstufungen immer schneller, hilfloser und verzweifelter zwischen dem monetaristischen und dem etatistischen Pol seiner Existenz hin und her,* ohne den selbstproduzierten Katastrophenprozessen entfliehen zu können. Weil der »Kommunismus der Arbeit«, der immer nur eine rigide bürgerliche Modernisierungsideologie war, tatsächlich endgültig obsolet geworden ist und keinen Grund mehr in der Wirklichkeit findet, wird die kommunistische Realität »hinter dem eigenen Rücken« ignoriert. Sie sieht freilich ganz anders aus als der Sozialismus, den die alte Arbeiterbewegung erwartet hat. Sie wurde nämlich nicht vom Proletariat, sondern von der »Produktivkraft Wissenschaft« hervorgerufen. Auf dieser beruht sie, und mit der alten, bloß vermeintlich antikapitalistischen Ontologie der Arbeit hat sie nichts mehr zu tun.

Deswegen kann das jetzt, und zwar bei Strafe des Untergangs, anstehende Problem auch gar nicht mehr mit dem alten »utopischen« Denken verstanden und gelöst werden. Dieses Denken mußte sich mit abstrakten Projektionen eines »neuen Menschen« begnügen, weil es sich noch weit diesseits der Krisen- und Aufhebungsschwelle des warenproduzierenden Systems befand. Noch seine radikalsten Manifestationen konnten in Wirklichkeit nichts anderes sein als der phantastische Vorschein nicht etwa eines künftigen Kommunismus, sondern vielmehr bloß späterer Entwicklungs-

* Nicht nur auf seiten der Linken ist eine zunehmende und in ihren verworrenen Bezügen scheinbar unauflösliche »neue Unübersichtlichkeit« (Habermas 1985) festzustellen. Einerseits werden weiterhin und gerade angesichts der sozialökonomischen Krisenerscheinungen die Bewältigungskompetenzen des Wohlfahrts- und Sozialstaats beschworen, andererseits gegen dessen eigene Krise in linken ebenso wie rechten Varianten eine nichtstaatliche »Zivilität« angemahnt, die in Wirklichkeit doch wieder nur die ebenso heteronome Marktlogik ideologisch einkleiden kann. Weder als Staatsbürger- noch als Marktsubjekt kann das moderne Individuum des warenproduzierenden Systems seine Krise mehr bewältigen, mögen seine Ideologen auch immer neue Worte kreieren, um die sie noch nie verlegen waren.

stufen der modernen Warengesellschaft und deren heute zu Ende gereifter Weltmarkt-Totalität.

Es ist aber nicht der »neue Mensch«, der aus irgendeiner ideologischen Retorte zu springen hätte wie Athene aus dem Haupt des Zeus, noch ist es (wie bei Horkheimer und den Seinen) das »ganz Andere«, was aus einer transzendenten absoluten Vernunft ins davon bislang unberührte Leben des diesseitigen »Schlechten« gerufen werden müßte. All diese Konstrukte entspringen dem Aufklärungsdenken, das mit dem warenproduzierenden System zusammen an sein Ende gelangen muß, weil es selber warenförmig ist und die Welt verkehrt herum, nämlich durch die warenförmige *Abstraktion vom sinnlichen Inhalt,* betrachtet und wahrnimmt. Was jetzt eigentlich gefordert ist, das ist eine *praktische Vernunft,* die durchaus immanent sein darf, d.h. begrenzt auf die Bewältigung einer bestimmten historischen Situation, weil sie den Absolutheitsanspruch der eigentlich wesenlosen, bürgerlich-aufklärerischen »Weltvernunft« nicht mehr erheben kann.

Diesen Gedanken spricht das abgetakelte Aufklärungsdenken heute zwar selber aus, jedoch wieder verkehrt herum, nämlich als Abgesang auf jeden Erkenntnisanspruch überhaupt. Der kleinlaute Verzicht auf sogenannte »Großbegriffe« und »Großtheorien« (vgl. Sloterdijk 1983), das unausgesprochene Denkverbot auf der Ebene der gesellschaftlichen Basisstruktur, die Denunziation jeder radikalen Gesellschaftskritik als »Anmaßung« eines »unpraktischen« Denkens — all dies ist nur die negative Kehrseite des aufklärerischen Absolutheitsanspruchs, wie er früher einer abstrakten »Weltvernunft« zugeschrieben wurde.

In dieser Reduktion der Ansprüche bis zur Bedeutungslosigkeit kommt nicht nur die Einsicht in die Obsoletheit aufklärerischer und arbeiterbewegter Utopien zum Ausdruck (soweit wäre es ja noch ein wirklicher Fortschritt), sondern mehr noch der geheime bürgerliche Warencharakter dieses Denkens selbst, der jetzt nur unverhüllt erscheint, nachdem er sich seiner wallenden historischen Gewänder entledigt hat. Denn was dieses Denken jetzt ohne Wenn und Aber unter praktischer Vernunft und nichtabsolutistischer Immanenz versteht, das ist der schamlos gewordene praktische Umgang mit der blind und unkritisch vorausgesetzten Kategorie Geld, deren tautologische Selbstbewegung endlich als ontologisches Prinzip anerkannt werden darf. Es ist hier immer noch dieselbe abstrakte, destruktiv gewordene Vernunft der Aufklärung am Werk, die aber nur mehr in einer von ständigen Entschuldigungen begleiteten, geradezu theoretisch verkitschten Diminutiv- und Verfallsform bemüht wird, weil das seine Entwirklichung und seine Heteronomie wahrnehmende Subjekt trotzdem krampfhaft an seiner Form festhält. Die Verkleinerung der subjektiven Vernunft mündet in die Apotheose der objektiven Marktlogik, der man sich schließlich in geradezu masochistischer Lust unterwirft.

»Praktischsein« heißt also nichts anderes mehr, als sich der abstrakten Selbstbewegung des Geldes noch in den Krisen und Katastrophen anzubequemen, die Subjektivität (einschließlich der theoretischen) auf eine Art Schwejkiade des bauernschlauen Sichdurchmogelns zu reduzieren (so die banale Quintessenz etwa von Sloterdijks nur scheinbar weit ausholender »Kritik der zynischen Vernunft«) und dies womöglich zu allem Überfluß immer noch mit dem gewohnheitsmäßigen Gestus der »Kritik« zu verbinden, die sich so in ihr eigenes Gegenteil verwandelt hat.*

* Wie weit in den akademischen Sozialwissenschaften bereits ein orwellsches »Zwiedenken« fortgeschritten ist, zeigt die Umbenennung des heutigen historischen Höhepunkts der warenförmigen Verdinglichung in eine »Entdinglichung des Sozialen« (Giesen 1991). Angesagt ist die theoretische Produktion von ver-

Für die Krisenbewältigung gefordert ist aber eine völlig andere, genau entgegengesetzte Art von »praktischer Vernunft« und »Immanenz«, von der die Gesellschaftskritik nicht entschärft, sondern im Gegenteil radikalisiert und zugespitzt wird. Genauer gesagt: Der stoffliche *Inhalt* der erreichten Vergesellschaftungspotenzen ist radikal von der historischen *Form* zu befreien, die diesen Inhalt vergiftet und bis zum höchsten Grade destruktiv gemacht hat. Gefordert ist also eine *sinnliche Vernunft,* die das genaue Gegenteil der abstrakten, bürgerlichen, warenförmigen Aufklärungsvernunft ist. Es würde dann sichtbar werden, daß deren Absolutheitsanspruch nichts anderes bedeutet als das Schlagen qualitativ völlig verschiedener sinnlicher Inhalte über ein und denselben Leisten einer verselbständigten Logik. Der Gleichgültigkeit des Geldes gegen die Bedürfnisinhalte entspricht die theoretische Denkform der an beliebige Inhalte herangetragenen positivistischen Wissenschaftsmethode.

bogenen und entstellten Begriffen: »Die Gesellschaftskritik selbst hat heute ihre Distanz zum Ganzen aufgegeben, um praktisch zu werden und das Beobachtete auch in Bewegung zu bringen. Damit tritt sie ein in die Gesellschaft, wird ein Teil von ihr und verliert ihre kritisch synthetische Kraft« (Giesen 1991, S. 246). Gesellschaftskritik soll also auch dann noch so heißen, wenn sie gar keine mehr ist. Es wird einfach unterstellt, daß verändernde Praxis immer schon affirmativ ins Bestehende eingehen müßte. Diese Verdrehung impliziert eine andere: »Die Postmoderne ist das Produkt von Intellektuellen in besonderen und neuen Situationen, in denen allein Kritik an der Gesellschaftskritik noch die notwendige Distanz zu schaffen verspricht« (Giesen, a. a. O). Die Umbenennung der Kritik in Affirmation und der Affirmation in Kritik scheint bis zur Virtuosität gediehen. Ein Lieblingsterminus des »kritisch«-unkritischen Praktischseins im Kontext der ebenso verwaschenen wie modischen »Zivilitäts«-Theorien ist dabei derjenige des »Aushandelns«, ganz so, als sei die affirmierte Marktlogik nicht eine Vollstreckungssphäre der Rentabilität und ihrer Gesetze, sondern eine Art orientalischer Basar von sozialen und kulturellen Kräften, die sich subjektiv für allseits tragbare Kompromisse entscheiden (können). Für diese gegenwärtig vorherrschenden Repräsentanten des »kritischen« akademischen Geistes scheinen weder verhungernde Menschen noch blutige Pogrome, weder rollende Panzer noch krachende Finanzmärkte mehr einen Realitätsbezug herstellen zu können.

Diese Logik und diese Vernunft sind deshalb an ihr Ende gekommen, weil die von ihr hervorgetriebenen inhaltlich-stofflichen Produktivkräfte unter dem Diktat der gesellschaftlichen Abstraktion unerträgliche Verheerungen anrichten. Einerseits werden Millionen und schließlich Milliarden von Menschen in Hunger und Verzweiflung getrieben, andererseits intakte Ressourcen massenhaft stillgelegt. Einerseits werden lebensnotwendige Produktionen ohne Rücksicht auf die Bedürfnisse gestoppt, andererseits lebensgefährliche »Pyramidenbau«-Projekte ohne Rücksicht auf Verluste durchgezogen. Die Containerschiffe, die mit Hilfsgütern aus mildtätigen Spenden für die afrikanischen Hungergebiete anlegen, nehmen aus denselben Regionen Luxus- und Monokulturprodukte der Agroindustrien mit nach Hause, mit denen die einheimische Bevölkerungsmehrheit weder als Produzenten noch als Verbraucher mehr etwas zu schaffen hat. Das System der EG-Landwirtschaft, hervorgegangen aus den Widersprüchen von Rentabilitätsforderung und Weltmarktbezug, kann nur noch als das Treiben von Geisteskranken bezeichnet werden. Die Energievergeudung durch absurden Individualverkehr und völlig sinnlose Selbstzweckproduktionen zerstört Klima, Atmosphäre, Strahlenschutzgürtel und Grundwasser, wird aber trotzdem forciert und (z. B. in der Golfkrise) mit Massenvernichtungsmitteln in den einschlägigen »Interessengebieten« gesichert.

Es hat gar keinen Sinn, angesichts dieser kollektiven Selbstmordaktionen im Weltmaßstab über einzelne »Reformen« überhaupt noch zu diskutieren, solange dies nicht in einer Perspektive der radikalen Abschaffung der modernen Ware und ihres Weltsystems geschieht. Damit die längst überfälligen Aufräumungsaktivitäten (die ironischerweise auf das Ende der abstrakten »Arbeit« erst einmal notgedrungen folgen) und die für das Überleben notwendige Bereinigung der außer Kontrolle geratenen stofflichen Vernetzungszusammenhänge durch »sinnliche Vernunft« überhaupt möglich werden, muß dieses Weltsystem der Rentabilität und der abstrakten betriebswirtschaftlichen Vernutzungsprozesse überall zum Stehen gebracht und so schnell wie möglich beseitigt werden.

Es wäre dies in der Tat eine Revolution, freilich keine solche mehr, in der eine »Klasse« innerhalb der Warenform (und von dieser konstituiert) irgendeine andere »Klasse« als antipodisches Subjekt zu »besiegen« hätte. Die mögliche Gewaltsamkeit ergäbe sich allein daraus, daß ein gemeingefährliches Wahnsystem von seinen Repräsentanten (Management, politische Klasse, Verwaltungs- und Notstandsapparat) nicht freiwillig aufgegeben wird.

Dazu aber müßte wiederum eine Aufhebungsbewegung als gesellschaftliche Kraft überhaupt erst entstehen, und dies geht nur durch das Bewußtsein und somit das *Bewußtwerden* hindurch, das intellektuell den verlorenen Zusammenhang wiederherstellt und die Destruktionsphänomene aus ihrer bloßen Partikularität herausnimmt, in der sie gar nicht mehr bewältigt werden können. Das Scheitern und Versickern der Einpunktbewegungen legt davon Zeugnis ab.

Nun ließe sich vermutlich mit vielen Menschen Einigkeit darüber herstellen, daß »sinnliche Vernunft« notwendig geworden ist wie ein Bissen Brot und daß es gerade die abstrakte, verselbständigte Logik der Rentabilität ist, von der die Welt zerstört wird. Aber das Warensubjekt wird kopfscheu und störrisch, sobald ihm die Konsequenz aufgeht, daß dies das Ende des Geldverdienens überhaupt bedeuten würde, also der berühmten Ware-Geld-Beziehung, außer der es eine andere gesellschaftliche Beziehungsform weder kennt noch kennen oder entwickeln will.

Die Kritik des Geldes wird sofort besinnungslos als uneinlösbare »Utopie« identifiziert, obwohl sie unter den gegebenen Bedingungen das genaue Gegenteil ist. »Wie soll das denn praktisch gehen?«, diese Frage, wäre sie ernst gemeint, könnte in einem gesellschaftlichen Diskurs und Praxisprozeß durchaus zu konkreten Resultaten führen. Aber sie ist bloß rhetorisch, pejorativ und abwehrend.

Niemand kann behaupten, einen Königsweg aus der Misere zu kennen; niemand kann heute ein Aufhebungsprogramm der modernen Ware aus dem Hut zaubern. Das Fatale ist nur, daß bis jetzt noch nicht einmal der Anfang einer einschlägigen Diskussion gemacht wird. »Wie soll das denn praktisch so weitergehen?«, diese mehr als berechtigte Gegenfrage wird immer wieder in die herrschende Zerstörungslogik zurückgebogen. Die Passagiere der *Titanic* wollen an Deck bleiben, und die Kapelle soll weiterspielen. Wenn wir es denn wirklich mit dem »Ende der Geschichte« zu tun hätten, so wird es kein Happy-End sein.

Es hat keinen Zweck mehr, gegen den Staat den Markt anzurufen und gegen den Markt den Staat. *Staatsversagen* und *Marktversagen* werden identisch, weil die gesellschaftliche Reproduktionsform der Moderne ihre Funktions- und Integrationsfähigkeit von Grund auf eingebüßt hat. Damit aber ist ein ausweichendes Verhalten von Theorie und Praxis unmöglich geworden, spätestens dann, wenn auch die westlichen Bestandteile des warenproduzierenden Gesamtsystems die Krisenfolgen ebenso hart wie der Rest der Welt zu spüren bekommen. Hic Rhodus, hic salta.

KLEINES GLOSSAR

Abstrakte Arbeit (vgl. *Wert*)

Arbeit scheint auf den ersten Blick immer konkret zu sein, eine bestimmte nützliche Tätigkeit, und das Abstraktum »Arbeit« nur der Allgemeinheitsbegriff davon. Aber in warenproduzierenden Systemen wird »Arbeit« schlechthin, ohne jeden bestimmten Inhalt, zur unmittelbaren materiellen Gewalt als *Realabstraktion*. Das Abstraktum, die Kopfgeburt, tritt dem Kopf in Gestalt des Geldes als buchstäbliche äußere Realität entgegen. Dem Geld, der Inkarnation abstrakter Arbeit, sieht man keinerlei konkreten Inhalt mehr an; es ist die immer gleiche leere Qualität, das Unsinnliche in sinnlicher Gestalt, ein Paradoxon. Wo das Geld als gesellschaftlicher Imperativ der Plusmacherei (abstrakter Gewinn) zum Selbstzweck wird, ergreift die Realabstraktion den materiellen Arbeitsprozeß selbst. Die Menschen werden zu Verausgabungsmonaden abstrakter Arbeitskraft vor jeder konkreten, inhaltlichen Bestimmung. Sie arbeiten in hochdifferenzierten Aggregaten direkt gesellschaftlich zusammen, aber im höchsten Grade gegenseitiger Gleichgültigkeit und Entfremdung. Ihre sinnlichen Bedürfnisse können sie nur noch indirekt und im nachhinein, auf dem Umweg über den abstrakten Selbstbewegungsprozeß des Geldes, befriedigen. Zunehmend monströse Projekte der Verwertung von »Arbeit sans phrase« erscheinen als ein ihren Veranstaltern gegenüber verselbständigter Zwang. Jeder VWL-Student im ersten Semester wiederholt heute besinnungslos und mit dem Ton der

Selbstverständlichkeit die groteske Aussage von Keynes, daß das Aufgraben und Wiederzuschütten von Löchern sinnvoll sein könne für die Mobilisierung und Mehrung des gesellschaftlichen Reichtums. Die abstrakte Arbeit ist also eine Art *ökonomische Zwangsneurose.*

Der epigonale Marxismus verfehlte die Kritik der abstrakten Arbeit völlig. Er hielt die Arbeit in ihrem vorgefundenen Dasein für das ontologische »Gute«, das nur äußerlich vom Kapital vergewaltigt worden sei, und las den Begriff der abstrakten Arbeit gedankenlos als *positive Definition.* In den ökonomischen Lehrbüchern des Realsozialismus konnte er so als abrechnungstechnische Notwendigkeit, ja sogar als ausdrückliches Staatsziel bezeichnet werden.

Betriebswirtschaft

Die Form, in der sich der destruktive Verausgabungsprozeß abstrakter Arbeit vollzieht, und gleichzeitig die »Wissenschaft« davon. Der *Betrieb,* inhaltlich betrachtet ein Ort der Herstellung konkreter Güter, ist seiner gesellschaftlichen Form und seiner Zielsetzung nach nichts als eine abstrakte Verwertungszelle von Geld. Als solche handelt er ohne Rücksicht auf die Folgen notwendig so, als ob er ein selbständiges, getrennt agierendes System wäre. Auch Zerstörungsproduktion kann daher als sinnvoll erscheinen. Gleichzeitig werden durch die abstrakte Kostenminimierung ökologische und soziale Belastungen externalisiert (Giftmüll, Landschaftszerstörung, Arbeitslosigkeit usw.). Diese betriebswirtschaftliche Verwertungslogik wurde modifiziert auch vom Realsozialismus übernommen und für eine ökonomische Grundbefindlichkeit unabhängig vom Kapitalismus gehalten.

Fetischismus (Warenfetisch)

Ein Begriff, der ursprünglich der Religionskritik des 18. Jahrhunderts entstammt und als Wesensmerkmal »primitiver« Religionen galt. Er beruhte auf den Beobachtungen portugiesischer Kolonisatoren in Afrika und sollte einen Glauben bezeichnen, der sich tote Gegenstände als beseelt und mit übernatürlichen Kräften begabt vorstellt. Marx wendete diesen Begriff ironisch auf die moderne warenproduzierende Gesellschaft an, die sich in Form des Geldes und dessen betriebswirtschaftlicher Verwertungsbewegung einem analogen Fetischismus unterwirft. Der Begriff ist somit für eine Kritik der Warenlogik eingebürgert, aber strenggenommen wohl zu allgemein. Denn es geht Marx eigentlich nicht darum, daß schlechthin Gegenstände als von ihrem natürlichen Dasein völlig verschiedene übernatürliche Kräfte behandelt werden, sondern um die Charakterisierung eines gesellschaftlichen Zustands, in dem die Gesellschaft sich ihrer selbst nicht bewußt ist, ihre eigene Gesellschaftlichkeit nicht durchschaut und unmittelbar praktisch organisiert, sondern diese vielmehr in einem äußeren Gegenstand symbolisch »darstellen« muß. Dieser Gegenstand (der auch ein belebtes Wesen sein kann) gewinnt dann eine mit seiner sinnlichen Gestalt nicht identische, aber als diese erscheinende übernatürliche Bedeutung. Durch diese aber erlangt er trotz seiner stofflichen Banalität auch *Macht* über alle Mitglieder dieser Gesellschaft. Ein Ethnologe würde deshalb vielleicht sagen, daß das *Totem* eine bessere Analogie abgeben würde. In den asiatischen Produktionsweisen übernimmt der Himmelssohn oder Gottkaiser diese Funktion, im Feudalismus der Grund und Boden. Das Geld existiert als eine von vielen Formen des Fetischismus in allen diesen Gesellschaften, besitzt aber noch nicht die allgemeine

Darstellungsfunktion der bewußtlosen Gesellschaftlichkeit, die andere Formen annimmt. Erst in der Moderne rückt das Geld endgültig in diese Funktion. Es könnte daher als der *versachlichte und säkularisierte Totemismus der Moderne* bezeichnet werden. Nicht umsonst hat es seine Wurzeln im sakralen Bereich, worauf die Apologeten des modernen warenproduzierenden Systems gern hinweisen, ohne sich zu überlegen, was sie damit sagen. Nur im Zusammenhang mit seiner Kritik des Warenfetischs und dessen Darstellungsform Geld kann auch verstanden werden, warum Marx die Moderne noch zur »Vorgeschichte der Menschheit« rechnet. In Umkehrung jener ethnologischen Perspektive, die eine Kennzeichnung von frühen Kulturen und Naturvölkern als »primitiv« ablehnt, müßte nämlich gesagt werden, daß auch das warenproduzierende System der Moderne noch eine primitive Gesellschaft ist.

Fordismus

Neuere soziologische Bezeichnung für das jüngste Entwicklungsstadium der modernen Warenproduktion, das etwa von 1920 bis 1980 dauerte. Benannt nach Henry Ford, der das Fließband im Automobilbau erfunden hatte. Damit konnten die letzten Reste handwerklicher Kompetenz aus dem industriellen Arbeitsprozeß eliminiert werden. Die »Grundsätze wissenschaftlicher Betriebsführung« des US-Ingenieurs Taylor, nämlich die Zerlegung und synthetische Wiederzusammensetzung der Produktionsabläufe unter dem Kommando betriebswirtschaftlicher »optimaler« Vernutzungslogik, konnten erst durch die Fordsche Fließproduktion im großen Maßstab verwirklicht werden. Weit über den Automobilbau hinaus wurde damit Massenproduktion in Bereichen möglich, die bis dahin dem betriebswirtschaftlichen Verwertungskalkül entzogen waren. Erst nach dem Zweiten Weltkrieg setzte sich der Fordismus weltweit durch. Die neuen Masenindustrien wurden nicht allein zum Zentrum einer beispiellosen Kapitalakkumulation, sondern auch eines »Gesellschaftsmodells«, ja einer ganzen Lebensweise, gekennzeichnet durch eine Totalisierung der abstrakten Arbeit und verbunden mit einer kompensatorischen, standardisierten »Freizeitkultur«. Seit Beginn der achtziger Jahre hat sich der Fordismus in jeder Hinsicht erschöpft; ökologische Krisen, industrielle Massenarbeitslosigkeit, Tertiarisierung (»Dienstleistungsgesellschaft«), neue Formen der Verelendung und Systemzusammenbrüche in großen Teilen der Welt forderten zahlreiche Kritiken der fordistischen Lebensweise heraus.

Merkantilismus

Ökonomische Doktrin und »Wirtschaftspolitik« in der Epoche des europäischen Absolutismus (etwa 1650 bis 1800). Starke Betonung von Staatswirtschaft und Staatseingriffen, vor allem, um den Warenverkehr und dessen monetäre Besteuerung zu fördern sowie monetär darstellbare Überschüsse im Außenhandel zu erzielen. Der Staat erteilte Privilegien für manufakturelle Industrieproduktion, unterstützte oder gründete selbst Handelskompanien, legte seine Hand auf den Seeverkehr und eroberte Kolonien. Seinen Höhepunkt erlebte der Merkantilismus bereits im 17. Jahrhundert, so durch Colbert in Frankreich und Cromwell (Navigationsakte) in England. Im 18. Jahrhundert hatten sich die staatswirtschaftlichen Momente schon wieder abgeschwächt, wurden jedoch von der Französischen Revolution temporär erneut aufgenommen.

Monetarismus

Gewöhnlich die Bezeichnung für eine spezielle Wirtschaftstheorie, die aus der nationalökonomischen Neoklassik bzw. dem Neoliberalismus hervorgegangen ist und sich strikt gegen die staatliche Nachfragesteuerung des Keynesianismus wendet. Beschworen werden wie schon bei Adam Smith die »Selbstheilungskräfte des Marktes« und dessen »invisible hand«, die jedoch durch eine strikt antiinflatorische, restriktive Geldpolitik unterstützt werden müsse. Als Hauptvertreter gilt Milton Friedman mit seiner Chicagoer Schule. Meistens wird als Monetarismus auch die mit dieser Theorie verbundene »marktradikale« praktische Wirtschaftspolitik verstanden, die sich in den achtziger Jahren als »Reaganomics« bzw. als »Thatcherismus« besonders in den USA und Großbritannien durchgesetzt hat, mit freilich einigermaßen katastrophalen Ergebnissen.

Als Monetarismus kann jedoch in einem viel allgemeineren, grundsätzlichen Sinne auch das *Konkurrenzprinzip* oder die unmittelbare Zwangsgesetzlichkeit des Geldes überhaupt begriffen werden. Diesem Prinzip steht als Kehrseite derselben Medaille der *Etatismus* gegenüber, der staatliche Eingriff in den quasi naturwüchsigen Prozeß der Konkurrenz, um dessen Richtung zu ändern oder seine Folgen aufzufangen. Als politökonomische Ideologien kämpfen Monetarismus und Etatismus um die gesellschaftspolitische Hegemonie, gehen jedoch auch ständig ineinander über und beziehen sich gemeinsam auf ein und dieselbe objektivierte Basisstruktur der abstrakten Arbeit, d.h. der Selbstverwertung des Geldes. In etatistischen Epochen des warenproduzierenden Systems ist daher immer auch das monetaristische Moment wirksam und umgekehrt, sie unterscheiden sich nur durch die jeweilige Akzentsetzung.

Vernunft (Aufklärung)

Unklarer Begriff des abendländischen Denkens seit der Antike. In der Epoche der Aufklärung (17. und 18. Jahrhundert) wurde die Emanzipation der Vernunft von den Fesseln der Religion verkündet. Die Menschen sollten sich aus selbstverschuldeter Unmündigkeit befreien und selbstbewußt in der Welt agieren. Aber die Vernunft hatte die Religion nicht aufgehoben, sondern bloß säkularisiert; unübersehbar in der »Göttin Vernunft«, die während der Französischen Revolution symbolisch in Gestalt einer Statue verehrt wurde. Der fetischistische oder totemistische Charakter dieses Vernunftglaubens bewies sich darin, daß in seinem Namen der blinde Prozeß kapitalistischer Weltvergesellschaftung entfesselt wurde, seiner Form nach das gerade Gegenteil menschlicher Selbst-Bewußtheit. Die vermeintliche absolute Weltvernunft sank herab zur bloßen *Zweckrationalität* für den subjektlosen Verwertungsprozeß des Geldes, bis hin zur heutigen bedingungslosen Kapitulation der sogenannten Geisteswissenschaften. Der abstrakte Universalismus okzidentaler Vernunft entpuppte sich als bloßer Reflex der dinglichen Realabstraktion des Geldes.

Demgegenüber wäre ein Begriff *sinnlicher Vernunft* geltend zu machen, der die Überwindung der fetischistischen Realabstraktion zur Voraussetzung hat. Für den bürgerlichen Fachphilosophen muß ein solcher Begriff als Widerspruch in sich erscheinen, da der abstrakte (»männliche«) Universalismus für ihn identisch mit Vernunft schlechthin ist. Die *ökologische Debatte* und ihr Begriff der *Vernetzung* könnten einen Fingerzeig geben, in welcher Weise der aufklärerische Vernunftbegriff aufzulösen wäre. Freilich fehlt dieser Debatte bis jetzt jeder kritische Zugriff auf die Vergesellschaftungsformen abstrakter Arbeit und damit auch auf deren philosophische Dimension; sie ist »praktizistisch« verkürzt und weicht auf die Ethik aus, d.h. auf die praktische Seite der unaufgelösten Fetischvernunft abendländischen Denkens.

Wert

Der Begriff des Werts scheint etymologisch wie praktisch das schlechthin »Gute«, Erstrebenswerte zu kennzeichnen. Der ökonomische Wert und die sittlichen, kulturellen »Werte« verschwimmen trotz unterschiedlicher Akzentsetzung als Synonyme. Nicht umsonst trat der Begründer der klassischen Politischen Ökonomie, Adam Smith, gleichzeitig als Moralphilosoph auf. Aber in der völlig konträren Begriffsbildung von Marx ist der ökonomische Wert gerade umgekehrt das zentrale Negativum der Warengesellschaft. In ihm »verdinglicht« sich die abstrakte Arbeit zur gesellschaftlichen Fetischgestalt der Produkte. Daß ein Produkt einen sogenannten Wert »hat«, bezeichnet dabei ein Doppeltes. Erstens, soweit sie ökonomische Werte sind, ist die sinnliche Qualität der Produkte ausgelöscht, sind sie nichts als dingliche Repräsentanten unterschiedsloser abstrakter Arbeit und nur als solche in die Inkarnationsgestalt des Geldes zu verwandeln. Zweitens aber zeigt sich in der abstrakten Wertform der Produkte, die als Geldpreis ausgedrückt wird, die gesellschaftliche Abstrusität, daß der lebendige Prozeß menschlicher Naturaneignung und der dadurch vermittelten sozialen Beziehungen die Form einer Eigenschaft toter Dinge annimmt. Die lebendige Tätigkeit der Menschen wird gleichsam von ihren eigenen Produkten aufgesogen, die sich damit absurderweise zu gesellschaftlichen Quasisubjekten aufschwingen, während die Menschen, ihre Schöpfer, zu bloßen Anhängseln degradiert werden. In der Selbstbewegung des Geldes ist diese Verkehrung abgeschlossen.

Der epigonale Marxismus bezog sich in der Nachfolge der bürgerlichen Klassiker im Unterschied zu Marx nicht *negativ,* sondern *positiv* auf die fetischistische Werteigenschaft der Produkte, als »gutes« Resultat der Arbeit, während der Begriff der Verdinglichung zum bloßen Bewußtseinsphänomen verharmlost wurde. Die Kritik richtete sich so einzig und allein noch auf den *Mehrwert,* d.h. das »unbezahlte«, den Arbeitern vermeintlich vorenthaltene Quantum des produzierten Werts. Nicht die destruktive *Qualität* einer wertförmigen Vergesellschaftung wurde so kritisiert, sondern nur noch der *quantitative* Verteilungsmechanismus auf dieser blind vorausgesetzten Basis.

LITERATURVERZEICHNIS

Aganbegjan, Abel (1989a); *Ökonomie und Perestroika. Gorbatschows Wirtschaftsstrategien;* Hamburg.

ders. (1989b); *Interview zur Lage der Sowjetökonomie,* in: *Die Welt* vom 31. 10. 1989.

Bahro, Rudolf (1977); *Die Alternative;* Frankfurt/Main.

Brandler, Heinrich (1982, zuerst 1950); *Die Sowjetunion und die sozialistische Revolution;* o. O.

Braudel, Fernand (1986); *Sozialgeschichte des 15. bis 18. Jahrhunderts. Der Handel;* München.

Cornelsen, Doris (1989); *Das System produziert Knappheit;* Interview in: *Der Spiegel,* Nr. 41 vom 9. 10. 1989.

Dutschke, Rudi (1974); *Versuch, Lenin auf die Füße zu stellen;* Berlin.

Engels, Wolfram (1989); *Geschichte live,* in: *Wirtschaftswoche* vom 17. 11. 1989.

Enzensberger, Hans Magnus (1991); *Die Leere im Zentrum des Terrors,* in: *Mittelmaß und Wahn. Gesammelte Zerstreuungen;* Frankfurt/Main.

Fichte, Johann Gottlieb (1977, zuerst 1800); *Der Geschloßne Handelsstaat,* in: *Ausgewählte Politische Schriften;* Frankfurt/Main.

Freyer, Hans (1955); *Theorie des gegenwärtigen Zeitalters;* Stuttgart.

Fröbel, Volker; Heinrichs, Jürgen; Kreye, Otto (1977); *Die neue internationale Arbeitsteilung;* Reinbek.

dies. (1986); *Umbruch in der Weltwirtschaft;* Reinbek.

Giesen, Bernhard (1991); *Die Entdinglichung des Sozialen;* Frankfurt/Main.

Glucksman, André (1978); *Köchin und Menschenfresser;* Berlin.

Habermas, Jürgen (1985); *Die neue Unübersichtlichkeit;* Frankfurt/Main.

Heinrichs, Jürgen: s. Fröbel, Volker.

Horkheimer, Max (1972, zuerst 1942); *Der autoritäre Staat,* in: *Gesellschaft im Übergang;* Frankfurt/Main.

Hübner, Kurt (1989); *In der Klemme,* in: *Frankfurter Rundschau* vom 25.11.1989.

Jacoby, Henry (1969); *Die Bürokratisierung der Welt;* Neuwied und Berlin.

Jaurès, Jean (1974, zuerst 1891); *Die Ursprünge des Sozialismus in Deutschland. Luther, Kant, Fichte und Hegel;* Frankfurt/Main, Berlin, Wien.

Körner, Peter; Maaß, Gero; Siebold, Thomas; Tetzlaff, Rainer (1984); *Im Teufelskreis der Verschuldung;* Hamburg.

Kostjušev, Vladimir (1990); *Die »postkatastrophale Gesellschaft« und ihre Bewegungen,* in: Segbers, Klaus (Hrsg.); *Perestrojka — Zwischenbilanz;* Frankfurt/Main.

Kreye, Otto: s. Fröbel, Volker.

Kritzman, Leo N. (1971, zuerst 1924); *Die heroische Periode der großen russischen Revolution;* Frankfurt/Main.

Kuczynski, Jürgen (1967); *Das Entstehen der Arbeiterklasse;* München.

Land, Rainer u.a. (1990); *Das Umbaupapier;* Berlin.

Lenin, Wladimir I. (1972, zuerst 1917); *Staat und Revolution,* in: *Werke,* Bd. 25; Berlin.

ders. (1978, zuerst 1918); *Über »linke« Kinderei und über Kleinbürgerlichkeit,* in: *Werke,* Bd. 27; Berlin.

Lutz, Burkart (1984); *Der kurze Traum immerwährender Prosperität. Eine Neuinterpretation der industriell-*

kapitalistischen Entwicklung im Europa des 20. Jahrhunderts; Frankfurt/Main.

Maaß, Gero: s. Körner, Peter.

Maier, Harry (1989); *Die DDR am Scheideweg,* in: *Handelsblatt* vom 6. 10. 1989.

Mann, Thomas (1979); *Tagebücher 1918–21;* Frankfurt/Main.

Marx, Karl (1965 a, nach der 4. Auflage 1890); *Das Kapital,* Bd. 1; Berlin.

ders. (1965 b, zuerst 1894); *Das Kapital,* Bd. 3; Berlin.

ders. (1968, zuerst 1859); *Zur Kritik der Politischen Ökonomie;* Berlin.

Mumford, Lewis (1974); *Mythos der Maschine;* Wien.

Nove, Alec (1980); *Das sowjetische Wirtschaftssystem;* Baden-Baden.

Preobrashensky, E. A. (1971, zuerst 1926); *Die Neue Ökonomik;* Berlin.

Saslawskaja, Tatjana (1989); *Die Gorbatschow-Strategie. Wirtschafts- und Sozialpolitik in der UdSSR;* Wien.

Schumpeter, Josef A. (1980, zuerst 1942); *Kapitalismus, Sozialismus und Demokratie;* München.

Siebold, Thomas: s. Körner, Peter.

Simon, Gabriela (1987); *Argentinien: Das bittere Ende des »süßen Geldes«,* in: Altvater u. a. (Hrsg.); *Die Armut der Nationen;* Berlin.

Sloterdijk, Peter (1983); *Kritik der zynischen Vernunft;* Frankfurt/Main.

Stalin, Josef W. (o. J., zuerst 1938); *Geschichte der Kommunistischen Partei der Sowjetunion (Bolschewiki);* Wien.

Strotmann, Peter (1969); Vorwort zu: Bettelheim u. a.; *Zur Kritik der Sowjetökonomie;* Berlin.

Tetzlaff, Rainer: s. Körner, Peter.

Thalheimer, August (1967, zuerst 1930); *Über den Faschismus,* in: Abendroth, Wolfgang (Hrsg.); *Faschismus und Kapitalismus;* Frankfurt/Main.

Tocqueville, Alexis de (1978, zuerst 1856); *Der alte Staat und die Revolution;* München.

Trotzki, Leo D. (1979, zuerst 1936); *Verratene Revolution. Was ist die Sowjetunion und wohin treibt sie?;* Dortmund.

Vincentz, Volkhart (1989); *Auf dem Weltmarkt kommt die DDR außer Atem,* in: *Handelsblatt* vom 17.11.1989.

Weber, Max (1984, zuerst 1920); *Die protestantische Ethik;* Tübingen.

Werlhof, Claudia u.a. (1986); *Frauen, die letzte Kolonie;* Reinbek.

Wittfogel, Karl A. (1977, zuerst 1957); *Die Orientalische Despotie;* Frankfurt/Main, Berlin, Wien.

INHALT

Das Strukturdilemma der geplanten Märkte

Krise und Zusammenbruch der Kommandoökonomie

Der starre Blick nach Westen: vom Regen in die Traufe

Das Scheitern der Modernisierung

Der Kollaps der Modernisierung von Robert Kurz ist im September 1991 als zweiundachtzigster Band der Anderen Bibliothek im Eichborn Verlag, Frankfurt am Main, erschienen.

Sie sind am Ende der Lektüre einer ERFOLGSAUSGABE der ANDEREN BIBLIOTHEK angelangt. Diese ERFOLGSAUSGABE wurde auf modernen Produktionsanlagen hergestellt und unterscheidet sich deutlich vom Erstdruck.

Was ist die ANDERE BIBLIOTHEK?

Die ANDERE BIBLIOTHEK ist, wie die Frankfurter Allgemeine Zeitung schrieb, »eine Buchreihe, die ihresgleichen sucht«. In ihr erscheinen seit Anfang 1985 »ebenso gute wie schöne Bücher«, Monat für Monat ein Band; ausgewählt und herausgegeben von Hans Magnus Enzensberger unter dem Motto: »Wir drucken nur Bücher, die wir selber lesen möchten.«

In der ANDEREN BIBLIOTHEK wurden bedeutende literarische Entdeckungen wie der Roman »Die letzte Welt« von Christoph Ransmayr oder die Erzählungen »Fromme Lügen« von Irene Dische vorgestellt. Isaak Babels berühmte Erzählungen sind in der ANDEREN BIBLIOTHEK ebenso zu finden wie die frivolen »Blitzlichter« der Brüder Goncourt (in der brillanten Übersetzung von Anita Albus) oder Seumes »Spaziergang nach Syrakus im Jahre 1802«.

Die ANDERE BIBLIOTHEK ist längst auch zum Liebhaberobjekt für Sammler, Bibliophile und leidenschaftliche Leser geworden. Sie wird von Franz Greno kunstvoll ausgestattet und in der handwerklichen Tradition Gutenbergs nach den Regeln der »Schwarzen Kunst« in der Nördlinger Buchdruck-Werkstatt gedruckt. Jeder Band bietet individuelle Typographie. Es wird eigens für die ANDERE BIBLIOTHEK entwickeltes holz- und säurefreies Papier der Papierfabrik Niefern verwendet.

Jeder Band der ANDEREN BIBLIOTHEK wird im Buchdruckverfahren vom Original-Monotype Bleisatz auf der Condor-Schnellpresse gedruckt; wenn die Erstauflage fertiggestellt ist, wird der Bleisatz eingeschmolzen.

Die limitierte Buchdruck-Ausgabe der ANDEREN BIBLIOTHEK ist in zwei Varianten erhältlich:

1. Normalausgabe

Hiervon werden in der Regel zwischen acht- und zwölftausend Exemplare aufgelegt.

Ausstattung: Solider, schöner Einband mit eigens gefertigten Überzugspapieren, bewährter Fadenheftung, Lesebändchen, Rückenschild mit goldener, geprägter Schrift. Die Buchbindearbeiten besorgt G. Lachenmaier in Reutlingen.

2. Leder-Vorzugsausgabe

Die Leder-Vorzugsausgabe ist numeriert und auf 999 Exemplare limitiert.

Ausstattung: Flexibler Einband aus lindgrünem, rein pflanzlich gegerbtem, ostindischem Ziegenleder – von Hand ausgeführt bei G. Lachenmaier in Reutlingen. Fadenheftung, Lesebändchen, Rückenschild mit goldener, geprägter Schrift. Im Kolophon numeriert.

Die Bände beider Ausgaben sind sowohl einzeln als auch im Abonnement in jeder guten Buchhandlung erhältlich.
Der Verlag erteilt gern weitere Auskunft:
Eichborn Verlag, Hanauer Landstraße 175,
D-6000 Frankfurt am Main, Tel. 069/40 58 78-0,
FAX 069/40 58 78-30.

Von folgenden (in der limitierten Erstausgabe vergriffenen) Bänden der ANDEREN BIBLIOTHEK sind Erfolgsausgaben lieferbar:

Die Andere Bibel
Ediert von Alfred Pfabigan

Mohamed Choukri
Das nackte Brot

Irene Dische
Fromme Lügen
Sieben Erzählungen

Europa in Ruinen
Augenzeugenberichte aus den Jahren 1944–1948

Edmond & Jules Goncourt
Blitzlichter aus dem 19. Jahrhundert

Ryszard Kapuściński
Der Fußballkrieg
Berichte aus der Dritten Welt

R. W. B. McCormack
Tief in Bayern
Eine Ethnographie

Nancy Mitford
Englische Liebschaften
Roman

Nancy Mitford
Liebe unter kaltem Himmel
Roman

Gustav Radbruch und Heinrich Gwinner
Geschichte des Verbrechens

Christoph Ransmayr
Die letzte Welt
Roman

Johann Gottfried Seume
Spaziergang nach Syrakus im Jahre 1802

Isaac B. Singer
Wahnsinnsgeschichten

Wasserzeichen der Poesie
oder Die Kunst und das Vergnügen, Gedichte zu lesen

Rolf Vollmann
Shakespeares Arche
Ein Alphabet von Mord und Schönheit

Johann Wilhelm Wolf
Verschollene Märchen

Walter
Viktorianische Ausschweifungen

Ausführliches Gesamtverzeichnis der ANDEREN BIBLIOTHEK bitte beim Verlag anfordern: Die ANDERE BIBLIOTHEK.
Eichborn Verlag · Hanauer Landstraße 175 · D-6000 Frankfurt/M.
Telefon (069) 405878-0 · Fax (069) 405878-30

Im Eichborn Verlag erscheint
DIE ANDERE BIBLIOTHEK,
herausgegeben von
Hans Magnus Enzensberger.
Monatlich ein Band.
Nachfolgend das Verzeichnis der erschienenen Bände und der bis September 1991 geplanten Titel:

Ernst Moritz Arndt
Märchen aus dem Norden

Isaak Babel
Erste Hilfe
Sämtliche Erzählungen

Jules Amédée Barbey d'Aurevilly
Diabolische Geschichten
Aus dem Französischen von Ernst Sander

Unterhaltungen mit Bakunin
Gesammelt von Arthur Lehning

Henry Walter Bates
Am Amazonas
Leben der Tiere, Sitten und Gebräuche der Bewohner, Schilderung der Natur unter dem Äquator

Rudolf Borchardt
Der leidenschaftliche Gärtner
Mit 12 Aquarellen von Anita Albus

Vitaliano Brancati
Schöner Antonio · *Roman*

Rudolf Brunngraber
Karl und das zwanzigste Jahrhundert · *Roman*

Jacob Burckhardt
Historische Fragmente

Nicolas Chamfort
Ein Wald voller Diebe
Maximen, Charaktere, Anekdoten

Driss ben Hamed Charhadi
Ein Leben voller Fallgruben
Aufgezeichnet von Paul Bowles

Astolphe de Custine
Russische Schatten
Prophetische Briefe aus dem Jahre 1839

Georges Darien
Der Dieb · *Roman*

Christian Enzensberger
Was ist Was? · *Roman*

Raymond Federman
Alles oder Nichts · *Roman*

Federspiel/Weiss
Arbeit. Fünfzig deutsche Karrieren

Bernard de Fontenelle
Totengespräche

Edward Gibbon
Verfall und Untergang des Römischen Reiches

George Gissing
Zeilengeld · *Roman*

Griechische Märchen
Gesammelt und übersetzt von Johann Georg von Hahn

Sadeq Hedayat
Die blinde Eule
Ein Roman und neun Erzählungen

Alexander Herzen
Briefe aus dem Westen

Erika von Hornstein
Flüchtlingsgeschichten
43 Berichte aus den frühen Jahren der DDR

Alexander von Humboldt
Ansichten der Natur

Gyula Illyés
Die Puszta
Nachricht von einer verschwundenen Welt

Wsewolod Iwanow
Die Rückkehr des Buddha
Erzählungen

Maurice Joly
Ein Streit in der Hölle
Gespräche zwischen Machiavelli und Montesquieu über Macht und Recht

Ryszard Kapuściński
Der Fußballkrieg
Berichte aus der Dritten Welt

Søren Kierkegaard
Der Augenblick

Dezsö Kosztolányi
Anna
Ein Dienstmädchenroman

Henri Joseph du Laurens
Mathieu oder Die Ausschweifungen des menschlichen Geistes
Roman

Claude Lévi-Strauss
Die eifersüchtige Töpferin

Bernard Lewis
Die Assassinen
Zur Tradition des religiösen Mordes im radikalen Islam

Lu Xun
Die große Mauer
Erzählungen, Essays, Gedichte

Lukian von Samosata
Lügengeschichten und Dialoge

Judith Macheiner
Das grammatische Varieté
oder Die Kunst und das Vergnügen, deutsche Sätze zu bilden

Märchen aus Hundert und Einer Nacht

R. W. B. McCormack
Tief in Bayern.
Eine Ethnographie

Nancy Mitford
Englische Liebschaften
Roman

Norwegische Märchen

William Pfaff
Die Gefühle der Barbaren
Zum Ende des amerikanischen Jahrhunderts

Boris Pilnjak
Mahagoni · *Erzählungen*

José Maria Eça de Queirós
Treulose Romane. Basilio *und* Alves & Co.

Guillaume Raynal und Denis Diderot
Die Geschichte beider Indien

Die Amouren des Marschalls von Richelieu

Boris Savinkov
Erinnerungen eines Terroristen

W. G. Sebald
Schwindel. Gefühle. *Prosa*

Sizilianische Märchen

Josef Škvorecký
Feiglinge · *Roman*

William Makepeace Thackeray
Barry Lyndon · *Roman*

Karl August Varnhagen von Ense
Journal einer Revolution
Tagesblätter 1848/49

Verschollene Märchen

Wegzeichen
Zur Krise der russischen Intelligenz

Neuerscheinungen
April – September 1991

Volker Erbes
Die Spur des Schwimmers
Roman

Karl Schlögel
Das Wunder von Nishnij oder Die Rückkehr der Städte
Berichte und Essays

Gabriele Goettle
Deutsche Sitten
Erkundungen in Ost und West

Tudor Arghezi
Der Friedhof
Roman

Luftfracht
Internationale Poesie 1940 – 1990.
Ausgewählt von Harald Hartung

Luis Martín Santos
Schweigen über Madrid
Roman